# 古典文獻研究輯刊

## 三六編

潘美月・杜潔祥 主編

## 第49冊

### 《青學齋集》校證(中)

陳開林 著

國家圖書館出版品預行編目資料

《青學齋集》校證（中）／陳開林 著 -- 初版 -- 新北市：花
木蘭文化事業有限公司，2023〔民 112〕

目 6+212 面；19×26 公分

（古典文獻研究輯刊 三六編；第 49 冊）

ISBN 978-626-344-307-5（精裝）

1.CST：青學齋集 2.CST：研究考訂

011.08                                        111022069

ISBN-978-626-344-307-5

古典文獻研究輯刊
三六編　第四九冊　　　　　　ISBN：978-626-344-307-5

《青學齋集》校證(中)

作　　者　陳開林
主　　編　潘美月、杜潔祥
總 編 輯　杜潔祥
副總編輯　楊嘉樂
編輯主任　許郁翎
編　　輯　張雅淋、潘玟靜　美術編輯　陳逸婷
出　　版　花木蘭文化事業有限公司
發 行 人　高小娟
聯絡地址　235 新北市中和區中安街七二號十三樓
　　　　　電話：02-2923-1455 ／傳真：02-2923-1452
網　　址　http://www.huamulan.tw 信箱 service@huamulans.com
印　　刷　普羅文化出版廣告事業
初　　版　2023 年 3 月
定　　價　三六編 52 冊（精裝）新台幣 140,000 元　　版權所有·請勿翻印

# 《青學齋集》校證（中）

陳開林　著

# 青學齋集卷十四

新陽汪之昌

## 史遷尊孔孟說

《陔餘叢攷》：「孔子無公侯之位，《史記》獨列於世家。凡列國世家皆書『孔子相魯』及『孔子卒』，無非尊孔子也。孟子雖與荀卿、鄒忌等同傳，然傳中獨孟子於孔子竝稱，是尊孟子亦自史遷始。」[註1]就趙氏之說參觀《史記》本文，史遷誠非不知尊孔孟者。顧謂尊孔孟實始史遷，正不盡然。夫孔、孟同懷經世志，同困不遇終，是孔、孟之學業固未見崇信於王公。孔子刪定《詩》、《書》，繫《周易》，修《春秋》，孟子亦與其徒序《詩》、《書》，述仲尼之意。而暴秦焚書坑儒，則孔、孟所撰集抑更沮抑於身後矣。然觀《孔子世家》大書「高皇帝過魯，以太牢祠焉」，趙岐《孟子題辭》「孝文皇帝欲廣遊學之路，《論語》、《孝經》、《孟子》、《爾雅》皆置博士」。攷之禮，天子宗朝社稷皆太牢，是用太牢為尤鉅之祀典。漢高以馬上得天下，干戈甫戰戢，車駕偶經，即以太牢崇祀，尊禮孔子之意願然。漢初立學官，置博士者，惟《五經》。《孟子》特諸子之一耳。孝文表而出之，特設博士，不獨不與雜家同列，直視與聖經同科，是孝文於孟子固已尊之至矣。高、文兩朝之尊孔、孟，史遷縱未能躬逢其

---

[註1] 趙翼《陔餘叢攷》卷五《史記三》：
孔子無公侯之位，而《史記》獨列於世家，尊孔子也。凡列國世家與孔子毫無相涉者，亦皆書「是歲孔子相魯」，「孔子卒」，以其繫天下之重輕也。其傳孟子，雖與荀卿、鄒忌等同列，然敍忌等尊寵處，即云：豈與仲尼菜色陳蔡、孟軻困於齊梁同乎哉！又云：衛靈公問陣，孔子不答；梁惠王謀攻趙，孟子稱太王去邠，豈有意阿世苟合而已哉！皆以孔子、孟子並稱，是尊孟亦自史遷始也。

盛，夙已習知其事，因而表著於所作之史書，此又昭功令而非寓特筆也。且趙
氏所謂尊孔、孟，第據世家之文及孟子本傳言之。吾謂史遷推尊之意，且錯見
於百三十篇中。別作《仲尼弟子列傳》，以仲尼弟子標明弟子之見重，明繫其
師而不敢相輕。《十二諸侯年表》敘孔子「論史記舊聞，興於魯而次《春秋》」，
又云：「荀卿、孟子、公孫固、韓非之徒，各往往捃摭《春秋》之文以箸書。」
《儒林傳》歷敘孔子弟子友教四方，為王者師。繼云：「孟子、荀卿之列，咸
遵夫子之業而潤色之，以學顯於當世。」不特可見孟子之學一本孔子之學，即
牽連而及之荀卿等，或依時俗所號，或直斥其名，而稱孔子、孟子無異詞。《十
二諸侯年表》孔子所至之邦，必書「孔子來」，而《六國年表》梁惠王三十五
年亦書「孟子來」，書法一例。蓋以為春秋時之孔子一戰國時之孟子，時不必
盡同，所以尊之者則未嘗異也。後人謂孔子之道可世天下，以列於世家為非，
甚且自居儒者以疑孟名所箸書，均之好議論不足道，所見要遠出史遷下已。

## 夥頤解

《史記·陳涉世家》：「客曰：『夥頤，涉之為王沉沉者。』楚人謂多為夥，
故天下傳之，夥涉為王，由陳涉始。」《索隱》：「服虔云：『楚人謂多為夥。』
案：又言『頤』者，助聲之辭也。謂涉為王，宮殿帷帳庶物夥多，驚而偉之，
故稱『夥頤』也。」據此，「夥」乃方音，「頤」特語助辭。王觀國《學林》
「方俗聲語」條：「案：《字書》：『夥，音胡果切，又音懷芊切。』『夥頤』之
『夥』當讀為『懷芊切』。蓋『夥頤』者，楚人土語，驚歎誇大之聲也。班固
於《漢書》乃削去『頤』字，惟存『夥』字，則楚俗之聲不全矣。」是觀國
謂「夥頤」當聯文見義，不當省一「頤」字。俞正燮《癸巳類稿》：「夥頤者，
驚大之辭，二字合音。《漢書》止作『夥』，《史》亦止云『楚人謂多為夥』，
又連涉為『夥頤』，知『頤』字是合上音矣。『楚人謂多為夥』者，多即驚大
也。『天下傳之，夥涉為王，由陳涉始』者，言其時天下相王者多，時人輕之，
謂王為夥涉，蓋廋辭相喻也。『夥頤』合音若咆，今俗語猶然。應劭『夥音禍』，
乃長言之。葉夢得《避暑錄話》云：『夥，唇音若壞。』其音亦可通。竝引《世
說新語》王導『何乃淔』語，謂『何』字一句即《史記》之『夥頤』。『夥頤』、
『何乃淔』俱單字還音，不從字文生義。」〔註2〕俞本精於詁訓音韻，其釋

---

〔註2〕俞正燮《癸巳類稿》卷七《夥頤何乃淔還音義》。(《俞正燮全集》，黃山書社2005
　　　年版，第319頁)

「夥頤」就《索隱》之說而詳為引申。案:《說文》「多」部:「䛒,齊謂多也。」段玉裁《注》:「《方言》曰:『大物盛多,齊宋之郊、楚魏之際曰夥。』許解『䖔』字曰:『讀若楚人名多夥。』」然則謂多為夥,《方言》具有可徵,在楚人尤為屬辭之常。《小爾雅‧廣詁》:「夥,多也。」葛其仁《疏證》:「吳音謂多為夥。問幾何曰幾夥。」吳、楚地本壤接,觀比則俞謂王導語之「何」字即《史記》之「夥頤」,正非臆測。《春秋》隱元年《公羊傳》:「公及邾婁儀父盟於眜。」《釋文》:「邾,音朱。婁,力俱反。邾人語聲後曰婁,故曰邾婁。」《禮記》同。《左氏》、《穀梁》無「婁」字。襄三十一年經:「莒人弒其君密州。」《左氏傳》曰:「莒人弒其君買朱鉏。」段玉裁《密州說》:「買、密雙聲,朱、州疊韻。州為朱,鉏猶邾婁也。」據段說,言「買朱」而繫以「鉏」,猶之言「邾」而繫以「婁」。當時夷言,每多助聲之辭。楚與邾、莒雖分大小,而均非華夏。言「夥」而聲後曰「頤」,正可援為旁證。《史記志疑》:「《說文繫傳》『䛒』字注引《史記》曰『䛒乎,涉之為王默默者』也。」是「頤」字本或作「乎」,為語助辭,則「頤」當與同。班《書》但稱「夥涉」,殆亦以「頤」為助聲之辭而省之歟? 玉繩謹案:施誠《河南府志‧禮俗志》:「驚訝謂之夥沉頤,讀若和牙。《史記‧陳涉世家》:『夥頤,涉之為王沉沉者。』涉,陽城人,其故人方言如此。今猶存其聲。」施說甚瞭。吾吳亦有此語,讀若「阿噫」。

## 留侯論

《史記》言留侯受《太公兵法》於坵上老人。《漢‧藝文志》:「張良、韓信序次兵法」,似精於兵家。《史》又記其葆祠黃石,欲從赤松子遊。案:漢高嫚視臣下,而留侯獨以禮始終。據《留侯世家》,「良嘗學禮淮陽」,師授雖不可知,而為禮學有明文。綜其行事,大抵由禮居多。無論行兵葆祠兩端,與《禮器》篇「戰則克祭受福」之訓相表裏,即籌六國不可復封,曰「武王入殷,表商容之閭,釋箕子之拘,封比干之墓」,曰「發鉅橋之粟,散鹿臺之錢」,曰「倒置干戈,覆以虎皮,以示天下不復用兵」,曰「伏馬華山之陽,放牛桃林之陰」,咸《小戴記‧樂記》文,尤灼然可知。《世家》言「悉以家財求客刺秦王,為韓報仇,以大父、父五世相韓故」,《曲禮》所謂「父之讎不共戴天」也。為坵上老人取履,蓋習知《曲禮》、《少儀》之經,事長之道固宜。良之從沛公也,以《太公兵法》說,沛公善之,常用其策。良為他人言,皆不省《少儀》所謂「事君者量而後入」乎?沛公入咸陽,眩曜於居處玩好,良諫宜為天子除殘賊,

殆本《儒行》「委之以貨財，淹之以樂好，見利不虧其義」之大指。項伯知項羽欲擊沛公，邀良俱去而不去，則又《檀弓》言「事君當服勤至死」者。其功高祖定功行封，亦於《月令》篇「行賞封諸侯」合。高祖之征黥布也，留侯病不能從，觀所云「臣宜從，病甚」，殆據《曲禮》篇「君使士射，不能則辭以疾，曰某有負薪之憂」之義。是區區詞令，未嘗踰乎《禮經》。且留侯佐漢高定天下，外功莫著於安惠帝於儲位，蓋見《文王世子》篇一有「元良萬國以貞」之古記。而進四皓，尤合「設四輔」之成規。然則《世家》所述留侯勳業，洵所謂「為國以禮」者。奉祀黃石鬼神，為禮教所不廢。至於行兵，《內則》篇「子生設桑弧蓬矢」，弧矢於五兵為最先。何一不本禮學以為設施，以視習容儀、守章句為傳禮學判然已。

## 四皓論

　　《史》言漢高欲易太子，以四皓侍太子而止。人第見招致四皓本留侯之謀，不知留侯知四皓足以定儲者，則以漢高有重士之心也。夫漢高為義帝擊楚，義聲動諸侯，實占爭天下之先著，則用三老董公遮說。厥後論所以有天下與項羽之所以不有天下，謂「運籌決勝，不如子房；鎮撫轉運，不如蕭何；戰勝攻取，不如韓信」，不如其人而能用其人；又謂「項羽有一范增不能用，卒致禽滅」；得失之故，隱然以得士為分，固非猶是馬上得之、欲以馬上治之識見矣。即《史》言，時諫易儲者，周昌固爭而莫能得，留侯以見拒而託疾，而叔孫通進諫，上即謂「吾聽公言」。所謂骨月之間難以口舌爭。雖素敬憚如昌，倚任如良，敷陳而曾莫能動。而通一迂儒，顧能以數言動天聽，非以通素號士人歟？況潛光隱曜、聞其名而不能致其身之四皓哉！四皓行事之見於《史》者，止太子統軍之行，固儲位於杯酒之間，四人相謂「凡為存太子而來」。據《史》，漢高欲易太子之故，曰「仁弱不類我」。夫仁弱誠不足以任創業，要亦不致不保社稷。觀「吾惟豎子固不足遣，而公自行」語，則所謂「不類」者，大都用兵制敵之方略。然而海寓承平之日，整軍經武固不以之為急務也。且漢高自謂不如三傑，而起卒徒，而嗣天位，三傑方且思攀坿以成就勳業。果其人樂為用，正不必功出自己。然則仁弱之太子，有群策群力之匡襄，蒙業而安，何莫非守成之令主乎？人第見漢高誅夷布、越，揮斥隨、陸於一時，聽指示、効發縱之士不啻土苴視之。然吾觀求賢一詔，以周文、齊桓皆待賢人成名，重士之心已見於斯。而四皓者，數歲求之不來，今太子顧能致之；前此得一未能，今太子竟備致之。

「仁孝恭敬愛士」，微四皓言，漢高亦心許之。「煩公幸調護太子」，一若以太子見託於四皓，實知四皓見用於太子，所謂「羽翼已成」而「難動」者。居平默計宗社重任，兢兢於付託之勝否，目送之頃，已坦然而無疑。此則廷臣之辯論有不待施，而戚姬之涕泣所不能間矣。然則四皓者不獨能安漢惠之儲位，竝有以結漢高之主知。四皓洵人傑哉！

## 主臣解

《史記》「主臣」之文，一見《陳丞相世家》：「文帝問平：『君所主者何事？』平謝曰：『主臣！陛下不知其駑下，使待罪宰相』云云。《集解》：「張晏曰：『若今人謝曰惶恐也。』馬融《龍虎賦》曰：『勇怯見之，莫不主臣。』孟康曰：『主臣，主群臣也，若今言人主也。』韋昭曰：『言主臣道，不敢欺也。』」《索隱》：「蘇林與孟康同，既古人所未了，故並存兩解。」一見《馮唐列傳》：「文帝歎不得廉頗、李牧為將，唐曰：『主臣！陛下雖得廉頗、李牧，弗能用也。』」《索隱》：「案：樂彥云：『人臣進對前稱主臣，猶上書前云昧死。』案：《志林》云：『馮唐面折萬乘，何言不懼。』主臣為驚怖，其言益著也。」又，魏武謂陳琳云：「卿為本初檄，何乃言及上祖？」琳謝云：「主臣。」益明主臣是驚怖也據《〈漢書・王陵傳〉注》：「文穎曰：『惶恐之詞也，猶今言死罪也。』晉灼曰：『主，擊也。臣，服也。言其擊服惶恐之詞。』」是諸說已各不同。《癸巳類稿》分別張晏、馬融、文穎、晉灼、樂彥、虞喜說為服罪，孟康、韋昭、蘇林說為呼答，實則皆非。別引《史記・陳軫傳》「臣主與王何異」，謂此臣主當作主臣，蓋主臣當作二句。主者，敬而呼其君也。臣者，將言其情而復自審度也。以此讀之，於陳軫、平、馮唐、陳琳之言皆通。〔註3〕案：俞所引《張

〔註3〕《癸巳類稿》卷十一《主臣解》（《俞正燮全集》，第524～525頁）：
《史記・陳丞相世家》：「文帝問平：『決獄、錢穀出入，各有主者，君為丞相，所主者何事？』平謝曰：『主臣。陛下不知其駑下，使待罪宰相。』」《馮唐列傳》：「唐言廉頗、李牧，文帝嗟不得頗、牧為將，唐曰：『主臣。陛下雖得廉頗、李牧，弗能用也。』」《世家集解》云：「張晏曰：『若今人謝曰惶恐也。』馬融《龍虎賦》曰：『勇怯見之，莫不主臣。』孟康曰：『主臣，主群臣也，若今言人主也。』韋昭曰：『言主臣道，不敢欺也。』」《〈漢書・王陵傳〉注》：「文穎曰：『惶恐之詞也，猶今言死罪也。』晉灼曰：『主，擊也；臣，服也，言其擊服惶恐之詞。』」《史記索隱》言：「蘇林與孟康同。」唐傳《索隱》又引魏武謂陳琳：「作《本初檄》，何乃上及祖父？」琳謝曰：「主臣。」又引樂彥言「主臣猶言昧死。」《志林》言「主臣為驚怖」，洪邁《容齋四筆》引《文選・彈文》曹景宗、王源，及《注》引王隱《晉書・庾純》，某即主臣，謂是

儀傳》陳軫對秦王之文，《索隱》曰：「臣主謂楚王，王謂秦王」，則傳本是「臣主」，倒其文以證「主臣」，未免改易古書，以申己說。與《容齋隨筆》引《文選》任昉《彈曹景宗》強合主臣為句〔註4〕將毋同？近之治《史記》者謂陳平所云「主臣」，此「主」從上文諸言，「王」者承接而下，蓋謂主君臣。下文「使卿大夫各得任其職焉」即「主臣」之義。然其說專釋陳平所云之「主臣」則可。若《馮唐傳》但云文帝思得良將，何以馮唐亦有「主臣」之言歟？攷《漢書‧郊祀志》「宣帝時，美陽得鼎，中有刻書，曰：王命臣官此栒邑，賜爾旂鸞黼黻琱戈。尸臣拜手稽首曰：敢對揚天子丕顯休命。」案：《爾雅‧釋詁》：「尸，主也。」是「尸臣」即「主臣」。「主臣」二字係下自稱。以班《志》證遷《史》，較為可據。自稱臣而先以主者，案：主為下稱其上之詞，臣則下對其上之詞，二字名義判然，不嫌聯文者，《古書疑義舉例》「因此以及彼」條：「《日知錄》：『古人之辭，寬緩不迫，得失失也。《史記‧刺客傳》：多人不能無生得失，利害害也。《史記‧吳王濞傳》：擅兵而別多佗利害，緩急急也。《史記‧倉公傳》：緩急無可使者。《游俠傳》：緩急，人所時有也。』」「主臣」二字與「得失」、

即罪。以《選注》「主」字句為誤。是張晏、馬融、文穎、晉灼、樂彥、虞喜、洪邁，為「服罪」一說；孟康、韋昭、蘇林，為「呼籲」一說。皆非也。又，《史記‧陳軫傳》云：「此猶《莊子》刺虎之類也，臣主與王何異也？」《索隱》曰：「臣主，謂楚王。王，謂秦王。」亦非也。「與王」，謂莊子與秦王也。此「臣主」當作「主臣」，傳寫者以上有「為子主計之餘」語，因乙此為「臣主」以應之。檢《秦策》云：「計聽知覆逆者，惟王可也。」「覆逆」即《周官》「復逆」，聽知惟王，是商度而未敢言之辭，即主臣之義。蓋「主臣」當作二句。主者，敬而呼其君也。臣者，將言其情而復自審度也。以此讀之，於陳軫、陳平、馮唐、陳琳之言皆通，其言出之口則有倫，施之文則無序，入記言之篇則為工妙，為藻辭之資則為不達。《彈文》「某即主」一句，言是正犯，其下「臣謹案」云云，自為一句，與陳軫、陳平、馮唐、陳琳連言「主臣」者異。至馬融賦文，又如夥涉為主（開林按：「主」疑「王」之誤。）戲謔之談，不以文害辭也。

〔註4〕《容齋四筆》卷十二《主臣》：
漢文帝問陳平決獄、錢穀，平謝曰：「主臣！」《史記》、《漢書》皆同。張晏曰：「若今人謝曰惶恐也。」文穎曰：「惶恐之辭，猶今言死罪也。」晉灼曰：「主，擊也。臣，服也。言其擊服，惶恐之辭。」馬融龍虎賦曰：「勇怯見之，莫不主臣。」正用此意。《文選》載梁任昉《奏彈曹景宗》，先敘其罪，然後繼之曰「景宗即主臣」，仍繼之曰「謹案某官臣景宗」，又彈劉整亦曰「整即主臣」。齊沈約彈王源文亦然。李善捨《漢》、《史》所書，而引王隱《晉書》庾純自劾以謂。然以「主」為句，則「臣」當下讀，殊為非是。不知所謂某人即主，有何義哉？

「利害」、「緩急」諸文正同。據此，則所謂因彼及此在《史記》尤為措詞之常，正不必疑「主臣」聯文為不倫而強為之解已。

## 《孟荀列傳》書後

趙岐《孟子題辭》：「孝文皇帝欲廣遊學之路，《論語》、《孝經》、《孟子》、《爾雅》皆置博士。」是漢文時已甚尊《孟子》，別於諸子矣。而司馬遷作《史記》，合孟、荀為一傳，騶衍等十一人且錯列其間，仍以《孟荀列傳》標題。讀《史記》者咸推子長擅史才，吾謂子長尤重經術也。夫僅以事蹟論，則志在拯濟同，身老遊歷同，終卒困阨同，不特荀無以異於孟，即衍等亦豈皆居高位享厚祿哉？此不足盡子長之意也。《傳》末「自如孟子至於吁子，世多有其書，故不論其傳」，是則子長此傳全以所箸書為斷顯然。孟、荀學問，同自孔氏。《孟子》七篇，今人童而習之。《荀子》書今存者，始《勸學》，終《堯問》，隱法《論語》篇次，與《孟子》敘篇意略同。趙岐謂「孟子通五經，尤長於《詩》、《書》」。案：七篇中凡引《詩》三十五，引《書》二十九。爵祿五等之略，齊疏三年之服，禮教也。述知我與罪我，別其事與其文，《春秋》說也。或以於《易》未經稱引，然盡性、知命，《易》之精微在是矣。《荀子》傳授，具見《經典敘錄》、《漢書》、《鹽鐵論》中。就本書徵之，《禮論》、《樂論》篇文與《戴記》相出入，《君子》篇引《康誥》、《甫刑》，《儒效》篇說風雅頌，《大略》篇「《春秋》賢繆公善胥命」，又深於《書》、《詩》、《春秋》者。劉向謂「荀卿善《易》」，則有功諸經，亞於孟子。《傳》中論「騶衍迂大閎辯，無一本先王之道者」，而於孟則曰「述唐虞三代之德」，於荀則曰「推儒墨道德之行事興壞」，雖時有無後，隱然志同道合。以彼十一人相形，當此流極既衰，報遺經而究終始者，固有人也。或據荀子性惡之說異於孟子，《非十二子》竝及孟子，不宜相提並論。錢氏大昕謂「孟言性善，欲人盡性而樂於善；荀言性惡，欲人化性而勉於善。教人以善則一」。〔註5〕若《非十二子》云云，謝氏墉據《韓詩外傳》止十子，無子思、孟子，疑韓非、李斯所坿益。竊謂即出自荀，亦不足病。游、夏同列聖門，嘗互相非也。吁！優入聖域，韓昌黎以孟荀同稱矣。自後人欲任道統，遂謂孟子後無一完儒。子長但論其衛聖道，述聖經，所以闡微言大義於七十子後者，固無容軒輊其間也，意在斯乎？

---

〔註5〕《跋謝墉刊行〈荀子箋釋〉》。

## 遠交近攻說

戰國時，七雄並峙，而六國先後為秦所滅。世人每以遠交近攻之謀發自范雎，秦信用之，遂操勝算而收全功。攷《史記‧范雎列傳》：「雎告秦昭王：『不如遠交近攻。得寸則王之寸也，得尺亦王之尺也。今釋此而遠攻，不亦繆乎？』」據《傳》，時穰侯欲越韓、魏而伐齊綱、壽，以廣其陶封，雎此言無非見遠攻之失計。《傳》所謂「未敢言內，先言外事」，特以觀秦王之俯仰耳。《困學紀聞》：「林少穎謂六國卒並於秦，出於范雎遠交近攻之策，取韓、魏以執天下之樞也。其遠交也，二十年不加兵於楚，四十年不加兵於齊。其近攻也，今年伐韓，明年伐魏，更出迭入無已歲。韓、魏折而入於秦，四國所以相繼而亡。秦取六國，謂之蠶食。蓋蠶之食葉，自近及遠」云云。林氏比說頗暢，其分析遠交近攻，逐一確為證實，具見秦賴其利，異於說士之遊談。或又謂秦之能並諸侯，其大要誠在遠交近攻，然秦惠王時，司馬錯論伐蜀，意亦猶是，特未顯言，范雎殆本錯說而用以告秦昭王，尤為因時制宜。吾謂遠交近攻，秦用以殄絕爭雄之列國，成效灼然。在一統之世，漢武即本之以制彊悍之匈奴。攷《史記‧匈奴傳》：「諸左方王將居東方，直上谷以往者，東接濊貊、朝鮮；右方王將居西方，直上郡以西，接月氏、羌。」是匈奴逼處漢邊。《大宛傳》：「張騫以郎應募，使月氏，出隴西，經匈奴。單于留之，曰：『月氏在吾北，漢何以得往？』」後又云：「騫羌中歸，復為匈奴所得。」是漢至月氏若羌，皆中阻於匈奴。《傳》歷敘騫說漢武，謂：「誠以此時以厚幣賂烏孫，與漢結昆弟，則是斷匈奴右臂也。既連烏孫，自其西，大夏之屬皆可招來而為外臣。」是欲漢厚結遠於匈奴諸國，俾得外援，以制近漢之匈奴。《匈奴傳》：「是時，漢東拔濊貊、朝鮮以為郡，而西直酒泉郡，以隔絕胡與羌通之路。漢又西通月氏、大夏，又以公主妻烏孫，以分匈奴西方之援國。」蓋謂漢武於近漢之東夷咸經攻滅，而又廣拓西陲，扼羌胡，使不得交關僻遠，在西域諸國無不遣使通道，或且申之以婚姻，匈奴之勢漸孤，浸至於削弱。然則法之以馭外夷，制勝亦有不爽者。

雖然，未可以一概論也。觀於宋世，始與遼為鄰，迨金起，而乃交金以攻遼。遼弊，而宋遂南渡。與金為鄰，迨蒙古起，而又交蒙古以攻金。金亡，而宋隨以不祀。就宋之遠近計之，前則遼近於金，繼則金近於蒙古，而所交所攻卒亦不能以自存，非雎之策或有不驗也。我所交者群願德我命，即我所攻者，人莫能與爭，不難由近而漸推之遠。若徒籍交之力以為攻之地，我不啻為遠者所用，而我且為近者之續，曷若留茲近者以為我屏藩，相與合力捍拒，庶遠者

終末由涉吾地歟？然則遠交近攻雖肇自范雎之為秦計，善用之則為漢武之弱匈奴，誤用之則趙宋其前鑒。為國者慎毋藉口於昔人成謀而輕舉妄動也。

## 李牧守邊約書後

《史記・匈奴傳》：「冠帶戰國七，而秦、趙、燕三國邊於匈奴」，又謂「趙將李牧時，匈奴不敢入趙邊」。是李牧必有善於籌邊者。牧之事蹟具見《廉頗藺相如列傳》，曰：「李牧者，趙之北邊良將，常居代雁門備匈奴」云云。吾謂牧之居邊而稱良將者，即可於戰士約決之。約曰：「匈奴即入盜，急入收保，有敢捕虜者斬。」簡要詳明。自來敵國為患，百出而當邊方重寄，所以為守禦計，要無逾於此數言。案：防邊之策無他，非戰則守。守者其常，戰亦意中事。然戰守雖不同術，實則相須為用。從未有能戰而不能守者，亦未有能守而不能戰者。據《傳》「備匈奴」之文推趙使牧居邊之意，無論為戰為守，皆當隨時應敵而有餘。即牧之厚遇將士，何嘗非預為戰備，豈坐守以規幸免者？乃觀所為約曰「匈奴即入盜」，則明知匈奴斷不能久安無事，侵軼內犯，一若惟有聽客所為。曰「急入收保」，入謂各歸內地，物產則收俟取求，險隘但保之棲息，又若當務者此為最急。而匈奴之去來，初不必與之鬥爭。且不獨不與之鬥爭而已，曰「有敢捕虜者斬」，是不獨違約而有所損失，罪在誅無赦；即違約而有所斬獲，亦無逃於大戮。自是將數奔，不待遇敵也；欲翼首功，適自貽戚也。夫士卒同此心思材力，孰不念身家？孰願僵草野？其有時奮往不顧者，非翼幸爵賞而不暇計，抑亦迫於將令之威嚴而無如何。洵如牧約，凡匈奴蹂躪邊地，入保外無他事，豈無敢戰之士與其間？亦惟低首下心而無或妄動，匈奴以之為怯，趙邊兵亦以為吾將怯，得毋由此約而取嫚侮歟？乃趙王怒讓之，而約曾不改。異時再起之，而約必仍舊。殆真老於邊事，深知小利不足競也，軍威不可褻也，竝默察乎民情之可以激而使而勝，算之於此，操其全也。觀於代牧者一更其約，亡失即多矣。牧再起而仍如故約，匈奴來入之十餘萬騎，無一旋踵者矣。卒至滅襜襤，破東胡，降林胡，匈奴自是不敢近趙邊。如牧者，庶無愧於守邊。始若專事守邊，終乃不難於開邊。然則牧約之「急入收保」，非懼匈奴而不出，正兵家所謂立於不敗之地；毋許捕虜，非真縱敵，恐誘以利者乘於猝矣。案：《田單列傳・贊》：「始如處女，敵人閉戶。」牧之約殆師之。又云：「後如脫兔，敵不及拒。」則牧之破殺匈奴似之。之牧所頒之約，在邊於匈奴之趙，故不可輕易，凡後來守邊者亦當奉行已。

## 李斯學帝王之術論

太史公作《李斯傳》,備敘斯歷仕相秦,卒致身夷族滅。《傳》首乃謂斯「學帝王之術」。夫明哲之士尚能保身,況躬負帝王之學者。幾疑史公之說自相矛盾。或謂斯以一布衣,因瑕釁以輔秦皇,兼併六國之地,變革三代之舊,豈不學無術者所為?《傳》云「帝王之術」,殆以此。或謂斯師事荀卿,荀卿所箸書,論儒效,明王道,述禮樂,崇仁義,隱然帝王之規模,斯與弟子列,《傳》云「帝王之術」,或亦以此。嘗攷秦之有天下,固與古帝王不同。乘六世之積威,值六國之自弊,於李斯奚涉?就斯佐秦之術論,不特非帝王之術,亦並非所嘗師事荀卿之學。而史公顧謂其「學帝王之術」者,亦思史公之世為何世所事之帝王,所學又何術也。漢高祖之成帝業也,當時推為開國勳臣者一,故秦時刀筆吏,舉世遂相習為黃老家言。說者謂申、韓刑名法術所自來。至以學申、商刑名之晁錯傅太子。然則所稱為「帝王之術」者可知己。吾由《斯傳》以推斯學,陰遣謀士,游說諸侯,離其君臣之計,一「善勝敵者,不與」之術也。不立子弟為王、功臣為侯,使後世無戰攻之患,一「不尚賢,使民不爭」之術也。收去詩書百家之語,使天下無以古非今,一「絕聖棄知」之術也。其言督責,履引申、韓之說,云:「能明申、韓之術而修商鞅之法,法修術明而天下亂者,未之聞。」所學何事,斯固自道之矣。斯自信所學為帝王之術。漢之帝王所學之術正同。史公據此稱之歟?否則,史公豈不知何者為帝王之術?顧舉以加諸身敗名裂之人,當不其然。近人以帝王之術一語曲為李斯迴護。姚鼐謂「秦之亂無待於李斯,斯亦未嘗以其學事秦」。然如鼐說,斯學特容悅之術耳。趙翼謂「斯本學帝王之術,以戰國時非可以之於世,反而為急功近名之術」,引《賈誼傳》「治行第一」之吳公與斯同邑而嘗師事,是事斯者能以經術飾吏事,則斯學可知。吾觀劉向《上荀卿書》,坿箸荀卿弟子,一韓非,一李斯,史公以韓非與老子同傳,當以非之術非復師之學。李斯於其子由告歸,見聲勢烜赫,述荀卿「物禁太盛」之說,斯自知所作所為違反師法。身不能以師之學為術事之者,豈必以斯之術為學哉?然則李斯之學可知矣,史公所謂「帝王之術」亦可知矣。

## 叔孫通起朝儀論

《叔孫通傳》:「漢高祖使起朝儀,通使徵魯諸生三十餘人,有兩生不肯行,曰:『禮樂所由起,積德百年而後可興,吾不忍為公所為。公所為不合古。』」

世遂以此病通。或謂通生嬴政焚書前，古禮之載典籍者，諒習而知。設承高祖之命，臚舉故事，縱高祖厭其繁重難行，或好古之士最錄流傳，而乃近取暴秦之儀，苟簡塞責，後來掌儀之官第就通之所起，聊有損益，定為帝者上儀。古昔隆盛規模，自此無從復見，更有不能不為通咎者。雖然，通誠不足道，然就所起朝儀而論，可見聖王治天下，兢兢焉以禮樂為首務。蓋知大用之而大效，即小試之而必有可觀。高祖以亭長舉事，摧秦、項如枯朽，使豪傑如臂指，於事無不可為，為之更無不可成，況併天下而履帝位！史言諸侯所共尊舉，凡攀鱗坿翼者儔，罔不心悅而誠服固宜。乃《傳》言「君臣飲酒爭功，醉或妄呼，拔劍擊柱」，種種無狀於殿上，直不復有尊卑之別。夫竭智力以事高祖者，此君臣也；惟高祖之命而不辭艱險者，即此群臣。《傳》言「高祖患之」，勢有坐視而無可如何。隨、陸之說不必從，良、平之謀無所施。則以韓、彭、英、盧、樊、酈、滕、灌等，或同里閈而與共艱危，非有名分之素定也；或習戰陣而所希富貴，安識咫尺之天威也。此即示以整齊嚴肅之規制，恐不免熟視而無睹。乃《傳》於長樂宮之朝會，大書曰「竟朝置酒，無敢歡嘩失禮者」，猶是君臣，其前倨而後恭，通使之歟？抑亦朝儀為之歟？通之起朝儀也，度高祖所能為，頗採古禮與秦儀雜就之。習之人，則上左右與其弟子也。習之時，則僅月餘也。無論所採古禮率由舊章，即所雜秦儀大都起自先秦時。後來朝臣、博士斟酌擴充，縱不必純師經典，容亦有參依成法。觀於朝儀定行，自謁者治禮，以訖侯王奉賀，所謂「莫不振恐肅敬」，一時殿陛之間，冠裳劍佩蹌濟，儼然桀驁不馴之氣默消於執職傳警之中，感人心而天下和平旋至立應，顧行之者何如耳。夫制作禮樂，在通本非其人，即漢高祖亦非其時，通起朝儀，能令武夫悍將立與改觀，史遷詳識其儀節，有以也夫！

## 魯兩生論

《史記‧叔孫通傳》：「漢高祖令通起朝儀，通使徵魯諸生三十餘人，魯有兩生不肯行」云云。於此見聖人之存神過化，親承其言論者曲成範圍所及，推演遺教於將來，即時移世殊，而生長其里居，猶有一二處逸大儒以支持於流極既衰之會。《項籍傳》：漢既破籍，楚地盡降，魯獨不下，幾見屠於天下兵。乃高祖不責頑民之抗命，轉許為守禮義之國，有為主死節之褒。據《儒林傳》，高祖舉兵圍魯時，魯中諸儒尚講誦禮樂，絃歌之音不絕。夫當暴秦坑儒之後，又值圍城危迫之時，而學修如常，威武不為之屈，素業不為之變，蔚然自成為

好禮樂之國,則以聖人行道設教於斯尤久,聞風而興起者固亦不乏其人也。夫聖人之道,載之空文,則祇此微言大義見諸行事,莫大乎制禮作樂,互相表裏,不能隨世主好尚與為變通,又斷非希榮俗儒所能傲伤。兩生曰:「今天下初定,死者未葬,傷者未起,又欲起禮樂。禮樂所由起,積德百年而後可興也。」又以通所為不合古。大都通所擬禮儀,必以漢高語語兩生。其頗採古禮及秦儀者,又必取示兩生。「不合古」一語,通之苟容曲從,不能確守師法顯然。其云百年後興,則又隱告以甫出水火之民非與言禮樂之民,安事《詩》、《書》之漢高非能興禮樂之主。然則如兩生者,泃與聞乎禮樂之大原矣。

嘗就兩生之言以推其不肯行之意,蓋以吾為知禮而徵召之,吾又度彼之能否而傅合之,則行禮者其名,行禮而適以敗禮者其實,勢必隨事遷就,何異於不樂正言而為面諛,不喜儒服而改短衣楚制哉!《儒林傳》:「陳涉之王也,魯諸儒持孔氏之禮器往歸焉。」夫陳涉起適戍,驅烏合,興滅旬月間,其事至微淺,而搢紳先生之徒負禮器而往委贄,史遷謂「以秦焚其業,積怨而發憤」之所致。夫以漢高之踐帝位,迴勝於陳涉之初發難,而魯兩生之所學當即魯諸儒之所學,乃一則率然而往依,一則召之而不出,則之兩生者不獨善良之薰於聖人之鄉,抑亦不屑躁進而枉夫聖人之道矣。雖然,兩生既讀聖人之書,未達聖人之時,而議論行事,此外無可攷見。獨叔孫通所為簡易,漢高能行之法,錯雜嬴秦一切之儀,後世禮官依坿而行習焉。讀史遷書,詎止惜兩生姓字之不傳哉!

## 甌脫解

《史記·匈奴傳》:「東胡與匈奴間,中有棄地,莫居,千餘里,各居其邊為甌脫。」《索隱》:「服虔云:『作土室以俟漢人。』又,《纂文》曰:『甌脫,土穴也。』又云是地名。故下云『生得甌脫王』。韋昭云:『界上屯守處也。』」《正義》:「案:境上斥候之室為甌脫也。」《漢書·匈奴傳》「甌脫」《注》:「師古曰:『境上候望之處,若今之伏宿舍也。』」諸家釋甌脫雖不同,大要以為人所棲止。惟以「生得甌脫王」之文,遂指甌脫為地名,則未甚確。匈奴諸王號若右賢、左賢、鹿蠡等,均非繫地為名。以例甌脫之號,殆以此王處所謂甌脫者以號之歟?觀本傳,一則曰「各居其邊為甌脫」,再則曰「甌脫外棄地」,是甌脫明係人為東胡與匈奴兩國皆有之,其外乃為棄地,則甌脫非地名甚明。就諸說參攷,自以「土室」之訓為確。蓋俾屯守者居以相候伺,甌脫之名殆取形

似以為名。攷《一切經音義》引《蒼頡》「甌，瓦盂也」、《字林》「甌，小盆也」，盂與盆器名雖不同，而為中虛容物之瓦器則同。「脫」與「蛻」同從兌得聲。《說文》：「蛻，蟬、蛇所解皮也。」《史記·屈原列傳》：「蟬蛻於濁穢。」《正義》：「蛻，去皮也。」是蛻為蟬、蛇解脫之皮，其中亦復空虛。「甌脫」之「脫」當與「蛻」聲近而同義。大抵當日東胡、匈奴於棄地之邊，各營造土室以處屯戍之卒徒，俾有憑依而守望。度所營造者，本不能效倣中國屋舍，即較彼地穹廬形制，亦從率略，但取土築成如室可居，墳起於棄地之邊，望之正似甌形。而又開孔穴，以便出入，正猶蟬、蛇解去而空中之蛻僅存。然則甌脫特據其形以命之名。師古以唐時「伏宿舍」相況，即為「土室」之顯然者。即以《漢書·匈奴傳》諸言甌脫者證之。兩言「甌脫王」外，云：「匈奴前所得西嗕居左地者，其君長以下數千人，皆驅畜產行，與甌脫戰。」可見匈奴各邊咸設有甌脫。西嗕君長率人畜而經過其處，所經過之甌脫遂遮遏而與戰耳。又云：「郅支遣使上書求侍子，漢遣谷吉送之。郅支殺吉，漢不知吉音問，而匈奴降者言聞甌脫皆殺之。」師古曰：「於甌脫得聲問，云殺之。」是由匈奴入漢，所經亦有甌脫，故降者述於甌脫所得聲問。則「作土室以伺漢人」之說，洵為信而有徵。然則甌脫初無定所，其非匈奴中地名，而為匈奴守邊者所居土室之名，以《漢書》證《史記》，又何疑哉！　　玉繩謹案：「甌脫」，《漢書·蘇武傳》作「區脫」。沈欽韓《疏證》云：「區脫，猶俗云邊際。匈奴與漢連界，各謂之區脫。似不當以為土室，且候望自有樓櫓，非居土室所辦。」說視諸家注為勝。

## 賈生明申商論

劉向稱賈生「通達國體，雖伊、管未能遠過」，史遷謂其「明申、商，與晁錯竝」。攷《錯傳》言「學申、商刑名家於軹張恢先所」，其「明申、商」固宜。生則能誦《詩》、《書》，受《春秋左氏傳》於張蒼，兼通諸子百家，申、商特其一耳，奚足為生重？吾謂史遷以「明申、商」稱之者，殆有感於廷臣而言。夫申、商之為人不足取，其言又安足法？史遷豈不知之？然韓昭侯用申不害為相，內修政教，外應諸侯，終其身，國治兵彊，無侵韓者。商鞅輔秦孝公，申嚴號令，信賞必罰，以雄長天下。特偏重於威劫，處事不務持其平。然振作敢為，攘卻外侮，於國家不無小補。當漢文帝朝，匈奴歲擾邊郡，藐玩中夏，粵閩塈負偏方，羈縻幸安，在廷之持祿保位者咸謂已安已治，或且緣飾儒術，以言邊事，灑國恥斥為雜霸之紛更。惟賈生疏陳五餌三表，晁錯亦上言兵事，

剴切詳明，不以功利為諱，安知不有以為申、商之術者？史遷慨眾論之謬悠，士氣之頹靡，抱有為之志者，所見適與學申、商之錯相近，遂曲隨時論耳。明知生決不為申、商之所為，故與錯竝稱。《錯傳》首敘「學申、商刑名」，見傳習之由來。生則泛言其「明申、商」，而曾不言其授自何人也。後人不原史遷措辭之意，泥於「明、申商」之文，據生所上書「髖髀之所，非斤則斧，以此待諸侯」云云，直申、商家言，互相訾毀。吾就生《治安策》論之，生言此，殆欲立法制以整齊諸侯王，使分地有畫一。定法庶不淫僻驕佚干大典，而抗剿之所以規安全也。特借斤斧以況喻耳，豈真刑僇謂哉？或謂漢文仁厚有餘，所不足者在於威重，故生欲以引繩墨、審名實數端矯正之，所謂濟寬以猛，且逆料文帝必不如申、商之刻流極於慘礉少恩。然吾觀生疏，明言秦君用商鞅之法，卒底於敗，安有欲人之效法而反言其不可為邪？然則謂生以申、商矯漢文所為，其說之謬顯然矣。若鼂錯者，躬自學申、商之學，又以之導景帝，卒之自詒伊戚，夫豈賈生之比哉！

## 《史記》列傳編次先後有無義例說

《史記》體例，本紀以記一朝或一帝之事，世家以記一國或一家之事，而列傳則記一人之事，名各不同，而體不甚懸殊。然本紀始五帝而迄漢武，世家始泰伯而迄三王，編次之先後，大都隨時代之先後，初未嘗無一定之義例也。乃於列傳又有不盡然者。考唐開元時，敕升《史記・老子列傳》於《伯夷列傳》之上，似列傳編次有經後來所更易。司馬貞撰《史記索隱》，於遷書深致不滿，如列傳一門，謂「《司馬相如》、《汲鄭傳》不宜在《西南夷》後，《大宛傳》不合在《遊俠》、《酷吏》之間，編次多所未當」。《廿二史箚記》謂：「《史記》列傳次序，蓋成一篇即編入一篇，故《李廣傳》後忽列《匈奴傳》，下又列《衛霍傳》，朝臣與外夷已屬不倫。然此猶曰諸臣事皆與匈奴相涉也。《公孫弘傳》後忽列《南越》、《東越》、《朝鮮》、《西南夷》等傳，下又列《司馬相如傳》，相如之下又列《淮南衡山王傳》，《循吏》後忽列《汲黯鄭當時傳》，《儒林》、《酷吏》後又忽入《大宛傳》，其次第皆無意義，可知其隨得隨編。」〔註6〕據趙說，則編次先後本無義例。吾謂義例所在，誠無明文，而趙氏所舉各傳則編次似非無意者。李廣、衛青事蹟與匈奴相出入，故編《匈奴傳》特次於二人之間，誠如趙言。《平津侯傳》始以博士使匈奴，還報，不合上意。使巴蜀，還

---

〔註6〕《廿二史箚記》卷一《史記　漢書》之《史記編次》。

奏事，盛毀西南夷無所用，又云「是時通西南夷，東置滄海，北築朔東之郡。弘數諫，以為罷敝中國」，是武帝之窮兵開邊，弘頗以為非便。《相如傳》歷敘通西南夷時，相如奉使往還，所為《喻告巴蜀民檄》、《難蜀父老文》，臚列詳盡，見相如始終贊成斯事，與弘正相反。則以《兩越》、《朝鮮》、《西南夷》編次於《平津》後、《相如》前，殆欲讀者參觀之歟？《淮南衡山王》敘長與安先後招集無行之士，稱說神仙，鋪張箸作，何莫非相如輩所優為？《贊》言「荊楚僄勇輕悍，好作亂，自古記之」，然則治以奉治，循理之吏其庶幾乎？以《循吏》次《淮南衡山王傳》後，殆謂以彊藩之習於惡不如循吏之善其後歟？汲黯治官理民好清靜，鄭當時廉，不治產業，儼然古循吏風。《儒林傳》敘武帝「絀黃老刑名百家之言，延文學儒者」，當日制詔廷議，似有意於崇文治。然《酷吏》一傳在武帝世者尤多。敘云「言道德者，溺其職」，明謂非儒者所能勝任愉快。次以《大宛傳》，則張騫始發其謀，先後相次，亦見武帝與之治民於內者，無非「武健嚴酷」之吏；其奉使於外者，鑿空之輩之外，抑亦妄言無行之徒。而明天人、通古今者，固未嘗與其選也。就諸傳而論，或先或後，編次之有無義例昭昭已。

卷十四終

# 青學齋集卷十五

新陽汪之昌

## 高帝求賢詔遣詣丞相府署行義年何者謂行何者謂義說

　　《求賢詔》：「遣詣相國府，署行義年。」蘇林曰：「行，狀。年，紀也。」於「義」字無說。劉攽曰：「義讀曰儀。儀謂儀容。其年若曰團貌矣。」吳仁傑曰：「儀與『心儀霍將軍女』同意。儀，擬也。詔文『年老癃病勿遣』，若年雖老而非癃病，不害其為可用，故須擬議其年。」據劉、吳說，則「義」字連屬「年」字為義，與「署行」為對舉之文。顧亭林釋「署行義年」，謂「書其人平日為人之實跡，如《昭帝紀》『元鳳元年三月，賜郡國所選有行義者、涿郡韓福等五人帛』，《宣帝紀》『令郡國舉孝悌有行義聞於鄉里者各一人』是也」，則又以「行義」二字聯屬為義。然顧引《昭紀》、《宣紀》「行義」，雖有明據，以例《求賢詔》之「行義」，恐未盡合。如顧說，則上言「行義」為一事，下單言「年」，別為一事，立文未免參差不倫。就詔文證之，下言「年老癃病勿遣」，則遣詣者令署年，以別於年。「老年」與「年老」為反對，即義當與「癃病」為反對。「行」即上所云「懿稱明德者」。不獨顧所引之「行義」正其比，若《孔安國貢禹夏矦勝傳》之「明經」，《薛宣傳》之「明習文法」，《何並陳遵傳》之「能治劇」，何莫非「行」之一端？闕後武帝令郡國舉孝廉，孝廉固盡人可為，殆即本諸此詔。是「行」統指其人平昔之舉動矣。鄭司農《周官注》：「古者書義為誼，儀為義。」漢高去古未遠，《求賢詔》之「義」本謂容儀。攷《儒林傳》「太常擇民年十八以上、儀狀端正者補博士弟子」，是漢時相士兼取儀貌，具箸為功令。《車千秋傳》：「千秋長八尺餘，體貌甚麗。」《龔遂傳》：「遂年七十餘，形貌短小。宣帝召見，不副所聞，心內輕焉。」止此一時問對

之頃，幾以形貌分輕重。蓋「行」謂平日之所聞，「義」謂當時之所見，合觀聽以互為用，取人固有如是之鄭重者。《東方朔傳》：「朔初來，上書臣朔年二十二，長九尺三寸。目若懸珠，齒若編貝。勇若孟賁，捷若慶忌。廉若鮑叔，信若尾生」云云。勇、捷、廉、信，即行之謂。而「長九尺三寸三」語，正自署其義之謂。合之「年二十二」句，為署其年顯然。《傳》謂「朔文詞不遜，高自稱譽」，然就朔所上書，參諸《求賢詔》之「行義年」三者，正可互相證明，殆詣丞相府所署體式有如是乎？然則行也、義也不可曉然於所謂哉？

　　　　□□先生云：「讀『義』為『儀』，指儀狀言，甚是。蘇林注『行，狀。年，紀』，即以儀狀言。後人作行狀，僅言行，不言狀，失古義矣。」

## 漢置五屬國攷

　　《漢書‧武紀》：「元狩二年，昆邪王將其眾合四萬餘人求降，置五屬國以處之。」是當日置國以處降眾有五處。師古《注》：「凡言屬國者，存其國號而屬漢朝，故曰屬國。」但釋「屬國」名義，未嘗分別五地之何在。案：《百官表》：「典屬國，秦官，掌蠻夷降者。武帝元狩三年，昆邪王降，復增屬國。」又，農都尉、屬國都尉皆武帝初置。是屬國一官實沿秦舊，武帝又增其五。《紀》二年而《表》三年者，《紀》或因昆邪之來降而坿見增置屬國之事，《表》就增置之年為言，遂致先後有一年之殊。屬國都尉即所謂五屬國，故又以置自武帝初。約之而五屬國之置於何所，《紀》詳其數而略其地，《表》亦但見都尉之名。攷《地理志》天水郡勇士，《注》：「屬國都尉治」；安定郡三水，《注》：「屬國都尉治」；上郡龜茲，《注》：「屬國都尉治」；西河郡美稷，《注》：「屬國都尉治」；五原郡蒲澤，《注》：「屬國都尉治。」據《〈地志〉注》，「屬國都尉」適五見，《會要》遂以《武紀》所云「置五屬國」者當之。案：《宣紀》：「神爵二年，置金城屬國以處降羌。五鳳三年，置西河北地屬國以處匈奴降者。」是宣帝亦嘗置屬國。然一言以處「降羌」，與匈奴降眾無涉。即「處匈奴降者」之屬國西河北地，明標地望，以別於武帝所置。攷《匈奴傳》「右賢王、犁汙〔註1〕王四千騎分三隊，入日勒、屋蘭、番和。張掖太守、屬國都尉發兵擊，大破之。」是張掖亦置屬國。據《傳》敘是役於蘇武歸漢後，當在昭帝世。然《武紀》「元鼎六年，分武威、酒泉地，置張掖、敦煌郡」，而《紀》於置五屬國處降眾後

---

〔註1〕「汙」，《漢書》卷九十四上《匈奴傳》作「污」。

大書「以其地為武威、酒泉郡」，則張掖本昆邪故地，業已歸順，於此時置屬國，即不當後於此時，是張掖宜與五屬國之列。攷《學林》：「龜茲者，西域之國名。其國不坐上郡，而上郡取以為縣名者，顏師古以為龜茲國人來降附者處之於此，故以為名。」據五屬國置以處昆邪降眾，其非龜茲國人甚明，則龜茲屬國何所取而錯置於其間？然則五屬國者，勇士也，三水也，美稷與蒲澤也，其一自是張掖，不得取龜茲足其數。就《漢書》攷之，較然明已。

## 漢武帝求茂材異等使絕國論

班孟堅《西域傳・敘》：「自貳師伐大宛後，西域震懼」，繼云：「漢使西域者益得職。」夫漢於西域，其初固絕不與通之國也。後先坿列屬國之籍，孟堅以為命將遣使之得人。夫漢代武功，自當以武帝為首。抑知使者之得職，亦由武帝之求材哉！《武帝紀》：元封五年，詔諭州郡察舉使絕國者，曰茂材異等。材借喻諸奔踶之馬。人不遺乎跂弛之士，不敢必其有，而但令廣為求，倡乎上者庶幾應乎下歟？世以史言征和中，帝見搜粟都尉與丞相、御史等奏，乃下詔，歷數既往之悔。事在晚年，勢已無及。不知無以懾匈奴，即無以息漢民。而所以制匈奴，莫善於通絕國。此固統遠交近攻之謀、以夷攻夷之說而變通焉者也。然不曰服絕國而曰「使絕國」，但期曉以風指，非必責其勳效。特是論其地，則山川林莽不可究詰也；論其人，則飲食言語又無不別異也。《大宛傳》：「天子為其地絕遠，非人所樂往。」是武帝於絕國，雖急於通驛，又知其僻阻。設概強以出使之任，未能得其要領，亦徒事往來耳。蓋自建元踐祚，凡中外所舉賢良方正直言極諫之士若而人，所徵明當世之務、習先聖之術者若而人，以及郡國所舉孝廉，博士所置弟子員，間亦躬親策問，以冀得一當。而一長可取，恐未能機牙肆應。非超等軼群之材，曷克充此選乎？且前此廣募吏民，毋問所從來，起而應者，妄言無行之徒，與夫貧人子居多。其求使也，不過覬侵盜幣物。其既使也，往往絕國厭苦之，摧挫困辱，浸失漢家威重。何如出於薦舉，在舉者必有事狀之可稱，舉之必具悉其行誼之何若。甫頒此詔，不必適有可舉之人。習知此詔，且群勉為可使之材，招徠鄭重之心流露言外。人自問即非邁越等倫，而有心用世，隨時練習，不難積漸以充，識量極之，人力所可通，何莫非使命所可達也。觀於傅介子自請使而斬樓蘭王，陳湯以舉為都護而梟郅支首，絕回所在，漢威加焉，秉旄節以施撻伐，後先接踵。雖人材應時而生，庸詎知非舉使絕國人材一詔倡之哉？

## 漢開西域論

漢武通道西域，論者謂其喜事開邊，以中國孳息之人民委之於荒遠，文、景積纍之府庫耗之於邊庭。此陋儒之見，烏足窺漢武之雄材大略哉？其急於開西域者，非特揚中國之聲威，亦以制匈奴之長策也。夫漢初為中國患，莫如匈奴。當高祖乘削平區宇之勢，加以謀臣猛將，與之剗除群雄，而有餘者，卒至受困平城，匈奴有輕漢心矣。迨至文、景，金帛饋問不絕，而雲中、雁門諸郡，寇患沓至，甚至烽火達於甘泉。其蹂躪者非猶是中國之人民，其徵發者非猶是中國之資財乎？勢不能不煩一兵、不折一矢明甚。武帝憤發有為，思張國勢，思安邊陲。衛、霍將軍采入其阻，雖梨庭絕漠，終未得其要領。嗣知西域壤地近接匈奴，貪慕金繒，可以利動，可以計結，於是廣召募，置都護，其勞費於通西域，猶之勞費於禦匈奴也。譬諸水，當夫堤坊初決，潰溢未艾，直其前而強遏之，有不能遽就平復者。惟別開孔竇，歧出旁近，以相通引，悍突衝蕩之勢必且懈緩少殺。通西域以制匈奴，亦猶制水而已。且觀班氏書，匈奴於西域諸國有置僮僕都尉以領之者，狡焉思啟之心，業已見諸夷滅月氏。幸而西域各有君長，無所統一，雖屬匈奴，不相親坿耳。否則能得其馬畜斿圂，復能得以統率進退，則張騫鑿空所行之路，安知非即西域入犯所由之路乎？吾恐漢之動師旅，籌度支，夫且日不暇給也。西域既開，隱然樹漢之外援，匈奴無坐大之慮。一二強而大者與匈奴竝峙於徼外，互為牽制，使匈奴不能獨逞兇威。弱而小者懷我威德，捍我邊圉。萬一匈奴蠢動，一使往遣，群起相攻，諸國環伺匈奴之境，不必漢獨當匈奴。故西域既開，匈奴遂衰者以此。陳忠嘗言之：「開河西四郡，以隔絕南羌。收三十六國，斷匈奴右臂。是以單于孤特，鼠竄遠藏。」非其明證歟？彼斤斤以勞民傷財言者，詎知武帝以攘外者安內，其計固深且遠哉！

## 漢刺史六條按郡國論

《漢書·百官表》：「武帝元封五年初，置部刺史，掌奉詔條察州。」師古《注》引《漢官典職儀》，詳列六條之文，綜所奉詔條，第一條云「張〔註2〕宗豪右」，餘五條皆察「二千石」，具有明文。王鳴盛謂「歷攷諸傳，凡居此官者，大率以督察藩國為事。如《高五王》、《文三王》、《武五子》及《張敞傳》所云

---

〔註2〕「張」，《漢書》卷十九上《百官公卿表》作「強」。

皆是」。〔註3〕竊以為詔條所謂「強宗豪右」本指諸侯王，特以名在屬籍，未便顯然指斥。泛言「豪強」，猶宣帝詔張敞備昌邑王賀，但云「謹備盜賊，察往來過客也」。否則，土豪勢惡，非無倚傲縱慾為暴鄉邑間。漢時郡守權恒足以驅除之。《史記・酷吏傳》：「濟南瞷氏宗人三百餘家，豪猾。郅都為濟南太守，族滅瞷氏首惡，餘皆股栗。」又云：「周陽由所居郡，必夷其豪。」《漢書・義縱傳》：「為南陽太守，寧成家居南陽。縱按寧氏，破碎其家。」區區縱慾方隅之徒，正不難摧去於一旦，何煩刺史之案問哉？吾觀賈生在文帝朝，歷陳藩封僭侈，廩廩於尾大不掉，厥後七國連兵，雖敗不旋踵，而驕王悍主依然自大，擅作威福於分土，過惡或未彰聞，一方已受凌轢，為傅相者既未能早為防範，為郡吏者容轉為所挾持，往往肆無忌憚。觀張敞為冀州刺史，捕賊廣川王宮；揚州刺史柯奏海昏侯罪；發奸摘伏，每出於刺史。令格既列於詔條，刺史宜曲體朝旨，固非徒以班宣周行為畢乃事也。弟二條至弟六條明言「二千石」，則所按有專屬。《朱博傳》：「使從事敕告吏民：『欲言縣丞尉者，刺使不察黃綬，各自詣郡。欲言二千石墨綬長吏者，使者行部還，詣治所。』」然則朝廷寄刺史以耳目之任，所按「不奉詔書」、「不恤疑獄」、「選署不平」諸條，無非下情宣通；「子弟怙恃榮勢」、「違公下比」兩條，伺察有無倚勢以作威。此皆入境可知實跡確有著見，非可以空言糾彈者。後冀州牧鮑宣以「聽訟所察過詔條」被劾，其時令格或不盡符立法之始，要可見命刺史以按問者，亦在省察其大體，不致下侵守令之職也。吾觀漢武以刺史按郡國後，非無不軌之藩封，絕不敢如

---

〔註3〕《十七史商榷》卷十四《漢書八・刺史察藩國》：

《百官表》：「部刺史奉詔條察州。」師古引《漢官儀》，惟一條察「強宗豪右」，其五條皆察「二千石」。〔師古引《漢官儀》，亦見《續百官志》劉昭注。〕而歷考諸傳中，凡居此官者，大率皆以督察藩國為事。如《高五王傳》青州刺史奏菑川王終古罪，《文三王傳》冀州刺史林奏代王年罪，《武五子傳》青州刺史雋不疑知齊孝王孫劉澤等謀，收捕澤以聞。〔亦見《不疑傳》。〕又，昌邑哀王之子賀既廢，為宣帝所忌，後復徙封豫章，為海昏侯，揚州刺史柯奏其罪。《張敞傳》拜冀州刺史，既到部，而廣川王國群輩不道，賊發不得，敞圍王宮搜得之，捕格斷頭，縣王宮門外，因劾奏廣川王，削其戶。蓋自賈誼在文帝時已慮諸國難制，吳楚反後，防禁益嚴，部刺史總率一州，故以此為要務。

《後書・郅惲傳》：「惲子壽為冀州刺史，時冀部屬郡多封諸王，賓客放縱，壽案察之，無所容貸，迺使部從事專住王國，又徙督郵舍王宮外，動靜失得，即時騎驛言上奏王罪及劾傅相。」袁宏《後漢紀》第十六卷：「永寧元年，立濟北王子萇為樂城王，萇驕淫失度，冀州刺史舉奏萇罪至不道。」然則刺史以察藩國為事，東京猶然。

吳濤之稱兵向闕者，而吏治蒸蒸，循良風績，為三代下所僅見。顧炎武謂「刺史六條為百代不易之良法」〔註4〕，有以也夫。

## 《漢書·人表》攷正

《漢書》八表，《古今人表》其一。治《漢書》者，訾議尤叢集於是篇。或謂表所敘錄，無一漢人，何以題兼「古今」？或又謂表之所載，自邃古以迄嬴秦，本極繁瑣，而分以三科，定以九等，品題正未見悉當。即如王倪、被衣，殆《莊子》之寓言，未嘗實有其人。或姓名所牽連而見記載，其人初無一言一行之可稽，則何所憑而升降其等列？案：全表統二千一百十三人。梁氏玉繩撰《漢書人表攷》，最為廣備。凡事蹟之顯晦，名稱之異同，罔不搜採而箸於篇。而無可稽攷者，正復不少。儼然錯置於九等中，此誠不無可疑。吾謂班氏博涉多聞，古籍之經關覽者，率非後人所得見。觀於《表敘》言「究極經傳」，則撰箸此表，自必旁搜博引，確有據依，隱寓顯善昭惡之微旨，或貶或褒，斷無率爾出之之理。後人所指為位置失倫者，恐不盡班氏原本。攷《十七史商榷》：「張晏譏《人表》差違謬失，謂老子不當在第四格。《評林》及汪本，老子在第一格。趙希弁《讀書附志》：『徽宗詔《史記》老子陞於列傳之首，《前漢·古今人表》列於上聖。』《評林》及汪本據此譏寺人孟子不當在第三，今乃在第四。又譏田單、魯連、藺相如不當在第五，今田單乃在第四，魯連、藺相如皆在第二。又譏嫪毐不當在第七，今脫。」〔註5〕是張

---

〔註4〕《日知錄》卷九《部刺史》。
〔註5〕《十七史商榷》卷十《漢書四·張晏所譏》：
　　《古今人表》，張晏譏其差違失謬凡八條。第一條：老子不當在第四格。王侍御峻云：「《評林》及汪本《老子》在第一格，趙希弁《讀書附志》云：『徽宗詔《史記》老子陞於列傳之首，自為一帙。《前漢·古今人表》列於上聖。』汪本其據北宋景本乎？」按：汲古閣板老子在第四。如張晏說，則汲古似班氏元本也。〔南監與汲古同。〕而《評林》及汪本所據之宋本則是後人所改。予徒青浦邵玘借侍御評本，往往稱汪本，係明汪文盛刻，《評林》則萬曆間吳興凌稚隆輯也。又一條譏寺人孟子不當在第三，今乃在第四。〔南監與汲古同。〕又譏田單、魯連、藺相如不當在第五，今田單乃在第四，魯連、藺相如皆在第二。〔南監與汲古同。〕又譏嫪毐不當在第七，今脫。〔南監與汲古同。〕夫此表所載，奚啻數千百人，張晏所譏不過八人，今不同者四人，脫者一人，則全卷中傳刻脫誤不知凡幾矣。異哉，豈此四人者亦如老子之例，後人因張說而升之乎？但所據乃汲古本，如老子汲古是元本，何得此四人又依改本，且嫪毐之脫又何說邪？至張晏又譏大姬巫怪，陳人化之，不當在第三。按表，大姬在武王之下，與邑姜並列，注云：「武王妃。」若好巫怪之大姬乃武王之女，陳胡

---

晏所見《人表》與今本不同。梁氏《人表攷序》：「宋重修《廣韻》，『公』字注『有齊大夫公幹』，『士』字注『有士思癸』，《通志·氏族略》有司褐拘，而今皆無之。《史通》謂陽處父第四，士會、高漸離第五，鄧三甥、荊軻第六，鄧祁侯、秦舞陽第七，俱與今異。」然則今世所傳《人表》，或經後世竄改，與夫刊刻而紊亂其次第，繕寫而漏落其姓氏，其間為班氏手定者幾何？史家謂古人書用卷軸，後世易為篇帙，以便披覽。然如表之為體，施之篇帙，則佔地隘促。即如《人表》，分等止繫一線，界畫稍有漫漶，所別上中下之等或至遞降而下，抑且互緣而上，舛錯遂悉數難終。攷《廿二史人表考異》：「楚摯紅，渠子。表於摯紅、熊摯皆云渠子，而無熊渠名，蓋傳寫脫之。」〔註6〕是熊渠亦表所固有。竊謂等次之溷淆者，尚可據諸家之說更正，以復其舊。而人之本有而佚脫者，雖明知其姓氏，要未悉居於何等，烏可專輒填入？惟《論語》中人物，《人表攷序》謂「悉見於表」，而《憲問》篇之晨門獨缺。準以儀封人之例，宜增置中上之次。王氏念孫《讀書雜志·人表》：「『慎靚王』下各本脫『顯王子』三字。」〔註7〕當依景祐本補。攷《三史拾遺》：「鄭唐，當即《左傳》鄭唐苟，死於鄢陵之役。《表》脫『苟』字。」案：《表》於亡國之君皆注為某所滅，獨吳王夫差下不注為越所滅，其亦傳寫脫落無疑。此則脫文之當補正者。《讀書雜志》：「琴牢，據昭二十年《左傳》及《孟子·盡心》篇皆作『琴張』，《莊子·大宗師》篇作『子琴張』，無作『琴牢』者。《家語·弟子》篇：『琴牢，衛人，字開，一字張』云云。《家語》乃王肅偽撰。」〔註8〕《表》之琴牢，自是後人據《家語》而改班《書》。「孟丙，孟當為盂。昭二十八年《左傳》：『孟丙為盂大夫。』《杜解補正》引《漢書·地理志》『盂，晉大夫盂丙邑』，為盂大夫而謂之盂丙，猶魏大夫之為魏壽餘，閻大夫之為閻嘉，邯鄲大夫之為邯鄲午。」王歷引《釋文》、《廣韻》諸書以相證，謂「自《唐石經》始訛為『孟丙』，各本遂沿其訛」〔註9〕可見班《表》本不作「孟」。斯又誤文之所宜改正矣。撮舉數端，皆本各書之具有明文，箸之於篇，備專家是正焉。

公之夫人，今陳胡公亦在第三格，而別列大姬之後，相隔甚遠，則非一人，張晏誤也。
〔註6〕《廿二史考異》卷六《漢書一·古今人表》。
〔註7〕《讀書雜志·漢書弟三·古今人表·脫三字》。
〔註8〕《讀書雜志·漢書弟三·古今人表·琴牢》。
〔註9〕《讀書雜志·漢書弟三·古今人表·孟丙》。

## 《漢志》先驚蟄後雨水先穀雨後清明今《時憲書》雨水正月中驚蟄二月節清明三月節穀雨三月中昉於何時改之何義對問

　　《漢志》：「諏訾。中營室十四度，驚蟄。」注：「今曰雨水。」「降婁，初奎五度，雨水。」注：「今曰驚蟄。」「大梁，初胃七度，穀雨。」注：「今曰清明。」「中昴八度，清明。」注：「今曰穀雨。」據《志》，則漢曆以驚蟄為正月中，雨水為二月節，驚蟄先雨水，在後矣；穀雨為三月節，清明為三月中，穀雨先而清明後矣。《十七史商榷》：「案：《大戴禮·夏小正》篇、《逸周書·時令解》，俱先驚蟄，後雨水，先穀雨，後清明，與《漢志》同。新、舊《唐書》先啟驚蟄，後雨水，亦同；而改穀雨在清明之後。至《宋史》始先雨水，後驚蟄；先清明，後穀雨，則與《唐》同。《元史》亦然。」王以穀雨在清明後始《舊唐書》，先雨水，後驚蟄則始於《宋史》。並云：「《京房易傳》雖有先雨，水後驚蟄，先清明，後穀雨之文，俗刻可疑。」案：《禮記·月令》鄭君《注》：「《夏小正》『二月啟蟄』，漢始亦以驚蟄為正月中。」孔沖遠《疏》：「《律曆志》云：『正月立春節，雨水中；二月驚蟄節，春分中。』是前漢之末，劉歆作《三統曆》，改驚蟄為二月節。」孔以驚蟄、雨水先後之互改始於劉歆。攷《易緯通卦驗》，雨水次立春，驚蟄次雨水，清明次春分，穀雨次清明，先後已不同《漢志》。或謂緯書不足憑。案：《淮南子·天文訓》：「加十五日，斗指寅則雨水，音比夷則。加十五日至甲，則雷驚蟄，音比林鍾。加十五日，指卯中繩，故曰春分，則雷行，音比蕤賓。加十五日，指乙則清明風至，音比中呂。加十五日，指辰則穀雨，音比姑洗。」先後與今《時憲書》悉合。淮南王安當武帝世，遠在劉歆之前。魏《正光曆》，雨水先於驚蟄，清明先於穀雨。唐《麟德曆》，先驚蟄，後雨水，清明、穀雨先後同魏書。而《開元大衍曆》仍先雨水，後驚蟄，清明、穀雨先後同《麟德曆》。然則自魏《正光曆》以來，雨水、驚蟄、清明、穀雨之次序並同今《時憲書》。唐《麟德曆》偶改驚蟄於雨水之先，而《大衍曆》仍以驚蟄次雨水之後，則今《時憲書》之次序昉於唐宋矣。至於命名取義，大都以《月令》。孟春云「蟄蟲始震」，仲春云「始雨水」，則驚蟄當在正月，雨水當在二月。案：《夏小正》、《左傳》均有「啟蟄」之文，漢避景帝名而改「啟」為「驚」。據《月令》，「蟄蟲咸動，啟戶始出」本在《仲春記》。曰「咸動」，是蟄蟲於時無不動；曰「啟戶」，則於義尤合。《日知錄》：「今二月間尚有雨雪，惟南方地暖，有正月雨水者。」〔註10〕《說文》：「雨，

───────────

〔註10〕《日知錄》卷三十《雨水》：

水從雲下也。」邱光庭云:「陰陽一氣為均,則能為雨。」孟春天氣下降,地氣上騰,則雨水正及其時。三月於十二子為辰。《史記・律書》:「辰者,言萬物之蜄也。」清明風居東南,維以清明為三月節,殆以此。《淮南子・時則訓》:「季春之月,甘雨至三旬。」三旬通主一月。蔡邕《月令章句》中「必在其月」,「穀」亦訓「善」,與「甘」義近。約三旬之期,則以為三月中宜。然則改雨水於驚蟄先,改穀雨於清明後,其義固有在矣。

## 《漢志》諸侯歲貢少學之異者於天子是否合於古禮說

《漢書・食貨志》:「諸侯歲貢少學之異者於天子,學於大學,命曰造士。」案:《禮記・王制》:「命鄉論秀士,升之司徒,曰選士。司徒論選士之秀者而升諸學,曰俊士。」即《志》所謂「其有秀異者移鄉學於庠序,庠序之異者移國學於少學」。不盡符合者,《禮》就王畿之士言,《志》就侯國之士言。《王制》:「天子命之教,然後為學。小學在公宮南之左,大學在郊。」然則古時候國皆有小學、大學。少、小義同。少學謂侯國之學,與天子之大學為對文。《詩・鄭風・子衿》,《序》謂「刺學校之廢」。《魯頌・泮水》,《序》謂「頌僖公能修泮宮。」此侯國有學之見於經者。《志》言「諸侯歲貢」,一似每歲貢士。案:《禮記・射義》:「諸侯歲獻貢士於天子。」鄭君《注》:「歲獻,獻國事之書及計偕物也。三歲而貢士。舊說云:大國三人,次國二人,小國一人。」則古無歲貢士於天子之禮。《尚書大傳》:「古者,諸侯之於天子也,三年一貢士,大國三人,次國二人,小國一人。」《書傳》所述,當是成周定制,故鄭君據以說《禮》,明言「三年一貢」。班《志》備引古禮,所云貢士之歲,不當於經傳獨有不合。竊謂經傳諸所云「歲」,原非定指一歲而言。《王制》:「天子五年一

---

《禮記・月令》:「仲春之月,始雨水,桃始華,倉庚鳴,鷹化為鳩。」「始雨水」者,謂天所雨者水而非雪也。今曆去此一句。嫌於雨水為正月中氣也。鄭康成《《月令》注》曰:「《夏小正》:『正月啟蟄。』漢始亦以驚蟄為正月中。」《疏》引「《漢書・律曆志》云:『正月立春節,雨水中。二月驚蟄節,春分中。』是前漢之末,劉歆作《三統曆》,改驚蟄為二月節也」。然《淮南子》先雨水、後驚蟄。則漢初已有此說。而蔡邕《月令問答》云:「問者曰:『既不用《三統》,以驚蟄為正月中,雨水為二月節,皆《三統》法也,獨用之何?』曰:『孟春,《月令》曰:蟄蟲始震。在正月也,仲春始雨水,則雨水二月也。以其合,故用之。』」是則《三統》未嘗改雨水在驚蟄之前,改之者《四分曆》耳,記疏誤也。今二月間尚有雨雪,唯南方地暖,有正月雨水者。《左傳・桓五年》:「啟蟄而郊。」《注》:「啟蟄,夏正建寅之月。」《夏小正》:「正月啟蟄。」則當依古,以驚蟄為正月中,雨水為二月節為是。

巡狩。」又云:「歲二月,東巡狩。」既言「五年」,則「歲二月」者決非每歲
二月,蓋指巡狩之年。亦可為「歲貢」非每歲之旁證。《白虎通・貢士》篇:
「諸侯三年一貢士者,治道三年有成也。」此明貢士必三年之義。《白虎通》
即孟堅所撰,亦言「三年一貢士」,可見古禮貢士三歲為期,本無歲貢之說。
如《志》之「歲貢」,謂歲歲入貢,不特與他書記貢士之禮不合,即孟堅手輯
之書,立說亦自歧異矣。《周禮・鄉大夫》之職:「三年則大比,攷其德行道藝
而興賢者能者。」又云:「王再拜受之,登於天府。」《注》:「鄭司農云:『興
賢者,謂若今奉孝廉。興能者,若今舉茂才。』」是漢初郡國舉孝廉茂才實本
古諸侯貢士於天子成法。《漢書・董仲舒傳》:「請令諸侯、列卿、郡守、二前
石各擇其吏民之賢者,歲貢各二人,以給宿衛。」即貢士於天子之謂。然則漢
制歲貢,由於仲舒之請,當始武帝之世。《食貨志》貢士之文,追論古禮,斷
無不合之理。其有不合者,亦拘文者自為同異而已。

## 《漢書・食貨志》校補　　陳仁錫本　　據日木影唐寫本校補

布帛可衣。師古曰:「衣音於既反。」

及金刀至無者也。師古曰:「金謂五色之金也。黃者曰金,白者曰銀,赤者曰銅,青
者曰鉛,黑者曰鐵。刀謂錢幣也。龜以卜占,貝以表飾。故皆為寶貨也。」

斲木至食足。師古曰:「斲,斫也。揉,屈也。耒,手耕曲木也。耜,耒端木,所以施
金也。耨,耘田也。耜音似。揉音人九反。耒音來內反。耨音乃構反。」

而貨通。師古曰:「自『斲木為耜』以至於此事,見《易・上繫辭》。」

以敬授民時。「和叔也」下有「事見《虞書・堯典》」。

租饑。「言阻」下有「師古曰:『事見《虞書・舜典》』」。

貢棐。應劭曰:「棐,竹器也,所以盛。方曰筐,隋曰棐。」師古曰:「棐,讀與『篚』
同。」貢篚謂若「厥貢漆絲、厥篚織文」之類,隋圜而長也,音他果反。

曰財。師古曰:「《下繫》之辭也。」

守位養成。作「守養位成」。

不患貧,患不安。

安亡傾。師古曰:「《論語》載孔子之言也。」

設庠序以教之。師古曰:「庠序,禮官養老之處也。」

通財鬻貨曰商。師古曰:「鬻,賣也。音弋六反。」

以為廬舍。師古曰:「廬,田中屋也。春夏居之,秋冬則去。」

出入相友。作「相交」。

為壹易。陳本作「一」。

下田歲更耕之。陳本「三歲」。

自爰其處。「互也」下有「音工衡反」。

如比例也。下有「音必寐反」。

淳鹵之地，不生穀也。陳本「不生五穀也」。

各以肥磽多少為差。師古曰：「磽，磽确也，謂瘠薄之田也。音口交反。」

賦共車馬甲兵士徒之役。師古曰：「徒，眾也。共讀曰供。」

以備災害五種。陳本無「五」。

瓜瓝果蓏。「曰蓏」下無「張晏曰：『有核曰果，無核曰瓝。』臣瓚曰：『案：木上曰果，地上曰蓏也』」廿四字。

毋失其時。師古曰：「彘即豕也。」

在邑曰里。師古曰：「廬各在其田而里聚居也。」

坐於左塾。「防怠惰也」下有「塾音孰」。

斑白不提挈。師古曰：「斑白者，謂髮雜色也。不提挈者，所以優老人。」

以采詩。「木鈴也」，陳本「木」作「大」。

以聞於天子。謂調次之也。

使民以時。師古曰：「《論語》載孔子之言也。導，治也。奉事必敬，施令必信。不為奢侈，以愛其萌。無奪農時。」

則餘一年之畜。師古曰：「畜讀曰蓄。其下竝同也。」

故三載考績。師古曰：「績，功也，主治萌者，三年一考其功也。」

成此功也。師古曰：「《論語》載記孔子之言也。用謂使為政也。期月可以易俗，三年乃得成功也。」

必世而後仁。師古曰：「亦孔子之言也。解在《刑法志》。」

繇此道也。師古曰：「繇讀曰由。由，用也，從也。」

慢其經界。師古曰：「污謂貪穢也。」

繇役橫作。師古曰：「繇讀曰傜，橫音胡孟反。」

作盡地力之教。師古曰：「李悝，文侯臣也。悝音恢。」

勸謹。　不勸。陳本「勸」作「勤」。

不足四百五十。師古曰：「少四百五十不足也。」

又未與此。師古曰：「與讀曰豫。」

賈平則止。師古曰：「賈讀曰價。」

鄰傾國。陳本「傾鄰國」。

累鉅萬。師古曰：「鉅，大也。大萬謂萬萬也。累者兼數，非止一也。言其貲財積累萬萬也。」

收泰半之賦。師古曰：「泰半，三分取其二也。」

發閭左之戍。「後入閭」，陳本作「復入閭」。

猶未足以澹其欲也。師古曰：「澹，古贍字也。贍，給也。其下竝同。」陳本無「也贍」、「其」、「竝」。

遂用潰畔。師古曰：「民逃其上曰潰。」

漢興。提行。

或乘牛。師古曰：「以牛駕車也。」陳本作「牛車」。

以賦於民。師古曰：「纔取足也。」

不領於天下之經費。陳本作「天子」。

賈說上。陳本「賈」下有「誼」字。

知禮節。師古曰：「『筦』字與『管』同。《管子》，管仲之書也。」

則物力必屈。師古曰：「屈，盡也。音其勿反。」

至孅至悉也。師古曰：「孅，細也。悉，盡其事也。『孅』與『纖』同。」陳本只有末句。

是天下之大殘也。師古曰：「本，農業也。末，工商也。言人已棄農而務工商矣。其食米粟者又甚眾也。殘謂傷害。」

是天下之賊也。陳本「大賊」。

莫之振救。師古曰：「振，舉也。」

而靡之者甚多。師古曰：「靡，散也。音糜。」

何得不蹶。應劭曰：「蹶，傾竭也。」師古曰：「音蹶也。」陳本無「師古」下六字。

幾卅歲矣。師古曰：「幾，近也，音鉅依反。」「卅」，陳本作「四十」。上「卅」作「三十」，「卅」作「四十」同。

猶可哀痛也。師古曰：「言年載已多而無儲積也。」陳本：「猶可哀痛。」

民其狼顧。師古曰：「李說是也。」陳本無。

國胡以相卹？師古曰：「胡，何也。」

國胡以餽之？師古曰：「卒讀曰猝。餽亦饋字也。」

天下大屈。師古曰：「屈音其勿反也。」

而齘其骨。音下狡也。陳本：「音五巧反。」

而爭起矣。三「儗」字，陳本皆作「擬」。

豈將有及乎？師古曰：「圖謀也。」

何招而不至？師古曰：「懷，來也，安也。」

轉而緣南畮。師古曰：「言皆趣農作也。」

織而衣之也。師古曰：「食讀曰飤。衣音於既反。」

而國亡捐瘠者。國謂貧乞者為捐。陳本「國」作「或」。

不避湯、禹。陳本有「宋祁」十五字。

不待輕暖。師古曰：「苟御風霜，不求靡麗也。暖音乃短反。」

不待甘旨。師古曰：「旨，美也。」

夫腸饑。陳本：「腹饑。」

慈母不能保其子，君安能以有民？陳本：「雖慈母以有其民哉！」

四方亡擇。師古曰：「走音奏。」陳本「擇」下有「也」。

而亡飢寒之患。師古曰：「周謂周偏而遊行也。」

中人弗勝。師古曰：「中人者，處強弱之中也。」

不下二人。師古曰：「服事也，給公事之役也。」

半賈而賣。師古曰：「本直千錢者，止得五百也。賈讀曰價。」

坐列販賣。師古曰：「行賣曰商，坐販曰賈。列者，若今市中賣物行也。賈音古也。」

所賣必倍。師古曰：「上所急求則其價倍貴也。」

食必粱肉。師古曰：「粱，好粟也。即今之粱米也。」

而有仟佰之得。師古曰：「仟謂千錢。佰音莫白反。今俗猶謂百錢為一佰。」

好惡乖迕。師古曰：「迕，違也。好音呼到反。惡音一故反。午音五故反。」

可捐。師古曰：「損減也。」

十仞。應劭曰：「仞，五尺六寸也。」師古曰：「此說非也。八尺曰仞，取人申臂之一尋也。」

湯池。師古曰：「池，城邊池也。以沸湯為池，不可輒近，喻嚴固之甚也。」

出於口而亡窮。師古曰：「擅，專也。」

民俞勸農。師古曰：「俞，進也。音逾。又音愈。」

以招民。師古曰：「賈讀曰價。裁謂減省之也。」

以除罪。師古曰：「復者，音房目反。解在《宣紀》。」

始造菀馬以廣用。師古曰：「菀馬，謂為菀以牧馬也。」

而不可校。師古曰：「累百鉅萬，謂敷百萬也。校謂計數之也。」

陳陳相因。師古曰：「陳謂久舊也。」

仟佰之間成群。師古曰：「謂田中之仟佰也。」

擯而不得會眾。孟康曰：「皆乘父馬，有牝馬間其間則踶齧，故斥不得出。會，同也。」師古曰：「言時富饒，故恥乘牝牸，不必以其踶齧也。踶，踏也。音大系反。」

為吏者長子孫。如淳曰：「時無事，吏不數轉，至於生長子孫而不轉職也。」

而重犯法。師古曰：「重，難也。」

而黜媿辱焉。師古曰：「以行誼為先，以媿辱相黜也。行音下更反。」

其求易其。師古曰：「其讀曰供。次下亦同。」

故民說而從上。師古曰：「說讀曰悅。」

管山林之饒。師古曰：「顓與專同。管，主也。」

見稅什五。如淳曰：「十稅其五也。」師古曰：「言下戶貧人自無田，而耕墾豪富家田，十分之中，以五輸田主。」

刑戮妄加。師古曰：「重音直用反。」

宜少近古。師古曰：「卒讀曰猝。近音其靳反。」

除顓殺之威。服虔曰：「不得專殺奴婢也。」

人復相食。師古曰：「耗音呼到反。」

為富民侯。韋昭曰：「沛，蘄縣也。」師古曰：「欲百姓之殷實，故取其嘉名也。」

以二耜為耦。師古曰：「併兩耜而耕。」

而播種於甽中。師古曰：「播，布也。種為穀子也。」

稍耨隴草。師古曰：「耨，鉏之也。」

以附苗根。師古曰：「　謂下之也。音額。」

而根深。師古曰：「比音必寐反。」

養苗狀。蘇林曰：「為法意狀也。」

宣帝。提行。

步數農穰。師古曰：「數音所角反。種音人掌反。」

得幸於上。師古曰：「商，度也。」

以給京師。師古曰：「漕，水運。」

費直二萬萬餘。服虔曰：「萬萬，億也。」

常平倉。師古曰：「賈竝讀曰價。」

至大官。師古曰：「為使而勸郡國也。使音山吏反。」

元帝。提行。

成帝。提行。

哀帝。提行。

然後治迺可平。師古曰:「建,立也。立其議也。」

而重改作。師古曰:「重,難也。」

宜略為限。師古曰「詳謂悉盡也。」

皆不便也。師古曰:「丁傅及董賢之家皆不便此也。」

王莽。提行。

未滿。師古曰:「謂愛惜之意未厭飽也。」

以為疏闊。師古曰:「莽以漢家制度為泰疏括而更改之。」

令陿小也。

鉤町稱王。師古曰:「鉤音鉅於反。町音大鼎反。」

而至北邊。如淳曰:「負,背也。」

馳傳督趣。師古曰:「傳音張戀反。趣讀曰促也。」

不度時宜。師古曰:「度音大各反。」

刑用不錯。師古曰:「錯,置也。」

仰縣衣食。師古曰:「仰音牛向反。」

翔貴。晉灼曰:「翔音常。」師古曰:「晉說非也。」下與陳本同。

重為煩擾。師古曰:「重音直用反。」

吏盜其稟。師古曰:「稟,給也。盜其稟者,盜所給之物也。稟音彼甚反。」

## 《水經注・汾水》篇襄陵有觲氏鄉亭《漢書・地理志》作班氏辨

　　《水經注・汾水》篇:「汾水又南歷襄陵縣故城,西晉大夫郤犨之邑也,故其地有觲氏鄉亭矣。西北有晉襄公陵,縣蓋即陵以命氏。」分釋縣與鄉亭得名之由綦詳。《漢書・地理志》,河東郡統縣二十四,其十七曰襄陵。注:「有班氏香據毛本。亭。」應劭曰:「襄陵在西北。」「香」為「鄉」字之誤,淺而易知,不足辨。原注及應劭說大略與《水經注》同,善長殆取舊文以作注。乃一作「觲氏」,一作「班氏」,「觲」與「班」聲既不近,非若「鄉亭」之作「香亭」,容以音同致誤;而形又絕不相似,義更斷不可通,有一是者必有一非。

　　近李賡芸《炳燭編》:「襄陵有班氏鄉亭。案:『班』當為『觲』字之誤也。」引《水經注》為證。錢大聽《諸史拾遺》亦引李說,咸知當依《水經注》作「觲」。而「觲氏」之為邑名,亦無明據。王念孫《讀書雜志》引《廣韻》「觲」字注

「又姓」，引《風俗通》云「晉大夫郤犨之後」。然則犨氏為郤犨之後，而襄陵又為犨之故邑，故其地有犨氏鄉亭。《潛夫論·志氏姓》篇「郤犨」作「郤讎」。蓋「犨」字或通作「讎」，「讎」與「班」相似而誤。下文南陽郡犨，師古：「音昌牛反。」而此無音，則所見本已誤。然犨氏邑不見傳記。《春秋左氏》成十四年傳：「衛侯饗苦成叔。」《注》：「成叔郤犨。」《晉語》「趙文子冠」篇：「見苦成叔子。」《注》：「苦成叔子，郤犨也。」而《志氏姓》篇：「苦成，城名，在鹽池東北。」據《內外傳》，郤犨之邑當是苦成，故繫以為稱。案：成十一年經：「晉侯使郤犨來聘。」《公羊》作「郤州」。《左傳》「魏犨」，《〈史記·魏世家〉索隱》引《系本》作「州」。是古「犨」、「州」通用。《左氏昭》三年傳：「晉侯賜鄭公孫段州田。」是晉有州邑，又自郤稱，以別三傳矣。《注》：「郤稱，晉大夫，始受州。」竊謂酈《注》之「郤犨」，本或是「郤稱」。後人習見「郤犨」，或涉下「犨氏」而作「犨」。「犨氏」當即州邑，或用通用字作「犨」，或依本字作「州」，形與「班」尤相近，不知者以為「班」字之脫壞，臆改為「班」。師古所見《漢書》本作「州氏」，殆以「州」字人所習知，不煩作音歟？據《左氏傳》以參訂，不特《漢志》之作「班氏」可決為誤字，即酈《注》之作「犨氏」，亦由於通假矣。

　　　　馮夢香先生云：「郤犨食邑在苦成，經此作一語道破，而《水經注》犨氏之說亦若未可盡信。是為讀書得間。」

## 桂陽匯水說

　　《漢書·地理志》桂陽郡桂陽，注：「匯水南至四會，入鬱林，過郡二，行九百里。」應劭曰：「桂水所出，東北入湘。」王念孫《讀書雜志》：「『匯』當為『滙』字之誤。《說文》：『滙水出桂陽盧聚南，出滙浦關為桂水，從水，匪聲。』又曰：『溱水出桂陽臨武，入滙。』滙字或作『匡』，形與『匯』相似，因訛而為『匯』』云云。〔註11〕如王說，則臨武下「入匯」、桂陽下「匯水」，兩「匯」字本皆是「滙」。而趙一清於《水經注》之「匯水」，亦據《說文》改作「滙」。案：《水經注》云：「出桂陽縣盧聚」，與《說文》同，自當作「滙」。

　　　竊謂《水經注》之「匯水」自誤，而《地志》桂陽下之「匯水」不定為「滙」字之誤也。滙水雖出桂陽，而桂陽非必止一滙水也。臨武下「秦水東南至湞陽入匯」，師古曰：「匯音胡賄反。」《尚書》：「東匯澤為彭蠡。」《釋文》：「匯，

〔註11〕《讀書雜志·漢書弟六·地理志·匯》。

徐：胡罪反；韋：空為反。」似與「胡賄」之音亦近。案：臨武敘桂陽前、桂陽後、次陽山、次含洭。師古曰：「洭音匡。」是師古所見班《志》「含洭」字明作「洭」，故特為作音。「含洭」上不見「洭」字可知，即桂陽下決非「洭」字又可知。參觀應劭注有顯然者。若同郡之湞陽，應劭曰：「湞水出南海龍川，西入秦。」武陵郡之臨沅，應劭曰：「沅水出牂柯，入於江。」此徑釋名縣之水。鐔成，注：「玉山，潭水所出。」應劭曰：「潭水所出，東入鬱。」注文別出「潭水」，劭則就別出之水下說。以例洭水，如見桂陽下，劭說何以始見含洭下？此可證應劭注本與師古所見本正同，未可信「洭」必「洭」之誤也。攷《水經注》：「鍾水出桂楊南平縣都山，北過其縣東，又東北過宋渚亭，又北過鐘亭，與灈水合。」引庾仲初曰「嶠水南入始興，灈水注於海，北入桂陽，湘水注於江」是也。灈水即桂水，灈、桂聲相近，故字隨讀變，是桂水本有灈水之名。就地名而論，凡號陰若陽者，準以水南曰陽、水北曰陰之例，大都視水所向為別。如同郡耒陽，師古曰：「在耒水之陽。」桂陽於桂水當同。桂水通名灈水。「洭水」之「洭」殆本作「灈」。「洭」俗亦作「洭」，與「灈」形近，世人習見「洭」，罕見「灈」，始則以「洭」易「灈」，繼又改「洭」為「洭」，與「灈」絕遠。幸灈水即桂水一語，據以測證，竝知「胡賄」一音，師古為「灈」作音。如係「洭」字，何又異於《釋文》所述之兩音歟？灈、桂一水，漢時通稱，故《注》敘灈水，劭言桂水以實之，與諸引應劭說之文亦合。且劭謂洭水所出，東北入沅，與此云「東北入湘」者，非一水明甚，安得謂「洭」必「洭」誤哉？

## 漢高祖置二十六郡考

《漢書‧地理志》：「本秦京師為內史，分天下作三十六郡。」又謂：「漢興，高祖增二十六。」曰「增」，明於秦故三十六郡外別有更置。案：本書諸郡國注「高祖置」者：汝南、江夏、魏、常山、清河、涿、勃海、平原、千乘、泰山、東萊、東海、豫章、桂陽、武陵、廣漢、定襄；郡凡十七。淮陽國、楚國，注亦云「高祖置」。中山國，注「高祖郡」。河內郡，注「高帝元年為殷國，二年更名」。《史記‧高紀》：「虜殷王，置河內郡」，則河內置自漢高。綜諸郡國為高祖所置而本《志》有明文者，計得二十一。即京兆尹，注「二年更為渭南郡」；左馮翊，注「二年更名河上郡」；右扶風，注「二年更名中地郡」。無論置而旋罷，就舉此三郡併計，數止二十四。揆之孟堅所云「二十六」者，似

尚遺其二。

全氏祖望《地理志稽疑》雜舉郡國之見漢高時者，以足二十六之數，云「東海與楚本秦置，武陵本秦黔中」，則實止二十三郡。又以高帝時有濟南、城陽、高密、河間、盧江、廣陵、丹陽諸郡國，均在秦置之外，合之數得三十。攷全氏所數，參互不齊。東海與楚，孟堅明云「高祖置」者，而以為「秦置」；於分秦內史置而旋罷之三那，不數渭南。廣陵注「高帝燕國」，初不言置與改。邯鄲為趙國正同，不當與增置之列。《史記·樊噲傳》：「破河間守軍於杠里。」河間國，文帝二年置，王氏鳴盛謂「《樊傳》之河間，必楚漢間權立其名」[註12]，非高祖置顯然。且全於衡山、盧江，俱云「楚漢之間分置」，則諸郡國謂高祖時已置則可，謂高祖時始置則不可，全殆未盡攷實矣。

案：漢高祖所置，合內史及見本《志》者，此二十二郡國為無可疑。攷孝惠時，齊王獻城陽郡為魯元公主湯沐邑，高后割齊之濟南郡為呂王奉邑。城陽、濟南，秦三十六郡中無其名，惠帝、高后時始見。《志》敘增置郡國，孝惠、呂后無文，之二郡當亦高祖所置。其一為鄣郡，或以注云「故鄣郡」，與諸言「高祖置」者有別。案：泗水國云「故東海郡」。東海郡為高祖置，稱故，以例「鄣郡」稱「故」者，何嫌於高祖所置歟？《〈續漢·郡國志〉注》：「安平，故信都，高帝置。」是信都亦二十六郡國之一。《梁書·劉昭傳》言昭之《後漢志注》，世稱博悉，則所云高祖置信都，當非臆說。據此，不特適符二十六之數，抑亦可補《志》文之未及已。

## 鑿龍門析底柱說

漢賈讓云：「大禹治水，山陵當路者毀之，故鑿龍門，析底柱」是也。大約禹治水之功，二地尤巨，龍門、底柱二山必當路所經，曰「鑿」曰「析」，施功雖不同，變通其本來，於「毀」之義亦近。案：《漢志》：龍門在馮翊夏陽縣北。劉昭《郡國志〉注》：「太史公曰：『遷生龍門。』韋昭謂在縣北。」底柱，鄭《注》：「案：《地說》：『河水東流，貫底柱，觸閼流。』今世所謂底柱者，蓋乃閼流。砥柱當在西河，未詳。」後人因《經》言「導水」，導訓循行。《孟子》言：「禹之行水，行所無事。」穿鑿之功特偶用之，否則勞民大甚。案：《呂氏春秋·古樂》篇：「禹鑿龍門，降通漻水以導河。」《墨子·兼愛中》篇：「禹北為防原，灑為底柱，鑿為龍門，以利西河之民。」《尸子》有「龍門

---

[註12]《十七史商榷》卷十七《漢書十一·三輔》。

未闢，呂梁未鑿，河出於孟門之上」之說。此周秦古書可憑者。胡氏渭《禹貢錐指》訂正從前謬說，然以龍門在雍域，不在冀域，專指韓城之龍門，則有不盡然者。《漢書・司馬遷傳》：「遷生龍門。」蘇林曰：「禹所鑿龍門也。」師古曰：「龍門，其東則在今秦州龍門縣北，其西則在今同州韓城縣北，而河從其中下流。」《通典》：「同州韓城、絳州龍門二縣有龍門山，即禹所鑿。」《初學記》亦指絳州龍門。今絳州龍門山與韓城龍門對峙，龍門一山，實兼二處言之，而河流其下。近魏氏源據賈讓「墮斷天地之性」一語，徑指為當年所鑿矣。《水經注》以鄭《注》「底柱在西河」為非。唐《元和郡縣志》以三門山當底柱。趙冬曦《三門賦序》：「砥柱山之六峰，皆生河之中流，夏后所鑿。其最北有兩柱相對，距崖而立，即所謂三門。」其意直以為禹所析。案：《東京賦》：「底柱輟流。」薛綜注：「底柱，山名，在河東縣東南。」《方輿紀要》：「山西解州平陸縣，本漢大陽縣地，屬河東郡，底柱在縣東。」則河東乃郡名，非縣名。就薛綜訓「輟」為「止」推之，闕亦止也，「輟流」當即闕流之意。是漢時有此說，故鄭及之。孫氏星衍《書疏》：「鄭以《地說》『貫底柱』，『當在西河』者，《地理志》河東郡大陽縣不載底柱，故疑其在西河。酈以三門為底柱，五戶灘為闕流，恐非西漢以前之說。」王氏鳴盛亦云：「底柱、三門異地，鄭之分析殆為此。鄭《檀弓注》以西河為龍門，至華陰之地。要之，華陰以下皆得稱之。若於華陰以上求底柱，不但無山可當，於經文敘次亦不順。」竊謂《墨子》「利西河之民」承「灑為底柱」，與鄭正同。師古《注》：「析，分也。」蓋龍門本無水行之路，創開以通其行，故曰「鑿底柱」。本或水勢端急，分殺以緩之，故曰「析」。施功之因地制宜，即此見之矣。

## 《漢・藝文志》「《魏公子兵法》二十一篇」考

《漢書・藝文志》「兵形勢家」：「《魏公子》二十一篇。」注：「圖十卷。名無忌。有列傳。」是魏公子即六國時魏安釐王弟封信陵君者。《史記・信陵君列傳》裴駰《集解》：「劉歆《七略》有《魏公子兵法》二十一篇、圖七卷。」攷《藝文志》「兵家」：「《楚兵法》七篇、圖四卷。《孫軫》五篇、圖三卷。《王孫》十六篇、圖五卷。」可見古時言兵事書，圖、說本互備，惟後來談兵者罕述。《魏公子兵法》，《隋書・經籍志》亦不箸錄，似其書久佚。《藝文志》注「圖十卷」，與《七略》云「圖七卷」者，雖圖之卷數不符，而兵法之為二十一篇則劉、班無異詞。攷《史記・信陵君傳》：「魏安釐王三十年，公子使使遍告諸

侯。諸侯聞公子將，各遣將將兵救魏。公子率五國之兵，破秦軍於河外。逐秦軍至函谷，抑秦兵。當是時，公子威震天下，諸侯之客進兵法，公子皆名之。故世俗稱《魏公子兵法》。」然則《魏公子兵法》，《史記》敍述原委甚詳。《索隱》言「公子所得進兵法而必稱其名，以言其恕也」。竊謂《史記》言「公子皆名之」，猶言皆名之公子，此即所謂倒句法。蓋謂兵法雖作自諸侯之客，不一其人，書則皆以公子名，故不必盡為公子所作。世俗稱《魏公子兵法》以此。案：世傳秦呂不韋所作《呂氏春秋》，漢淮南王安所作《淮南王書》，咸出自賓客撰集，是彙他公之論說而統以一人為主名，古時原有此例。以證《魏公子兵法》為諸侯客所進正同。且《魏公子兵法》雖不可見，有不難參攷而知者。《戰國・魏策》：「王欲親秦伐韓，公子極諫。」大旨謂秦不可信，韓不宜伐。立論深切，綜練當日天下大勢，瞭如指掌。其代晉鄙救趙也，下令軍中曰：「父子俱在軍者，父歸。兄弟俱在軍者，兄歸。獨子無兄弟者，歸養。」倉猝數語，有以振前此晉鄙之暮氣，即以感所部士卒而前驅。就所上書與所下令而論，指示發縱，罔非兵機。則臨事布置，似不煩他人之借箸而籌。當時客進兵法，或論議而深中夫利害，亦或迂遠而不切於事情，公子見之，心目間早為區別，孰可取，孰不可從，而較短量長，安知不有從旁指謫？概以「公子名之」，不獨見集思之眾，亦可泯異同之跡。則此二十一篇，雜進者縱諸侯之客，裁定者一似歸諸魏公子也。統名以《魏公子》，亦固其所。《志》言「漢興，張良、韓信序次兵法，刪取要用，定箸為三十五家」，而《魏公子兵法》與焉，然則留侯、淮陰殆有取資於《魏公子兵法》可知矣。

## 《漢・藝文志》為箸述之門戶說

班孟堅撰《漢書・藝文志》，自序本劉歆《七略》，始於六藝，終以方技，凡若干家。所謂「刪其要，以備篇籍」，門分戶別，釐然秩然，無非使讀者識箸述家之志趣，詎知即為後來箸述家之範圍？

蓋人少習誦讀，長識文義，宏篇巨冊之流傳，深文曲喻之幽渺，雖窮年累月，所不能竟。誠如《志》云「幼童而守一藝，白首而後能言」者，況大而聖經國史，微至農圃醫卜，苟非心知其意，萬不能筆之於書。或守師法以授受，或紀身世所見聞，或未便於顯言，出之以迂謬，或矯託於古昔，易混淆於近似。使非條其流別，挈其綱領，有志尋覽之士，茫然如涉大海而浩無畔岸也，倏然如覷煙雲而頃刻萬變也。孟堅廣以收之，約而說之，或出或入，不為苟同，則

知體裁各判矣；某時某地，俾有可攷，則於方語亦通矣。以及職守之業，稗官者流，苟有可觀，即斷章小賦亦所不遺。既舉其目，而寓意命名，但識所知。譬之衢路，四出九達，行者未知適從，而預為之別其東西南北，分明有蹊徑可尋，則無論遠近，自然不迷所向。孟堅此志，臚列藝文，止於西漢，而體制所繫，法則咸該。有心箸述者自審材力所近與習之嫻否，由津逮，探奧賾，專精一家，兼通數家，務在實事求是，以底於有成，其箸述而發揮經史歟？訓詁褒貶，折衷於成法，其箸述而僅止方術歟？參互攷訂，裨益於世用。幸而著述流傳，輯錄者何致無所位置？不幸而殘佚不完，綱羅者或猶以類坿者，斯則任人之自居何等矣。世之讀班氏書者，但以此志為目錄之學所從來，殊不思不辨古先箸述之體例者，亦不能竟一書之箸述；不會通眾家箸述之源流者，終不能成一家之箸述。王氏鳴盛以金氏榜語「不通《漢·藝文志》，不可以讀天下書。《藝文志》者，學問之眉目，箸述之門戶也」，謂「非深於經術，不能為此言」。知言哉！

卷十五終

# 青學齋集卷十六

新陽汪之昌

## 卜式論

　　天下未有不善治生而可以為國理財者，亦未有能澹榮利而苟以趨時取容者。嘗觀《卜式傳》而歎。漢武之用式，猶以聚斂之臣視式也。《傳》言「式以田宅財物予弟，自取羊百餘頭牧之，十數年而馴致千餘。弟屢破其產，而式復分與」，是式於財物之聚積固操若左券矣。朝廷擊胡，則輸家財之半；助邊徙民，則持錢二十萬以振貧。時漢武方以府庫空乏為慮，惟式先後助費，不獨勇於急公，亦可知其精於會計。所謂「上識式姓名識之」者，固在此，不在彼也。牧上林而羊肥，息令緱氏而民稱便，遷成皋而將漕最，此又歷試而確有明效者。於是傅齊王，轉齊相，徵為御史大夫，在漢武以為如此委任式，向之治一己之財而無不足，今出而理天下之財，當更有餘，大用大效，指顧間耳。初不意式未進益上之謀，邊以郡國不便鹽鐵、罷船算為言，甚且乞烹漢武販物求利之弘羊也。故始不說，終卒貶秩焉。或謂式即自言「不習為吏」，乃以下吏而踐高位，公孫弘以非人情目式，似非苛論。吾謂《傳》一則曰「上以式終長者」，再則曰「上以式樸忠」，其為人大都近於寬厚，言「不習為吏」，特不習當時武健嚴酷吏之所為。觀於始承吏問，以「天子誅匈奴，賢者死節，富者輸財」為對，借牧羊喻治民，謂「以時起居，毋令惡者敗群」，此豈真不學無術術者？上書議擊呂嘉，陳彊國不犯之道，止此「君臣盡節，駑下佐君」，竝請以以「臨菑習弩，博昌習船者行」，是處常牧民，處變禦侮，易其心思材力以投上所好，何遽不若東郭、桑、孔之心計，亦何致如東郭、桑、孔之病民？出而小試，亦欲漢武知生財自有大道，初不在束

縛馳驟間。吾說而得行，可蘇一時之困；吾身而暫屈，尚翼異日之申。且式非不知漢武喜怒所在，而漢武所屬望於式者，猶之議封禪而以不習文章謝也。吁！漢武之時，方急於生財。式之材非不足以理財，所惜責以聚斂，違其用者，卒不盡其用也。

## 讀張騫李廣利傳

中國制外夷，不外惠威兩端。然餌之以利，動輒婪索，而寇且驕倨，不如示之以威，即有損失，而敵亦困敝也。如漢張騫、李廣利，一持厚利啗遠國，一統師旅討不庭。有事於域外雖同，而用惠用威絕不同。孟堅撰列傳，以二人同篇，殆欲讀者相形而見會其微旨焉。

騫初應募，使月氏也，倖脫匈奴而西走大宛，即以漢賂遺財物歆其王，遂由康居而至月氏，終不得月氏要領。後承漢武之問，仍言宜以此時厚賂烏孫。則騫始終以利誘為上策。漢武拜為中郎將，將三百人，馬各二匹，牛羊以萬數，齎金幣帛值數千鉅萬，物品不可不盛，賜與不可謂不隆。然而致賜諭指卒未得其決，《傳》有明文。《烏孫傳》謂「騫齎金帛往昆莫，見之如單于禮，騫大慚」。然則如騫所籌，即騫所行，僅僅示之以利者，卒未見其有濟也。且夫信使往來，親厚則時日尤密也；縣官供張儲備徔，皆府庫所出也。利不厚，不足動其覬心。利即厚，詎必隨吾指使？觀於持千金及金馬以請宛馬，而所請不從，卒命李廣利陳師往伐。宛王之頭梟縣城下，宛之善馬君驅入關。援救之康居，伺視而不動；經過之小國，出食而爭迎。夫非即前此厭漢使之外國與禁食物以苦漢使之諸國哉？乃受漢賂者，恃道遠而率加陵侮；聞宛破者，遣子弟而徒入貢獻。其相去為何如也！攷廣利再出師，出敦煌六萬人，牛馬驢橐數共十餘萬。迨軍還玉門，人萬餘，馬千餘匹。損失如是之甚。然《傳》明言物故之眾，初非乏食與戰死，由於將吏之貪，不愛卒。可知此行之失計在將兵，不在用兵與？征和三年伐匈奴之役，廣利乘勝至郅居之水矣，將軍方捕虜於沙漠，朝廷收其家屬於獄中，坐是生降，勝轉為敗。不善將將正同。夫以積累之資，棄諸一旦，誠不得辭其咎責。吾觀《匈奴傳》，漢使路充國以數千金之厚直送一虜，使之喪葬。由一端以例餘事，同一竭倉庫，輸金繒，用諸異域。昔人謂：「如奉驕子，伊戚自詒，曷若移茲賞犒，厚我軍士？」即謂勝負不可知，我有失者，敵終無所得，必將窮而轉計，斯則以征戰為招徠。騫與廣利《傳》正可參觀得之矣。

## 班氏議史遷先黃老而後六經退處士而進奸雄崇勢利而羞賤貧說

《漢書‧司馬遷傳‧贊論》：「大道則先黃老而後六經，序遊俠則退處士而進奸雄，述貨殖則崇勢利而羞賤貧。」攷《後漢‧班彪傳》：「撰後傳略論，先為此議，固特述家訓以為遷贊耳。」宋晁公武《郡齋讀書志》曾辨之。〔註1〕《補筆談》以為史遷攷信必於六藝，造次必衷仲尼，是以孔子儕之世家，老子置之列傳。《六經指要》之論，歸重黃老，乃司馬談所作，非子長之言。《游俠傳》首稱季次、原憲為獨行君子。蓋見漢初公卿以武力致貴，未重儒術，舉世任俠干禁，歎時政之缺失，豈「退處士而進奸雄」哉？《貨殖》、《平準》相表裏，敘土俗物產，孟堅《地理志》所本，且掘冢、博戲、賣漿、胃脯竝列其中，鄙薄之甚，安得斥為「崇勢利而羞賤貧」耶？

據此，則班氏之議史遷者，幾於無一之非誣史遷。案：班氏撰《漢書》，意在繼續遷史。史遷作書大指，何致懵然罔知，識見轉出後人下。且班書體例於遷史略有變通，而《遊俠》、《貨殖》雖有此議者，卒不易其名。笑他人之未工，忘己事之有拙。通材如班氏，安有顯蹈此失之理？吾謂班氏之論，特以議史遷之書者，竝見漢時風氣所趨，漸有由來，積成此寡廉鮮恥、不長厚之習，曾不思力為挽移。攷《光武紀》：「明帝為太子，諫帝曰：『有虞湯之明，而失黃老養性之福。』」《困學紀聞》：「禹湯之道即堯舜之道。不以聖人之養性，而

<hr>

〔註1〕晁公武《郡齋讀書志》卷二上《正史類》：

《史記》一百三十卷

右漢太史令司馬遷續其父談書。創為義例，起黃帝，迄漢武獲麟之歲。撰成十二紀，以序帝王年表，以貫歲月；八書，以紀政事；三十世家，以序公侯；七十列傳，以志士庶。上下三千餘載，凡為五十二萬六千五百言。遷沒後，缺《景》、《武紀》、《禮》、《樂》、《律書》、《三王世家》。漢興以來，《將相年表》、《日者》、《龜策傳》、《靳蒯列傳》等十篇，元成間褚少孫追補。及益以武帝後事，辭旨淺鄙，不及遷書遠甚。裴駰集解。班固嘗譏遷「論大道則先黃老而後六經，序遊俠則退處士而進奸雄，述貨殖則崇勢利而羞貧賤」。後世愛遷者，以此論為不然。謂遷特感當世之所失，憤其身之所遭，寫之於書，有所激而為此言耳，非其心所謂誠然也。當武帝之世，表章儒術而罷黜百家，宜乎大治。而窮奢極侈，海內彫弊，反不若文、景尚黃老時，人主恭儉，天下饒給，此其論大道所以先黃老而後六經也。武帝用法刻深，群臣一言忤旨，輒下吏。誅而當刑者，得以貨自贖。遷之遭李陵之禍，家貧，無財賄自贖，交遊莫救，卒陷腐刑。其序遊俠退處士而進奸雄者，蓋遷歎時無朱家之倫，不能脫己於禍。故曰：「士窮窘得委命，此豈非人所謂賢豪者邪？」其述貨殖崇勢利而羞貧賤者，蓋遷自傷，特以貧故不能自免於刑戮。故曰：「千金之子，不死於市。」非空言也。固不察其心而驟譏之，過矣！

取諸黃老。觀諫者措詞之抑揚，即可見六經、黃老之後先。」是史遷所記，東漢猶然矣。《馬援傳》：「王磐為莽徒兄之子。莽敗後，擁富貲，居故國。援謂其『反遊京師長者，多所陵折』」，猶是西京朱家、郭解所為。《樊宏傳》：「宏父重世，善農稼，好貨殖，營理產業，物無所棄，財利歲倍」，儼然王室懿親。而《王貢兩龔鮑傳》首列之鄭子真、嚴君平，末坿之薛方、郇越諸人，大都潔身遠引，槁項黃馘於巖穴間，潛蹤於亂世，訖未彰善於治世。而外此之湮沒無聞者，更不知凡幾也。然則班氏舉以議史遷者，在史遷本為紀實，在班氏則皆身親，夫固確有所見。論其文者，何莫非論其世哉？彼因班氏之議史遷而為史遷逐一辨白，抑亦未識班氏立論之微旨已。

## 陳湯甘延壽論

漢甘延壽、陳湯斬郅支單于，建不世之勳，至今使異域者率稱道弗置。嘗就甘陳本傳論之。當日廷臣遣甘延壽為都護，副以陳湯，非欲二人在西域立邊功以張國威，特投之危地而快私忿耳。時漢柄國任事者，中書令石顯。隨石顯指麾者，丞相匡衡。《傳》言「石顯嘗欲以姊妻延壽，延壽不取」，是延壽見惡於用事者確有明證。陳湯始以不奔喪而被劾，固屬咎無可辭。後復以薦為郎。《傳》言「數求使外國。久之，遷西域副校尉，與甘延壽俱出」。夫使而由於求，求且至於數，其材不為用事者所信任，其請久為用事者所沮遏，抑又可知。且於時郅支之勢何如者？破呼偈、堅昆、丁令三國；既占窟穴於康居，有其地；竝結婚媾於康居，為之援；欲以計服烏孫、大宛，以廣其盛名；別築城於都賴水上，以踞其形勝。方以為所在絕遠，決非漢兵力所及，故送質子之谷吉竟殺之矣，續遣之三輩又困辱之矣。郅支方驕嫚，恣行西域，本為匈奴與漢相爭之地。甘、陳偕往，是所謂委肉當餓虎之蹊。不幸如谷吉，躬受夫誅戮。幸而如江迺始，卒不免於困辱。苟全而歸，執法在後矣。延壽即負投石拔距之能，湯雖多策謀，喜奇功，攷《西域傳》言鄭吉在渠犂，一則曰「自與所將田士千五百人」，再則曰「盡將渠犂田士千五百人」，所謂屯田吏士統屬於甘、陳者，止有此數，設郅支以前此同赴康居之三千人，益以後此分十餘處之康居萬餘騎，如烏孫之圍段會宗，區區甘、陳所部，恐不足當其一啜，損國威重，何所逃罪。初不料甘、陳別六校，分兩道，屠五重之城，梟單于之首也。向以為困諸絕塞者，今不啻助其成功。向方欲媒孽其短者，今不啻表襮所長。然而捕斬之功不可掩，矯制之科不妨引也。彼方欲縣頭以張示於眾，則引掩骼埋胔之經義沮止

之。上方欲裂土以寵錫其人，則慮為國招難以怵惕之。案：《常惠傳》：「大將軍霍光風惠以便宜從事。」《莎車傳》：「會衛侯馮奉世使送大宛客，即以便宜發諸國兵。」是漢時出使異域，例得以便宜從事，不聞以矯制苛責。況甘、陳業已上疏自劾此舉，又大申天討，劉向、谷永等先後上疏，公論昭昭，初不為好議論之小人所移。即元帝之優柔寡斷，卒念勤勞，而各封侯賜金。然衡、顯不能沮議於元帝之世，衡復追論諸成帝之初，湯終復坐免。吁！若甘、陳者，一則取憎於石顯，一則見抑於匡衡，雖同建異域之功，要不勝小人之譖，可慨也夫！

## 二疏論

漢疏廣以明經傅太子，其兄子受為太子少傅。在位數年，稱病乞歸。父子相隨出關，天子、皇太子各以金贈行。當時稱其賢，後世尤侈為美談。二疏誠優於懷祿耽寵者。然《傳》載廣引《老子》「知足不辱，知止不殆」語，吾謂廣於謀身則得矣，於謀國恐有未盡也。

案：《大戴記》：「傅傅以道義。」國家之設立太傅、少傅，無非使早豫教。孔子曰：「少成若天性，習貫之為常。」然則二疏官太傅、少傅，其職任為何如者。史言宣帝綜覈名識，其立皇太子，特選丙吉傅之。吉遷官後，以廣通經，由少傅而太傅。受則以賢良舉，由太子家合而少傅。付託元良於一家，大都欲其習與正人處。選其人，不可謂不慎。居是職，即不可謂不重。史言皇太子年十二，通《論語》、《孝經》。夫國儲副君所貴乎通經者，務在通其大義，固非若經生家之斤斤於章句訓詁間。元帝之為太子也，當侍燕，從容言陛下持刑太深，致宣帝作色。不特有背於《論語》之幾諫，即《孝經》所謂「不義則爭」，恐亦非其義也。本傳：「許伯欲使其弟監護太子家，廣言之而止。」吾謂親信外家，漢代一若成例之不可違，卒致王氏之禍。廣誠見及此，何妨直言其非？如劉向極諫外家封事，當不止弭過舉於一時。且舜果不可親近，詎止不宜護視太子家，並不宜立於漢之朝廷。使之護太子家而視陋，但不使護太子家，亦豈所以示廣哉？吾觀《元紀·贊》：「帝牽制文義，優游不斷，復歷敘究心音樂」，此等舉動，諒非即位後始然為之。傅者縱未能遽變其氣質，何致毫無伺察於朝夕，將孰視而無睹歟？所謂自任知覺者安在？抑明知而不言歟？又與久戀祿利者奚別？宣帝中興之業不再傳而已衰，二疏正不得概辭其咎矣。宣帝之拜受少傅，以迎謁應對，詞禮閑雅。據此，受一習儀以亟者，即廣之家學可知。或

謂廣云「如此不去，懼有後悔」，似具知元帝異日所為，殊不思輔導無能為力，五歲亦何嘗非久？且如所言，《傳》云「太子每朝，因進見，太傅在前，少傅在後，舉朝以為榮」之時，皆二疏捫心自愧之時也。以賜金供飲食，較之後世求田問舍者差勝，而同國休戚之大臣初不以此見重已。觀於元帝嗣位，賜蕭望之爵邑，詔稱「道以經書，厥功茂焉」云云，二疏無所聞，此又可相形而見矣。

## 楚兩龔論

龔勝、龔舍，生同時，居同地，同以明經而起家諫官，同以高年而涉及莽世。揚雄《法言》：「楚兩龔之絜，其清矣乎！」雄與兩龔不相後先，可見當時兩龔業已竝稱。孟堅之為合傳，或以斯。

吾謂兩龔雖同守清潔之操，同值叔季之世，就傳所述論之，一則知不可為而尚欲有為，一則知不可為而遂絕不為，跡近似者，心迥殊。故漢於勝雖已去官而不能相忘，於舍知終不肯起而未嘗相強。勝之為諫大夫也，薦龔舍、寧壽、侯嘉，則立時召用矣；論徵賢宜駕，則有詔為駕矣。知其非撥煩吏，復還為光祿大夫。有司劾不敬，雖貶秩一等，而復加賞賜矣。是漢於勝不可謂無意者。使勝無扭氣矜之隆，無為忿疾於頑，公孫祿、夏侯常輩在當日尚非大奸慝，不足與校，徐規事之，艱巨者而力持之，同方同衡之舍況又同官，何有孤立之嫌！左右朝廷豈必毫無小補？而乃不能稍忍須臾，所謂「小與眾異，外以採名」者。小人誠好議論，究亦有以自取之。肆逞不可一世之氣概，積成不安其位之情形，則何如舍之見機而作、藏器於身歟？且夫勝與舍遣歸，同以乞骸骨，勝則尤承策詔之賜也。居鄉見敬郡縣吏，勝則屢來存問之使也。大都勝之名盛於舍，即此。年當垂暮，尚冀其為國而再起。而舍之養深於勝，前此勝薦即出，不必為獨清之行以異人；卒之舍能保全於莽世，勝見逼迫於莽使，未始不以此。勝之言曰：「吾受漢家厚恩，無以報義，豈以一身事二姓？」漢之所以待勝，與勝之所以自處，懷是心而不能已於自言。舍不必言再可諒，其未嘗無是心。孟堅於傳末敘老人弔勝曰：「薰以香自燒，膏以明自銷。龔生竟夭天年。」惜勝之夭天年深幸，舍之終天年，正以相形而見。然則合兩龔為一傳，殆示士君子以同通經術、同負盛名而明哲保身之義，正當即同中以求其異哉！

## 鉤距說

《漢書·趙廣漢傳》：「尤善為鉤距，以得事情。」蘇林曰：「鉤得其情，

使不得去。」晉灼曰:「鉤,致。距,閉。使對者無疑,若不問而自知,眾莫覺所由以閉,其術為距。」據蘇說,「鉤距」二字連文為義。據晉說,鉤則謂廣漢鉤之,距則人見為距。師古雖是其說,然而後人之揣測,不如當代之備述也。當代之習而共知,究不如箸於史之信而有徵也。

案:《本傳》:「鉤距者,設欲知馬賈,則先問狗。已問羊,又問牛,然後及馬。參伍其賈,以類相準,則知馬之貴賤,不失實。唯廣漢至精,能行之。它人效者莫能及。」據此,所謂鉤距,漢時為吏者咸知。班氏舉問馬賈以見大概。嘗就《本傳》「參伍其賈」之文一再紬繹,鉤距益即申、韓之術。《韓非子‧主道》篇:「知其言以往,勿變勿更,以參合閱焉。」又云:「函掩其跡,匿其端,下不能原;去其智,絕其能,下不能意。保吾所以往而稽同之。」《姦劫弒臣》篇:「非參驗以審之也,必將以曩之合己信今之言。」《備內》篇:「明主不舉不參之事,不食非常之食。遠聽而近視,以審內外之失。省同異之言,以知朋黨之分,偶參伍之驗。」《內儲說篇》:「七術:一曰眾端參觀,七曰倒言反事。」《八經》篇:「聽言不參則權分乎奸。綜其曰參,合曰參,驗曰參,伍曰參。」觀諄諄以不參為失計,《傳》問狗若羊若牛,以得馬賈,即參之義。其問馬賈而始不遽及乎馬,所謂「倒言反事」,輾轉於狗羊牛,「函掩其跡,匿其端」在斯矣。然則班氏釋「鉤距」與韓非書正相表裏。鉤距一,韓非之術已效。漢初,上下咸以黃老之學為學,而史公謂「韓子引繩墨,切事情,明是非,其極慘礉少恩,皆原於道德之意」。《傳》謂「它人效者莫能及」,夫亦見當時吏之所習在是,特能否不同。「鉤」之訓「致」,蘇晉無異詞。據《繫辭》言「鉤深」,深與淺相反。《儀禮‧鄉射禮》記「距隨長武」,《注》:「距隨者,物橫畫也。」橫則非徑直。曰深、曰橫,揆諸問狗羊牛而得馬賈義,正有可微會者。姑備一說,以俟是正。

## 五經博士各有家法論

五經皆聖人微言大義,漢文立諸學官,至武帝而五經博士乃備,大率闡明經義。有一經而設一博士者,有一經而所設不止一博士者,則以家法為限斷。案:《後漢書‧左雄傳》:「雄上言:郡國所舉孝廉,請皆先詣公府,諸生試家法。」《注》:「儒有一家之學,故稱家法。」竊謂家法猶之班書所云師法。以學有所本言,謂之師;以業有專門,謂之家。家法所在,雖尺寸不敢出入。觀於永元十四年,徐防以諸生不修家法,各以意說,形諸章疏,然則前此諸生固

未有敢違家法者也。同是《易》也，或以《彖》、《象》、《文言》解說上下經，或以候、陰陽、災變。同是《書》也，大、小夏侯家經二十九卷，歐陽經三十二卷。同是《詩》也，齊、魯、韓三家經二十八卷，毛詩二十九篇。《三禮》則後戴竝行。至王莽時，而《周禮》名學官矣，《春秋》則《公》、《穀》名家，惟張蒼識《左氏》為古文矣。往往經非異，經下說者不獨訓詁各本傳授也。即經文有不盡畫一者矣，不獨次第互有後先也。即一篇一句，亦聞有多寡者矣。不合者，不必合也，家法固如是也。不完者，不必完也，家法本如是也。夫兩漢治經之士，豈無一二瑰異聰俊者出其間？材力不難綜覈，諸經兼收博採，抑豈不足自廣其業？而惟以家法教授。即朝廷崇尚經術，所以取備顧問諮，決疑難，豈不欲得宏通之儒生，裨益乎國是？而選為博士者，歲滿課試，又各令隨家法，儼若城郭之分守，球圖之世傳，斤斤乎惟恐疏失，有如是之其難其慎哉！大抵人竭一生之精力，以專注於一經，習之久，必識有獨到。聞諸人，乃信之不疑，此決非幸而致者。且五經幸而各有家法耳，或兩經而大致符合，或一家而立義乖違，或章句文字之間亦復各不相同，在當時斷斷爭執，罔非引申師承。而後之治經者，就其各不相通之處，以參互攻訂不相通者，卒無不可通。設漢博士隨波逐流，以家法偶違時尚，或變改以從同；見家法偶遜他說，遂增損以坿會；吾恐五經之文無從得見本真矣。然則五經之傳，傳於漢之立博士，實傳於博士之有家法。家法各異，要無不各適於道焉。正如華葉不同形，而同發於一樹；江河不同流，而同趨於大海也。夫亦折衷諸聖經而已。

## 漢循吏傳六人五人出於宣帝論

司馬子長撰《循吏傳》，列孫叔敖至李離，凡五人，而不及漢吏。班孟堅撰《漢書》，列《循吏傳》者六人：首文翁，次王成，次黃霸，次朱邑，次龔遂，終召信臣。《文翁傳》言「景帝末，為蜀郡太守」。餘五人咸出宣帝嗣位後，治行相輝映。論者據班書「孝宣興於閭閻，知民事之艱難，屬精為治」，故吏治蒸蒸日上者以此。案：宣帝雖由仄陋而登至尊，而前此之為吏者，率多自田間來，且與循吏列者。無論文翁著績於景世，即王成諸人幼學壯行，其生長既不必在宣帝世，其入仕亦不盡在宣帝朝。則謂吏奉其職，由宣帝之用得其人，誠無不可；謂吏勉為良，由宣帝之作人所致，容未盡然。

案：所謂循吏，即班《書》之「以經術潤飾吏事」者。其理效雖見於宣帝之慎吏選，其人才實儲諸文、景之重經術，應時而出，何莫非勸士於先乎？就

王成等五人論，惟王成、朱邑傳不言通習何經。然《張山拊傳》谷永疏稱朱邑與尹翁歸竝云「德茂天〔註2〕年」，則學行可知。《黃霸傳》：「從夏侯勝受《尚書》於獄中。」《龔遂傳》：「以明經為官。」《召信臣傳》：「以明經甲科為郎。」確有明文。《宣帝紀》褒王成詔在地節三年，是時帝即位纔七年耳，成已為膠東相，決非甫登仕版。黃霸入錢入穀補吏，在武帝末。《朱邑傳》，邑為大司農時，張敞為膠東相。據《敞傳》，相膠東在宣帝親政始。邑自嗇夫起家，洎登高位，不知幾歷年所。若龔遂為渤海守，《傳》言「年七十餘」。召信臣出稍後，《傳》言「竟寧〔註3〕中，徵為少府」，繼云「信臣年老以官卒」，跡其自為郎而列九卿，中間為縣長，為郡守，治行常居第一。值宣帝令吏太守久任之新政，《傳》云「複數增秩賜金」，入官年久顯然。然則之五人，特略後於文翁，而於文翁之政績，或及見其道齊之有方，或未遠其風化之所過，加以求治之宣帝，遂爭相砥厲，以期繼踵前賢。則知信任此循吏者，洵在宣帝之核名實；所以成就此循吏者，又在五人之有為守也。吾觀漢文於治平第一之河南守吳公，徵為廷尉，所薦誦《詩》、《書》之賈生雖年少，而立時擢用。景帝雖學於學申商刑名之鼂錯，而保全見惡竇后之韓固，又任文翁以守蜀。武帝令天下郡國立學校官，肇始於此，明以學優而仕者風示四方矣。五人躬逢其際，夙自勉於士君子之行，又得一官一邑以小試，「所居民樂，所去見思」，循聲著於無窮，固有不謀而合者。其人適當宣帝而為吏，其人非因宣帝而始出也。孟堅謂「漢世良吏，於是為盛，稱中興焉」，盍亦思其所由來哉？

## 書漢文帝賜趙佗書後

漢高摧滅嬴秦，凡秦所置郡縣，悉隸之版圖，設守令，封侯王。獨南粵趙佗，聽其倔彊於天南，俾自成為一國。案：《史記·南粵列傳》：「高帝已定天下，為中國勞苦，故釋佗弗誅。」然觀於「高后遣將軍隆慮侯竈往擊之，會暑濕，士卒大疫，兵不能踰嶺」，然則漢高之釋而不問，直以力有弗逮，非真置之度外。乃歎文帝賜趙統一書，恂所謂以善服人矣。夫佗本秦時一令，秦天下之亂，負固恃遠以自外於聲教，曰王曰帝，即稱號之僭竊，抑又何所不至。文帝於此，責其妄自尊大，正名定分，出以堂堂正正之詞，何嘗不足以懾服其心？而帝賜佗書，歷述由外藩而嗣大統，迫於王侯吏之推戴，以見漢家之土地人民

〔註2〕「天」，底本作「天」，據《漢書》卷八十八《儒林傳·張山拊》改。
〔註3〕「寧」，底本作小注「謹避」，據《漢書》卷八十九《儒林傳》改。

－255－

初無意於利而有之，況得其地不足為大，得其財不足為富，區區南粵，奚屑與之較長短，咎既往。知倫之不無鄉土之思也，告以先人之冢兆已為脩治，真定之昆弟悉加祿養。並允其請，罷伐粵之將軍，則已求無不應矣。知其挾寇邊以為得計也，告以多殺士卒，傷良將吏，在漢地之長沙、南郡城苦其擾，而南粵之得一亡十，未必無損。平情與論利害，較然於言外。讀賜書者，自能立決其何去何從，固無取乎虛聲相恫喝矣。攷高帝時，遣陸賈拜佗為南粵王，令稱臣奉漢約。曾歲月之幾何，即此爽約興兵。據《史記・律書》，將軍陳武之議，首及南越，謂「宜及士民，樂用征討，以一封疆」，夫豈不足於力何！不可稍折以威，而帝所賜書乃不責以不當自帝，且直稱之曰兩帝，絕不與之爭，一若無所用其爭，示以不必爭，而告以不相爭。佗得賜書，自言改號，不敢為帝，亦竟不敢復爭。《孟子》曰：「至誠而不動者，未之有也。」《易》曰：「脩辭立其誠。」帝賜倫書，大公無我之懷，慈祥惻惻之旨，洵有所謂推誠相與者。蓋默體高帝釋佗弗誅之用心，有鑒於呂后弗能踰嶺之事，示之以畏而不必服，不若孚之以誠而無不服也。觀漢文之於趙佗，慎毋謂文誥之不足動人哉！

## 縣度考

釋地之書，必以山川標疆界，殆取望而可知。吾謂崇山峻嶺，尤終古不變，雖在絕域，不難案籍攷稽。即如縣度，名見《漢書・西域・烏秅國傳》：「其西則有縣度。縣度者，石山也。溪谷不通，以繩索相引而度云。」師古《注》：「縣繩而度也。縣，古懸字。」班氏特著縣度為石山，並言度者以繩索相引，險絕踰於他山，其得名亦由於斯。

攷《〈水經・泑水〉注》：「度蔥嶺，已入北天竺境，於此順嶺西南行十五日，其道艱阻，崖岸險絕，其山唯石，壁立千仞，下有水名新頭河。昔人有鑿石通路，施倚梯者，凡度七百梯。已躡，縣絚過河，河兩岸相去咸八十步。」診諸史傳，即所謂罽賓之境。有磐石之磴道，狹尺餘，行者騎步相持，絚橋相引，二千餘里方到縣度。郭義恭曰：「烏秅之西，有縣度之國，山溪不通，引繩而度，故國得其名。」酈《注》引法顯所記，得諸躬歷，云「其山唯石」，正班氏「石山」之謂。其敘到縣度所經，合之郭義恭說，狀繩索引度而往甚明。《魏書・西域傳》：「阿鉤羌國西有縣度山，其間四百里中，往往有棧道，下臨不測之淵。人行以繩索相持而度，因以名之。」魏之阿鉤羌殆即漢烏秅故地。觀於縣度一山，其危險曾無異於《烏秅傳》文。攷《罽賓國傳》：「元帝放其使

者於縣度。杜欽言：『縣度之阨，非罽賓所能越。』」又言：「罽賓以獻為名，故煩使者送至縣度，起皮山南，更不屬漢之國四五。又歷大頭痛、小頭痛之山，赤土身熱之阪。又有三池、磐石阪，道陿尺六七寸，長者徑三十里，臨崢嶸不測之深。行者騎步相持，繩索相引，二千餘里乃到縣度。」是後人所述道險，漢人已知而具言之。觀於漢流放罽賓使人，欽亦謂罽賓不能越此阨，則其地為漢號令所及，更足為控扼之資。

案《傳》，烏秅東北至都護治所四千八百九十二里，北與子合、蒲犁，西與難兜接。縣度去陽關五千八百八十八里，去都護治所五千二十里。就相去都護治所道里計之，縣度山遠於烏秅城一百二十八里。《後漢書・西域・德若國傳》：「自皮山西南經烏秅，涉縣度，歷罽賓。」是罽賓西於縣度，而縣度西於烏秅。謹考《皇朝文獻通攷・輿地・西域篇》，哈喇沙爾城屬地策特爾，漢時烏壘城地，為西城都護治所。《唐書・西域傳》：「喝盤陀國直朱俱波，西南距縣度山，治蔥嶺中都城，負徒多河。朱俱波，亦名朱俱槃，漢子合國。並有西夜、蒲犁、依耐、德若四種地。」案：班《書》西夜、蒲犁、依耐各國傳，均言東北到都護治所，與烏秅雖互有遠近，而方位正同。《欽定西域圖志》：巴達克山則昔之烏秅。攷《漢書》，皮山國在于闐西，西南至烏秅國千有三百餘里。《皇朝文獻通攷》：「和闐，漢時為于闐國。自和闐西行至巴達克山，亦一千三百餘里。其國居蔥嶺南境，四面皆山。」尤可與《漢書》烏秅國山居之說相證。然則縣度山當在今巴達克山地，而巴達克山之為漢烏秅國，可即縣度以決之已。

## 李光廷《漢西域圖攷》書後

漢時西域諸國，國勢大小，地形遠近，斑氏《書》敘列綦詳。然在漢時，已屢絕屢通，厥後惟唐與元嘗經理其地。考《唐書・西城傳》以拂菻、大秦則於漢西域地，似未審定。元阿母河行省廢於世祖之季，蔥嶺以西若北非復元有。就西域論，號令所及，亦不如漢舊。維我朝統一區宇，漢西域諸國咸隸版圖，未經兼取者不過十之一二，漢西城疆隅乃可案籍而稽。治斑氏《書》者有所攷訂，類能勒成一書，備輿地家之不可無。傳本較著者，祁鶴皋《西域釋地》、徐松《漢書西域傳補注》。祁書本釋今地，故於漢西域情形不之及。徐書本以補舊注之疏，隨文訓詁，自是傳注家體，雖兼及今地，要從其略。且輿地書以繪圖為第一義，方位形勝，展卷而具瞭於心目，而二書皆闕，不無遺憾。

此李光廷所撰《漢西域圖攷》，分編七卷，全書體裁具詳《凡例》，卷首冠以地球全圖，次以漢西域圖，上下各四，共八圖，分注今地，其為漢時某國，則標古國名以為別。漢西域全土，閱其書者，於圖已得要領，次以論說，於漢至西域所經之南道、北道，與夫近南道、近北道而不當孔道者若干國，其國於蔥嶺當西南之孔道者又若而國，案諸圖而若合符節。今古之異名坿見其間，其漢舊國而淪為戈壁者，一一箸明，絕不懸擬一地相坿會。舊說容有沿訛，亦復參攷而略為辨正。自來說漢西域者，無此簡要詳明。

吾謂此書之不空作者，在於以漢西域諸國為綱，而以為今某地注其下。其國事之見於歷代之史及私家記載者，咸詳引其文。諸國之孰為鄰壤，孰為遠隔，翔實不致淆溷。即國於蔥嶺，亦各詳其沿革，其道里遠近夷險，漢以來諸史無文者，則節錄晉法顯《佛國記》、唐辯機《大唐西域記》、元劉郁《西使記》，就所載之月日以為記里之方，洵尤得輿地書之要最矣。案：漢時所號西域，於我朝實為西陲，土田沃衍，物產豐阜，而密邇於彊鄰，狙伺鬼瞰，隨在宜思患預防。有此書以相印證，或為自來之阨隘，或為當今之邊要，鑿然燦然，則此書不獨攷漢西域者為不可不見之書，亦為今治西域者不可不見之書。惟是西域近已改為行省，建設郡縣，宜別為一圖，詳郡縣之方位，而分書其名，軒豁呈露，在披覽者不無裨益。俟審定明確，以坿於李書，特先書數行於後以識云。

## 漢郡守稱將論

漢承秦制，以郡統縣，以守治郡。《百官表》：「郡守，秦官，掌治其郡。邊郡又有長史，掌兵馬。郡尉，秦官，掌佐守典武職甲卒。」據《表》，郡兵統自都尉，邊地則掌以長史，將兵似非都守事矣。《後漢·馬援傳》：「援誡兄子書，言杜季良任俠，郡將下車輒切齒。」《鄭均傳》：「不應州郡辟召，郡將欲必致之。」《第五倫傳》：「會稽俗多淫祀，前後郡將莫能禁。」諸所云「郡將」，即謂郡守，是郡守在當時以郡將為通稱。或以《光武紀》：「建武六年初，罷郡國都尉官。」既省典兵之都尉，則兵自當屬諸郡守。其得稱為將，固宜。案：《漢書·尹翁歸傳》：「拜東海太守，過辭廷尉于定國。定國家在東海，謂其邑子曰：『此賢將。』」《孫寶傳》：寶為京兆尹，吏侯文亦稱寶為將。《酷吏傳》：嚴延年為涿郡太守，掾蘇吾趙繡稱延年為新將。《注》：「新為郡將也。」是以將稱郡守，在西京何獨不然？攷漢郡分地甚廣，凡一郡事，悉由郡守措置，兵事特其一端。翟義為東郡太守，以九月都試日，勒車騎材官士起事。據《〈續

漢‧百官志〉注》引《漢官儀》：「八月，太守、都尉、令、長、相、丞、尉會都試，課殿最。水家為樓船，亦司戰射行船。邊郡太守各將萬騎，行障塞烽火。」然則平時之簡選士伍，肆習戰陣，郡守罔不躬親教督，正可見統帥之任攸歸矣。《淮南王安傳》：「安欲發兵反，先令旁人作旁近郡太守都尉印。」《十七史商榷》據以證守、尉之互掌兵權。〔註4〕案：《寧成傳》：「前數都尉步入府，因吏謁守如縣令。」然則守與尉雖同在一郡，不特文武分其職，抑亦尊卑異其體。尉得將當郡之兵者，守得毋並將兵者而將之歟？《嚴助傳》：「迺遣助以節發兵會稽，會稽守欲距法，不為發。」是郡兵之動止一聽命乎郡守，儼然軍中但聞將軍令，不聞天子之詔之威重。《趙廣漢傳》：「本始二年，漢發五將軍擊匈奴，徵廣漢以太守將兵，屬蒲類將軍。」是太守將兵，史有明文。然猶可謂有所隸屬也。《朱買臣傳》：「上拜買臣會稽太守，詔買臣到郡，治樓船，備糧食、水戰具，須詔書到，軍與俱進。」又云：「買臣受詔將兵，與橫海將軍韓說等俱擊破東越。」是郡守得自將而征討，亦且自成一軍。夫將以將兵而名，而漢時郡守居則簡兵以鎮捍一方，出則統兵以指揮效用。史冊所錄鑿然，將之稱所由來乎！

## 《漢書》無世家說

班孟堅撰《漢書》，彙西京十二世二百三十年之事蹟，補司馬氏《史記》所未備，即依司馬氏《史記》之條例。攷《史記》所分各體，曰本紀、曰表、曰書、曰世家、曰列傳，其大概也。《漢書》原本《史記》，易書為志，猶屬小

---

〔註4〕 王鳴盛《十七史商榷》卷十五《郡國兵權》：

《百官表》雖言守治郡，尉典武職，而實守兼掌之。韓延壽為潁川太守，傳中述其都試講武甚備。翟義為東郡太守，以九月都試日，勒車騎材官士起事。如淳曰：「太守、都尉、令、長、丞、尉會都試、課殿最也。」《後漢書‧耿弇傳》：「弇見郡尉試騎士，建旗鼓，隸馳射，由是好將帥之事。」《注》引《漢官儀》曰：「歲終郡試之時，講武勒兵，因以校獵，簡其材力也。」弇事雖當王莽時，其實沿漢舊制，故《注》引《漢官儀》以明之。又，《漢書‧百官志》五李賢《注》引《漢官儀》云：「八月，太守、都尉、令、長、相、丞、尉會都試，課殿最。水家為樓船，亦習戰射行船。邊郡太守各將萬騎，行障塞烽火追虜。」或言八月，或九月，或歲終，大約總在秋冬。《淮南王安傳》：「安欲發兵反，先令人作旁近郡太守、都尉印。」可見守、尉互掌兵權也。又，「安與太子反謀聞，上遣廷尉監與淮南中尉逮捕太子。王與太子謀，召相、二千石，欲殺而發兵。召相，相至，內史以出為解。中尉曰：『臣受詔使，不得見王。』王念獨殺相，而內史、中尉不來，無益也，即罷相。」觀此，知諸侯王國中兵權，相與內史、中尉兼掌之，互相牽制，三者有一不肯，即不能發兵。

有異同。《史記》於前代侯封以及漢世外戚宗藩若蕭、曹諸勳舊，各為世家，《漢書》則悉題列傳，竝去世家之名。案：《衛世家·贊》：「余讀《世家》」，言似古時已有世家，猶《史記》序帝王曰本紀，而《大宛傳·贊》一再云「《禹本紀》」，可見諸以名篇者，或係史家成法，要非司馬氏特創。《後漢書·班彪傳》：「公侯傳國，則曰世家。」釋世家之所以命名，當是史家相傳古義。浦起龍曰：「由周而來，五等相仍。子長時，漢封猶在，故立此世家名目，以處夫臣人而亦君人者。自茲以降，去古益遠，藩徵封耗，史無世家，時為之也。」案：《漢書》起高祖，終孝平，一以西京為限斷。自高祖以來，與受礫山帶河之誓詞，爰及苗裔，帝命煌煌，即使後嗣中絕，烏得並沒其先世之實封？況孟堅所述西京之事，以時而論，未嘗無傳國之公侯，正合世家之體例。毅然刪併，實錄之謂何？竊謂漢人著作最重家法，由於師授，直比於家傳。說經者往往以不合家法見斥，經學家如是，史學家何獨不然？《班彪傳》：「彪乃繼採前史遺事，旁貫異聞，作《後傳》數十篇。其《略論》曰：今此後篇，慎覈其事，整齊其文，不謂世家，唯紀傳而已。」彪之《後傳》雖不可見，觀《略論》所云，則但有紀傳而無世家顯然。又云：「又進項羽、陳涉而黜淮南、衡山。」是彪不獨於所撰《後傳》不立世家，且於司馬氏所撰世家頗有微詞。是併世家於列傳，彪書已有前比。《傳》言「彪才高而好述作，遂專心史籍之間」，是彪於史學尤精。世家而果不可無，斷不致輕相改省。《固傳》：「固以彪所續前史未詳，乃潛精研思，欲就其業。」則《漢書》之作，雖出自固之手，實承夫彪之志。續彪之書，自當遵彪之說，恪守家法，何必執司馬氏之體裁以繩班氏一家之作述哉？且《漢書》雖無世家，而應立世家之王侯具箸於年表。於年表錄其封襲，於列傳詳其事功，無其文者，正可覈其實也，宜後來史家奉為定例矣。

## 《漢書》古本真偽辨

班固撰《漢書》，具詳《固傳》。三國以及兩晉、宋、齊，俱未聞傳有異本。《南史·劉之遴傳》：「鄱陽王範得班固所撰《漢書》真本，獻東宮皇太子，令之遴與張纘、到溉、陸襄等參校異同。」直云「真本」，是當時初不以為偽也。據《傳》所錄異狀，今本紀及表、志、列傳不相合為次，而古本相合為次，總成三十八卷。今本《外戚》在《西域》後，古本《外戚》次《帝紀》下。今本《高五子》、《文三王》、《景十三王》、《孝武六子》、《宣元六王》雜諸傳、表中，古本諸王悉次《外戚》下，在《陳項傳》上。此體例之異者。

古本稱「永平十六年五月二十一日己酉，郎班固上」，而今本無上書年月日子。今本《韓彭英盧吳述》：「信惟餓隸，布實黥徒，越亦狗盜，芮尹江湖。雲起龍驤，化為侯王。」古本則云：「淮陰毅毅，伏劍周章。邦之傑子，寔惟彭英。仕為王侯，雲起龍驤。」此字句之不同者。古本《敘傳》號為《中篇》，今本稱為《敘傳》，載彪事行，而古本云「彪自有傳」。又，古本第三十七卷解音釋義，以助雅詁，而今本無此卷。則篇帙篇名又有不同者。玟《蕭琛傳》，此古本《漢書》，琛得之以飽鄱陽王。又謂琛為宣城太守，有北僧南渡，唯齎一瓠蘆，中有《漢書序傳》。僧云：「三輔舊書，相傳以為班固真本。」琛固求得之。其書多有異今者，而紙墨亦古文字。如龍舉之例，非禁非篆，臚敘書式慕詳，其來有自，非洪遵所得《史記》真本比。案：所云古本紀傳次第，玟陳壽《三國‧魏志》以后妃次帝紀，《蜀志》以先主、後主與后妃諸王同卷，魏收《北魏書》首帝紀，次后妃，次諸王宗室，則與此古本《漢書》全同，庸詎知非以孟堅夙稱良史、所撰《漢書》依此編此而則傚之乎？《說文解字》卷末「建光元年九月己亥朔二十日戊午上」，《士禮居題跋》「舊本《新序》、《說苑》卷首開列陽朔鴻嘉年月具官臣劉向上一行」，此古人修書經進體式，可為題上書年月日子之證。或以《文選》撰自昭明，所錄《韓彭英盧吳述》雖見鄱陽所獻之古本，而仍取今本之文，是昭明未必信以為真。然《文選》所集舊史諸文，往往異於舊史。若司馬遷《報任少卿書》，書首「太史公十」二字，《漢書》無之。《出師表》「若無與德之言」句，據李善《注》，則《蜀志》有此六字，而《文選》無之。大都昭明別有所據，不得以《文選》而疑《漢書》、《蜀志》之非原本矣。至執「彪自有傳」之文，謂以東漢人而攙與西京，殊乖《漢書》斷代之體。案：《史記‧朱建傳》：「黥布欲反，建諫之，不聽。布誅，建得不誅。事在《黥布傳》。」而《布傳》竝無其文。則所謂傳，或指別傳。彪傳恐亦類是。《十七史商榷》：「今《漢書》一百二十卷，而古本只三十八，中又有音義一卷，則古本卷甚大，其併合已無玟。而音義在三十七，則《敘傳》仍當居末，而無音義。」《廿二史箚記》所云：「今本蓋梁代所行，與今刻不異。至改古本為今本，蓋其妹續成時，重為編次。宋景文校刻時，尚有曹大家本，卷帙文字皆與今同。今本即曹大家所定無疑。」王、趙史學名家，於此《漢書》古本未嘗辨之為偽，然則即非真班固古本，梁以前要自有此異於今本之《漢書》，有無待於辨者已。

## 馬班異同得失攷

司馬遷承其父之職志，撰集黃帝以來，迄於天漢，成《史記》一書。班固繼撰《漢書》，後來竝稱良史無異詞。馬書兼述數代，班書專紀西京，此所作體例之迥異者。馬書曰本紀、曰表、曰書、曰世家、曰列傳，班固易書為志，竝夫世家之名，此又書中標目異而不盡同者。晉張輔謂「馬序三千年事，五十萬言；班序二百年事，八十萬言」，據區區文字之煩省，定兩家之得失在斯。案：班之論司馬氏也，「論大道則先黃老而後六經，序遊俠則退處士而進奸雄，述貨殖則崇勢利而羞貧賤，此其所蔽」，又謂「善序事理，其文直，其事核，不虛美，不隱惡，故謂之實錄」，是班於馬書直謂其得失互見。然而就本書而論體裁之得失，非以異同之見而苛求也。合兩書而觀，記述之異同即此得失之跡，尤易見也。班氏所舉馬書三失，《郡齋讀書志》、《補筆談》已辨之。〔註5〕攷馬書之為人口實者，莫如列陳涉於世家，次項羽於本紀，不如班書均置之列傳為得宜。案：羅大經據《敘》，《陳涉世家》、《項羽本紀》同以秦失其道為言，蓋以見奪於鉏挺，而亡秦者實為大道之捍衛而不至於絕。或又以《史記》將惠帝事入《呂后紀》，不如班書別立《惠帝紀》為得實。王鳴盛謂班《書》斷代為史，立體必應如是；馬書本自疏闊，周七八百年只一紀，漢每帝一紀，已自詳近略遠。惠帝無紀，亦復何害？〔註6〕似馬、班異同雖多，得失有不繫乎此者。《廿二史劄記‧〈史〉、〈漢〉不同處》〔註7〕、

---

〔註5〕 參本卷《班氏譏史遷先黃老而後六經退處士而進奸雄崇勢利而羞賤貧說》。

〔註6〕 王鳴盛《十七史商榷》卷一《索隱改補皆非》：

惟惠帝年十六即位，在位七年，年二十三而崩，《史記》將惠帝事亦入《呂后本紀》，此則似不如《漢書》別立《惠帝紀》為妥。然此惟《漢書》斷代為史，立體必應如是；若《史記》本自疏闊，周七八百年只一紀，漢每帝一紀，已自詳近略遠。惠帝無紀，亦復何害？

〔註7〕 趙翼《廿二史劄記》卷一《史記　漢書》之《〈史〉、〈漢〉不同處》：

一代修史，必備眾家記載，兼考互訂，而後筆之於書。觀各史藝文志，所載各朝文士著述，有關史事者何嘗數十百種。當修史時，自必盡取之，彼此校核，然後審定去取。其所不取者，必其記事本不確實，故棄之。而其書或間有流傳，好奇之士往往轉據以駁正史，此妄人之見也。即如班固作《漢書》，距司馬遷不過百餘年，其時著述家豈無別有記載？倘遷有錯誤，固自當據以改正。乃今以《漢書》比對，武帝以前，如《高祖記》及諸王侯年表、諸臣列傳多與史記同，並有全用《史記》文，一字不改者。然後知正史之未可輕議也。其間有不同者，張泌有《漢書刊誤》，朱子文有《漢書辨正》，劉巨容有《漢書纂誤》，今皆不傳。現存者惟劉攽《漢書刊誤》、吳仁傑《兩漢刊誤補遺》，皆不過就本書中穿穴訂正，非於此二書外別有援據，以資辨駁也。

劉辰翁有《班馬異同》，蓋亦就《史記》、《漢書》歧互處分別指出。今少有
其本，姑以二書比對，摘其不同者列於後。

韓信擊魏豹，《史記》在漢三年，《漢書》在二年。韓信襲殺龍且，《史記》
在三年，《漢書》在四年。諸侯會垓下，《史記》在四年，《漢書》在五年。
項羽使海春侯曹咎守成臯，為漢王所虜，《史記》在劉、項同軍廣武之後，
《漢書》在同軍廣武之前。徙王韓信於楚，《史記》在漢王即帝位後，《漢書》
在殺羽未即位前。蕭何造未央宮，《史記》在八年，《漢書》在七年。黥布封
九江王後，《史記》謂七年朝陳，八年朝洛陽，《漢書》謂六年朝陳，七年朝
洛陽。二書紀事，每差一年。

項羽、陳涉二人，《史記》稱項王、陳王，《漢書》改為列傳，故皆稱名。

《史記》，項羽立田都為齊王，田榮怒，乃殺都，自立為齊王。《漢書》謂榮
攻都，都走降楚。

《史記》，《項紀》、《高紀》皆言項羽徙義帝長沙，都郴，使衡山王、臨江王
擊殺義帝。《漢書　高紀》則云：羽使九江王布擊殺義帝於郴。（顏師古注謂：
衡山、臨江、九江三王，羽皆使殺義帝，而擊殺者乃九江王也。）

《史記》，《項紀》，楚軍敗於定陶，項梁死，楚懷王恐，乃從盱眙徙彭城，
並項羽、呂臣軍自將之。《漢書》謂羽與沛公等聞項梁死，乃徙懷王。都於
彭城。

項羽分王諸將，《史記》先敘諸將分王畢，方敘徙楚懷王於長沙。《漢書》則
先敘徙懷王，然後分王諸將。

《史記》，分王諸將，韓王成都陽翟。《漢書》無「都陽翟」三字，以成雖有
此封，實未至國也。（案《史記》，成無軍功，羽不使之國，與俱至彭城，殺
之。）

《史記》，田榮擊殺濟北王田安，並王三齊。《漢書》，彭越擊殺田安，榮遂
王三齊。

《史記》，項羽美人名虞，《漢書》謂姓虞氏。

《史記》，漢騎將追項羽，為羽所叱，人馬俱驚者為赤泉侯，而不著姓名。
《漢書》則曰楊喜。然《史記》羽死後分其四體者有楊喜，又不言即赤泉侯。

《史記　張耳傳》，外黃富人女嫁庸奴，亡其夫，去抵父客，謂所嫁者乃庸
奴，故逃之至父客處也。《漢書》謂庸奴其夫，亡抵父客，則富人女以夫為
庸奴，故去之也。

《史記》，盧綰、陳豨分兩傳，《漢書》兩人合為一傳，以綰之反因陳豨事見
疑而起也。

荊王劉賈，《史記》謂不知其何屬，《漢書》謂高祖從父兄。

燕王劉澤，《史記》謂諸劉遠屬，《漢書》謂高祖從祖兄弟。

《任敖傳》，《史記》謂高后崩，敖不與大臣共誅諸呂，故免官。《漢書》皆
與大臣共誅諸呂，後坐事免官。

《史記》，倪寬在儒林尚書條內，董仲舒在《儒林春秋》條內，《漢書》皆改
入列傳。

《史記　循吏傳》載周、秦間人孫叔敖、子產、公儀休、石奢、李離。《漢
書》所載則文翁、王成、黃霸、朱邑、龔遂、召信臣，皆漢人也。

《史記》張湯在《酷吏傳》。《漢書》以其子孫多為名公卿，乃以湯另入列傳。

其他《酷吏》、《遊俠》、《佞倖》內較《史記》各有所增，則皆遷以後人也，惟《貨殖傳》多仍《史記》之舊，列入白圭、猗頓、烏氏倮、巴寡婦清等，但去子貢耳。誠思《漢書》也，而敘周、秦間人耶。

《史記　儒林傳》以《詩》為首，次《尚書》，次《禮》，次《易》，次《春秋》。《漢書儒林傳》以《易》為首，次《尚書》，次《詩》，次《禮》，次《春秋》。

《史記》高祖為亭長，以竹皮為冠，命求盜之薛治之。（求盜者，亭長之副也。薛有作冠師，故令其副至薛，使冠師治之。《漢書》但云：令求盜之薛治。（刪一「之」字便不明。）

《史記》，秦始皇以東南有天子氣，乃東遊以厭之。高祖即自疑，隱於芒山澤之間，呂后以其所居處常有雲氣，求輒得之。《漢書》刪卻「即自疑」三字。高祖以匹夫而以天子自疑，正見其志氣不凡也，《漢書》刪此三字，便覺無意。

《史記》，沛公破豐，命雍齒守之，齒以豐降魏。沛公攻之不能下，項梁益沛公五千兵攻豐，而不言攻之勝負。《漢書》則云：攻豐拔之，雍齒奔魏。

《史記》，漢王敗入關，又東出，袁生說漢王出武關，令滎陽、成臬間且得休息。《漢書》作轅生。

《陳涉傳》，《漢書》改伍徐曰伍逢，朱房曰朱防。

《史記》，項羽燒秦宮室東歸，說者譏其沐猴而冠。《漢書》，說者乃韓生也。

《吳王濞傳》，《史記》高祖封兄仲為　陽侯，《漢書》作合陽侯。

《韓信傳》，《史記》漢王之敗彭城，信收兵與漢王會滎陽。《漢書》謂信發兵，與漢王會滎陽。案是時信未有分地，從何發兵？蓋收集潰卒耳，收字得實。

《張良傳》，《史記》載其所致四皓姓名：東園公、甪里先生、綺里季、夏黃公。《漢書》但云四人，不著氏名。

《周勃傳》，《史記》沛公拜勃為虎賁令，《漢書》作襄賁令。

《史記》周文，《漢書》作周仁；張叔，《漢書》作張歐。

《史記　梁平王傳》，有告變者曰：類狂反，《漢書》作狂反。又《史記》告變後驗實，削梁八城，梁尚有十城。《漢書》則云削五縣，尚有十城。

《史記　田蚡傳》，景帝後三年，封蚡為武安侯。《漢書》則云：武帝初即位，蚡以舅封武安侯。案景帝後三年正是武帝即位之歲，蚡乃武帝所封，特是時尚未改元故耳。

《李廣傳》，《史記》廣為匈奴所得，絡而盛兩馬間，廣佯死，睨其旁一胡兒騎善馬，乃忽騰而上，推墮兒，乘其馬歸。《漢書》謂抱胡兒，鞭馬南馳。

《李陵傳》，《史記》陵降匈奴，漢聞單于以女妻陵，遂族其母妻子。《漢書》謂漢聞李陵教匈奴為兵，遂族其母妻子，後乃知教兵者李緒，非李陵也。

《〈史〉、〈漢〉互有得失》〔註8〕、《〈漢書〉移置〈史記〉文》〔註9〕諸篇，

〔註8〕趙翼《廿二史劄記》卷一《史記　漢書》之《〈史〉、〈漢〉互有得失》：
　　垓下之戰，《史記　高祖紀》敍韓信、孔將軍、費將軍等戰頗詳，《漢書　高紀》
　　但撮敍數語。然殺項羽是漢王一大事，《漢書》略之，殊失輕重。
　　《高祖紀》末，《史記》但記其諸子。《漢書》獨總敍高祖之明達好謀，雖曰不
　　暇給，而規模宏遠，《史記》少此議論。又《史記　高紀》既敍高祖八男，而
　　《呂后紀》內又敍之，殊復。《漢書》兩紀俱不敍，另立《高五王傳》。
　　《孝文紀》，《史記》於後六年忽總敍帝之節儉寬厚，下方敍後七年六月帝崩，
　　殊屬非法，總敍自應在帝崩後也。《漢書》取此語作贊。
　　《吳王濞傳》，《史記》晁錯議削諸王地，楚王戊以在薄太后服中有奸，削東海
　　郡，因削吳之豫章、會稽二郡。及前二年削趙王河間郡、膠西王六縣。漢廷臣
　　方議削吳，吳王恐削地無已，因此發謀。案是時廷臣所議削者，即豫章、會稽
　　也，故下文云：及削豫章、會稽書至，吳王遂反。今先云削吳之豫章、會稽，
　　下又云方議削吳，是又於二郡外再議削矣，則下文所謂及削豫章、會稽書至者，
　　又何說耶？《漢書》先刪去削豫章、會稽字，但云削楚及趙膠西地，廷臣方議
　　削吳，及削豫章、會稽書至，吳王遂反，較為明析。
　　七國反時，《史記》謂膠西王聽吳王計，約同反，遂發使約齊、菑川、膠東、
　　濟南、濟北，皆許諾。《漢書》獨無濟北。按《齊孝王傳》，是時孝王狐疑不同
　　反，尋被菑川等三國圍急，陰與三國通謀，會路中大夫來告漢兵且至，遂堅守。
　　及漢將欒布等解三國圍後，聞齊亦通謀，將伐之。孝王懼，自殺。而濟北王以
　　城壞未完，郎中令劫守其王，不得發兵，故亦不同反。後聞齊王自殺，濟北王
　　亦欲自殺，梁孝王為之辨雪，乃得不坐。（《鄒陽傳》據此則齊與濟北二王亦非
　　必能堅守之人，《史記》謂膠西來約同反時，齊、濟北皆許諾，從其實也。《漢
　　書》獨無濟北，則以其未成反也。然以其未成反而遂不列於約反之內，則齊王
　　不惟不反，且有堅守之功，何以轉列於從反之內乎？豈以齊王自殺，遂坐以反
　　謀；濟北免罪，則並其先欲從而不得反之處，概為隱諱耶？
　　四國攻臨菑時，《史記》謂膠西為渠率，與膠東、菑川、濟南共攻臨菑。《漢書》
　　則云膠西、膠東為渠率，與菑川、濟南共攻臨菑。案膠西聽吳王之謀，使人約
　　諸王反，則主兵者膠西也，《漢書》增膠東為主謀，亦非。
　　《淮南厲王傳》，《史記》高帝過趙，趙王獻美人，帝幸之，有身。會貫高等謀
　　反，帝令盡捕趙王家屬繫之。美人亦在繫中，告吏曰：「得幸上，有身。」吏
　　以聞，上方怒未理。及美人生厲王，即自殺。吏奉厲王詣上，上令呂后母之。
　　《漢書》敍事亦同，而改美人告吏曰：「得幸上，有子。」案是時厲王尚未生
　　也，何得先言有子？《史記》以為有身，較穩。
　　厲王以罪廢徙蜀，《史記》謂一路傳送者皆不聽發車封。王為侍者曰：「吾以驕
　　故，不聞過至此。人生一世間安能邑邑如此！」乃不食死。至雍，雍令發封，
　　以死聞。案既不發封，則王在車中與誰語？若有人共語，則餓死後豈不聲言，
　　直待雍令發封始知耶？《漢書》先敍王語，方敍傳送者不敢發封，以致餓死，
　　文義較明。
〔註9〕趙翼《廿二史劄記》卷二《史記　漢書》之《〈漢書〉移置〈史記〉文》：
　　《漢書》武帝以前紀傳多用《史記》原文，惟移換之法別見翦裁。如鴻門之會，
　　沛公危急，賴項伯、張良、樊噲等得免。彭城之敗，漢王道逢孝惠、魯元，載

不過羅列異同。所云「互有得失」，無非敘事偶涉複重，措詞未書明晰耳。吾謂兩書得失所在，不獨見之絕不相同也。即如《史記》以數人合為一傳，一篇中首尾相應。班《書》人各為篇，略以時代事類相從，與《史記》合傳之例本別。然多承用舊文，不加判改。《史記·陳平世家》坿見王陵事，班《書》各自為傳，而敘陳平於王陵之後。《史記·張蒼列傳》坿見周昌、趙堯、任敖諸人，班《書》張、周、趙、任各為一篇，而敘張蒼事於任敖之後。在陳、

---

以俱行。陳平間楚使，去范增。鴻溝解兵，張良、陳平勸漢王追楚。漢王至固陵，彭越、韓信兵不至，用張良策，分地王之，遂皆會兵等事，《史記》皆詳於《項羽本紀》中，《漢書》則《項羽傳》略敘數語，而此等事皆詳於《高祖紀》內。蓋史記為羽立紀，在《高紀》前，故大事皆先載《羽紀》，使閱者得其大概，而其下諸紀傳自可了然。《漢書》則項羽改作列傳，次於帝紀世家之後，而《高紀》則在首卷，故此等事必先於《高紀》詳之，而《羽傳》不必再敘也。

呂后殺戚夫人及趙王如意，《史記》載《呂后紀》內，而《外戚傳》敘呂后處不覆載。《漢書·呂后紀》專載臨朝稱制之事，而殺戚姬等事，則入《外戚傳》中。蓋紀以記朝政，傳以詳細事，固各有所當也。

齊悼惠王來朝，惠帝庶兄也，帝以家人禮，使坐上坐。呂后怒，欲酖之。帝起取卮為壽，呂后恐，急自起泛卮。此事《史記》中在《呂后紀》內，《漢書》則入於《齊悼惠傳》，而《呂紀》不載。

韓信從至漢中，不見用，亡走。蕭何自追之，薦於漢王，遂拜大將。《史記》在《信傳》內，《漢書》已詳其事於《高紀》，故《信傳》不復敘。

蒯通說范陽令降武信君，又說武信君以侯印封范陽令。《史記》在《張耳陳餘傳》內，《漢書》另立《通傳》詳其事，故《耳餘傳》僅摘敘數語。

盧綰反，高祖親擊邯鄲，即用趙人為將。《史記》詳於《綰傳》，《漢書》入《高紀》，故《綰傳》不載。

《史記·韓信傳贊》另提出信貧時葬母，度其旁可置萬家，以見其志度不凡。《漢書》則以此敘入《信傳》。

韓信將擊齊，聞酈食其已說下齊，欲止。蒯通曰：「將軍受詔擊齊，寧有詔止將軍乎？何得無行也。」《史記》詳《信傳》內，《漢書》另入《通傳》。

蒯通說信三分鼎足之計，至數千言。《史記》在《信傳》內，《漢書》亦另入《通傳》。

吳、楚反，袁盎對景帝以為不足憂，晁錯在旁善其語。上問盎計安出，盎請屏人語，惟錯尚在。盎又謂：「臣所言人臣不得知」，乃並屏錯避入東廂。盎遂請斬錯以謝七國，上因斬錯。《史記》以此事敘在《吳王濞傳》內，《漢書》敘入《錯傳》而《濞傳》刪之。

淮南王安與伍被謀反，被先諫之，繼又為劃策，其文甚麗。《史記》載入《淮南王世家》內，《漢書》另立《伍被傳》載此文而《安傳》刪之。

《田叔傳》，《史記》載高祖過趙，嫚罵趙王，王之臣趙午、貫高等不平，謀逆，後事發收捕趙王等。《漢書》以此事敘入《趙王傳》，故《田叔傳》不復詳敘。

張之傳，則闕而不完；在王、任之傳，則贅而無當。以及寶、田、衛、霍諸篇，率沿斯失。則就諸列傳論之，馬、班之孰得孰失，初不在絕不相同處，何嘗不在同而小異處歟？爰攷其大略如右。

## 馬班作史年歲攷〔註10〕

司馬遷《史記》、班固《漢書》，史學家咸奉為準則。作書大略，遷則見之《自序》，固則詳於本傳，各承家學，多歷歲月，不獨作之時竭搜緝之勤，益

〔註10〕 趙翼《廿二史箚記》卷一《史記　漢書》之《司馬遷作史年歲》：

司馬遷《報任安書》謂：「身遭腐刑，而隱忍苟活者，恐沒世而文采不表於後世也。」論者遂謂遷遭李陵之禍始發憤作《史記》，而不知非也。其《自序》謂：父談臨卒，屬遷論著列代之史。父卒三歲，遷為太史令，即紬石室金匱之書。為太史令五年，當太初元年，改正朔，正值孔子《春秋》後五百年之期，於是論次其文。會草創吸鍛，而遭李陵之禍，惜其不成，是以就刑而無怨。是遷為太史令，即編纂史事，五年為太初元年，則初為太史令時乃元封二年也。元封二年至天漢二年遭李陵之禍，已十年。又《報任安書》內謂：「安抱不測之罪，將迫季冬，恐卒然不諱，則僕之意終不得達，故略陳之。」安所抱不測之罪，緣戾太子以巫蠱事斬江充，使安發兵助戰，安受其節而不發兵。武帝聞之，以為懷二心，故詔棄市。此書正安坐罪將死之時，則征和二年間事也。自天漢二年至征和二年，又閱八年。統計遷作《史記》，前後共十八年。況安死後，遷尚未亡，必更有刪訂改削之功，蓋書之成凡二十餘年也。其《自序》末謂：「自黃帝以來，至太初而訖。」乃指所述歷代之事止於太初，非謂作史歲月至太初而訖也。李延壽作《南》、《北史》凡十七年，歐陽修、宋子京修《新唐書》亦十七年，司馬溫公作《資治通鑒》凡十九年，遷作史之歲月更有過之。合班固作史之歲月並觀之，可知編訂史事未可聊爾命筆矣。元末修《宋》、《遼》、《金》三史，不過三年；明初修《元史》，兩次設局，不過一年，毋怪乎草率荒謬，為史家最劣也。

同卷《班固作史年歲》：

《漢書》武帝以前紀、傳、表多用《史記》文，其所撰述，不過昭、宣、元、成、哀、平、王莽七朝君臣事蹟，且有史遷創例於前，宜其成之易易。乃考其始末，凡經四人手，閱三四十年，始成完書，然後知其審訂之密也。據《後漢書‧班固傳》，固父彪接遷書太初以後，繼採遺事，傍貫異聞，作《後傳》數十篇，是彪已有撰述也。固以父書未詳，欲就其業，會有人告其私改國史，明帝閱其書而善之，使固終成之。固乃起高祖，終於孝平、王莽之誅，十有二世，二百三十年，為紀、表、志、傳凡百篇。自永平始受詔，積二十餘年，至建初中乃成，是固成此書已二十餘年。共八表及《天文志》尚吸鍛而固已卒，和帝又詔其妹昭就東觀藏書閣踵成之。是固所未成，又有妹為之卒業也。《漢書》始出，多未能通，馬融伏於閣下，從昭受讀。後又詔融兄續繼昭成之，是昭之外又有馬續也。百篇之書，得之於史遷者已居其半，其半又經四人之手而成。其後張衡又條上《漢書》與典籍不合者十餘事，盧植、馬日磾、楊彪、蔡邕、韓說等校書東觀，又補續《漢記》，則是書亦尚有吸丁善者，益信著書之難也。

見史之成非旦夕可竟也。攷遷作《史》之年，《自序》謂「談卒三歲，遷為太史令，紬石室金匱之書」。又，「五年而當太初元年」，始論次其文。《正義》：「案：遷年四十二歲。」《十七史商榷》據遷云「二十南遊」，涉歷既廣，閱時必久，歸後始仕郎中，又奉使巴蜀，略邛、筰、昆明，徐廣以為平西南夷在元鼎六年，計是時，遷之年必在四十左右。洎至太初元年，遷之年蓋已近五十。又七年，遭李陵之禍，徐廣以為天漢三年，既腐刑乃卒。述黃帝至太初，則書成必六十餘矣。《廿二史箚記》據遷《報任安書》「草創未造，會遭此禍，惜其不成，是以就極刑而無怨色」云云，遷為太史令乃元封二年，遭李陵之禍當天漢二年，時已十年。任安坐罪將死，則征和二年間事。自天漢二年至征和二年，又閱八年。統計遷作《史記》，前後共十八年。案：書言「抱不測罪，迫季冬，從上雍」。攷《漢書》，征和元年，巫蠱起；二年七月，御史大夫暴勝之、司直田仁坐失縱，勝之自殺，仁要斬。安下吏，當與同時。三年春正月，行幸雍。則此書作於征和二年甚確。又敘本紀、表、書、世家、列傳凡百三十篇，似所作已告成。然《賈生傳》末「生之孫嘉，與余通書。至孝昭時，列為九卿」，據此，遷所作容有刪定於孝昭初者。班固踵為《漢書》，起元高祖，終於孝平，凡事實已見《史記》，率錄《史記》舊文。《廿二史箚記》謂《漢書》紀、表、志、傳凡百篇，武帝以前傳、表沿用遷作，幾居其半。固父彪以《史記》自太初以後闕而不錄，作《後傳》數十篇。固作史，當亦採入。《傳》云：「潛精積思，二十餘年，訖未完書。妹昭馬續，後先續之。」攷《固傳》：「父彪卒，歸鄉里，固以彪所續前史未詳，欲就其業。」是固作史在彪卒之後。案：《彪傳》：「建武三十年，年五十二卒官。」《固傳》：「有人上書顯宗，告固私改作國史者。郡上其書，顯宗甚奇之，除蘭臺令史，與陳宗、尹敏、孟異共成《世祖本紀》，遷為郎。固又撰功臣、平林、新市、公孫述事，作列傳載記二十八篇奏之，帝乃復使終成前所箸書。」據此，固始作史當建武三十年以後，受詔作史則在永本中。《傳》云「復使成前所箸書」，可見固自繫獄之後，及未奉詔以前，舊作史書幾已輟不復為。即為令史及為郎之初，所作紀傳，專述中興勛業，非所謂綴集所聞以為《漢書》也。《傳》又以固作史，自永平中至建初中，二十餘年始成。攷永平共十八年，建初共八九年，《傳》所計固作史之年，第就受詔後言，猶之所云始成，亦就固作百篇言。雖八表及《天文志》待補於後人，而固作史之年歲，揆之遷，不甚懸殊矣。吁！遷也，固也，雅擅史才，兼秉家學，而年歲之可攷者如斯，作者豈易言哉！

## 六家體例源流攷

　　《史通》首篇署以《六家》，蓋有見於史家體例雖不盡同，大要不外此六家。所謂六家者：一《尚書》家，二《春秋》家，三《左傳》家，四《國語》家，五《史記》家，六《漢書》家。各為上溯其源，下別其流，羅列具見詳明。後人據知幾所論箸而推各家體例所分，謂《尚書》記言而不箸歲序，《春秋》記事而不詳顛末，《國語》非編年、非紀傳而不歸典式，《史記》代遠而不立限斷，惟《左傳》經年緯月，敘時事則銓次分明；《漢書》紀、志、表、傳，舉一朝則起訖完具。後來史官，率祖述二家，故較四家為盛。嘗就知幾之說而攷之，六家中若《尚書》、《春秋》兩家但言出於太古三代，無從明揭源由。所舉為某家流派者，今已佚，不可見居多。即此竝數之六家，體例誠非一律，要以《尚書》家為最古。世人徒見漢以後史繫年斷代，體例所遵守，不越《左傳》、班《書》之成規，遂以《尚書》家與《春秋》、《國語》、《史記》三家等類齊觀。攷《漢書·藝文志》敘《尚書》曰：「書之所起遠矣，至孔子篹焉，上斷於堯，下訖於秦，凡百篇。」又云：「漢興，亡失，求得二十九篇。」是《尚書》有百篇之多。《尚書》家通行之二十九篇，不及全經三分之一。而即此二十九篇所謂典、謨、訓、誥、誓、命等文持較《春秋》以下五家之書，體例炳然，何嘗不各自名家？試為之沿流溯源。《藝文志》：「事為《春秋》，言為《尚書》。」論者以記事、記言分屬二家。然而《禹貢》一篇全為紀事之作，《左傳》以編年紀月為體例，而《漢·律志》引《伊訓》「維太甲元年十有二月乙丑朔」，以日繫月、以月繫年之義瞭如。《國語》以列國分篇為體例，而事詳八國，無異虞夏商周之序次。題別一篇，猶是百篇之標目。《史記》百三十篇終以《自敘》，臚舉各篇作意，與《尚書》百篇古敘正同。《漢書》斷代為限，一朝之典章咸在，而《尚書》分題《商書》若干篇，《周書》若干篇，《費誓》、《泰誓》即坿《周書》末，斷代體例略見於斯。然則《尚書》雖非完書，而彼五家之體例即二十九篇中已備大概。是以體例言，《尚書》一家實五家所同源，五家之作莫非《尚書》家之流別矣。知幾所舉各書，分繫諸六家之支流者，其體例何一不班班可攷哉！

　　　　　　　　　　　　　　　　　　　　　　卷十六終

# 青學齋集卷十七

新陽汪之昌

## 漢三雍攷

　　三雍之稱，不見經典，有之自漢始。《漢書・河間獻王傳》：「獻雅樂，對三雍宮。」應劭云：「辟雍、明堂、靈臺也。」三雍亦稱三宮。《終軍傳》：「建三宮之文質。」服虔云：「三宮：明堂、辟雍、靈臺也。」攷漢武因公王帶上明堂圖，作明堂於汶上。即兒寬云「祖立明堂、辟雍，宗祀太一」者。亦專指泰山明堂言。是長安中未嘗有明堂。《禮樂志》：「武帝即位，議立明堂，制禮服，以興太平。」蓋當時不過擬議及之。云「河間獻王所對上下《三雍宮》三篇」，其目具載《藝文志》中。《金樓子》曰：「對辟雍、明堂、靈臺，故謂之三雍對。」胡氏梅磵《通鑒注》亦以為對三雍宮之制度者是也。《平帝紀》：「元始四年夏，安漢公奏立明堂、辟雍。」至是甫經奏立，可為前此未嘗建立之明證。《後漢書・世祖紀》：「中元元年，是歲初起明堂、靈臺、辟雍。」《紀》云「初起」，是所謂三雍者，世祖時規模遒備，非武帝時已立顯然。李賢《注》引《漢官儀》曰：「明堂四面，起作土作塹，上作橋塹，中無水。明堂去平城門二里所。天子出，從平城門，先歷明堂，乃至郊祀。」又曰：「辟雍去明堂三百步。車駕區辟雍，從北門入，三月、九月皆於中行鄉射禮。辟雍以水周其外，以節觀者。諸侯曰泮宮，東西南有水，北無。下天子也。」《漢宮閣疏》曰：「靈臺高三丈，十二門。天子曰靈臺，諸侯曰觀臺。」分別三雍規制，確有證據。云「辟雍去明堂三百步」，則非同在一處明甚。《三輔黃圖》曰：「漢靈臺在長安西北八里，辟雍在長安西北七里，明堂在長安西南七里。」靈臺、辟雍雖有八里七里之殊，要之同在西北方，相去僅里許不遠。可知與明堂之獨

在西南方者，南北異處，其為分建無疑。此漢三雍之可攷者也。鄭康成《駁五經異義》徵引《詩》、《禮》，以辟雍、靈臺當同在郊，不並於明堂，與《三輔黃圖》所列三雍合。漢去古匪遠，或當時依仿，未可知也。戴氏德以明堂、辟雍同一地。盧氏植以明堂即太廟，與靈臺、辟雍同處。蔡邕《明堂論》、穎容《春秋釋例》、服虔《左傳注》均與盧同。準諸古先制度，合否不可知，總之於漢之三雍無涉，故置諸不論云。

## 東漢耿氏論

　　光武中興功臣，鄧禹居首，蔚宗於《禹傳》後坿子訓、孫騭兩傳。傳末綜計鄧氏之貴顯者若干人，以見其盛。外此惟《耿弇傳》後坿國、秉、夔、恭四人傳，竝言「耿氏自中興後，迄建安末，凡貴顯者數，不減於鄧氏」。而鄧氏則曰「東京莫與為比」，耿氏則曰「遂與漢興衰」，非特記累世寵貴，隱然與國同休戚矣。統耿氏傳而論，弇削平叛逆，國籌策邊防，秉與夔恭咸於絕塞，著勳績。而況若舒以偏師致勝，忠擊匈奴於天山，末孫季猶稱威振北方，罔弗錯見於傳中。大抵克敵致果居多，將所謂將家者，非耶？蔚宗之論曰：「三世為將，道家所忌。而耿氏累葉以功名自終，不知耿氏固以道家之學世其家。」案：史家紀實，在耿氏自以弇為始興。而原弇之得自致於光武，則以其父之守上谷。光武「北道主人」之說亦謂此。《傳》言「況學《老子》於安邱先生」，老子即道家所奉為宗主者。弇少好學習父業，則夙通老氏學矣。老氏以「不知足」為大戒。而偏將軍處左，上將軍處右，一行軍之法也。一則曰「以奇用兵」，再則曰「善戰者不怒，善勝敵者不與」，又必勝之算也。老子之子宗為魏將，封於段干，是兵事本老氏之家學也。而耿氏即以老氏之學為家學，觀耿氏之卓著戰功者，得老氏之「以戰則克」。國之議邊備，恭之守孤城，何莫非「以守則固」之驗？學其用兵者有明徵。弇平齊後，無復尺寸功，蔚宗具論其微旨。即況之遣子入侍，國之讓弟襲封，各以「知足不辱」為兢兢，卒之受茅土者勿替，紆青紫者相望，洵處人上而不重，處人前而不害者矣。若寶之阿坿權倖，殆矯託夫「和光同塵」，旋遭身殃，在耿氏為不才子。箕不忍梁冀珍玩之求，亦昧於「多藏厚亡」而違失家法者。紀也憤奸人之窺竊神器，糾同志以扶孱主，雖事不必竟成，是老氏所云「死而不亡」者。壽不獨繩祖武，抑亦恪守家學者。吾顧鄧禹使諸子各守一藝，《傳》言「其教養子孫，可以為後世法」。耿氏自況「習老氏學名家」，而一門事蹟之見於史者，大率近合老氏家言而不墜家聲。

然則聖經賢傳，大用之足以佐治平，謹守之庶以保有家哉！

> 此題譬諸八股，即連章題也。尋一線索，則舉重若輕。否則枝枝節節，終不免顧此失彼。自記。

## 書漢光武賜竇融書後

《傳》曰：「君子一言以為知，一言以為不知，言不可不慎。」觀之漢光武而益信矣。光武招來俊傑任用之，以翊成中興。並時專有方面者，公孫述、隗囂、竇融諸人，事若相類，而勢亦相等。述恃其地險眾坿，有自立志，本非為漢。光武諭以書，而始終不應固宜。囂起事天水，移檄郡國，明以漢復紀元，旋應更始召而入朝，並勸更始歸政光武。較之融之圖出河西，意在自守以遺種者不同。是囂願為漢室臣，而融則專為一家謀。乃始欲為漢者卒不降漢，為家謀者終成輔漢功，則繫乎光武所賜之書。《囂傳》：「賓客掾史多文學生，每所上事，當世士大夫皆諷誦之，故帝有所辭答尤加意。」則所賜囂書，斷不至以失言者失人。攷囂首立漢朝，稱臣奉祀。泊亡歸西州後，逆擊叛將馮愔之兵，屢破赤眉上隴之眾，業已勞效暴著，又受鄧禹署官，則與光武名分已定。而賜書遽稱其字，用敵國之儀，囂遂疑光武為外視之，因而自外於漢。光武賜竇融書，即舉囂、述為言，以輕重屬融。舉足左右，不獨推許之已至，抑又關係之匪輕，可見未始不冀融之來坿，而不能必融之來坿。是在光武，深望其立桓、文功業，而為融謀者，安知不以河西斗絕羌胡中，融家世所撫治，威信所孚洽，可效尉佗故事，利雖止眉睫間，而說頗足以動聽。囂使者之進說，融僚友之集議，未遽策東向者，大約以斯。融方於斯二端多方顧慮，光武即以斯二端相與開示，動燭其隱，而融自幸「底裏上露，長無纖介」，不覺中心說而誠服。河西咸驚，以為天子明見萬里外，則益堅其依漢如依天之情。大凡人有所隱而未著之時，始則慮人之知而先發制我，或料人雖知我而無能禁我，更相與隱之。彼且謂陽能容而陰相伺，否則謂其疑我而無如我何。此而強求其合，不知適速其離。曉然曰予具知汝有為而然，迫於時會之使然，亦不禁汝之勿然，而吾固不以為汝罪也。相諒以明恩，而無姑相隱忍之情以示懦，則包容在大度而維繫即在數言。故光武賜囂書，終以「勿用旁人解構」之言相勉，而囂旋中夫解構。於融書不及此者，審知在絕域而歸命，旁人無所庸其解構也。《易》曰：「出其言，善則千里之外應之。」讀光武賜竇融書，其明證矣。爰書此於賜書後云。

## 竇憲伐匈奴論

竇憲懼罪，請伐匈奴以求贖。卒奏厥功，勒銘燕然山。范蔚宗以憲較衛、霍，謂「列其功庸，兼茂於前」，轉惜「後世莫稱」。

嘗就《憲傳》論之。憲特一怙侈驕淫之尤者耳，雖與衛、霍同坿椒房之親，奏絕漠之績，而《青傳》敘「青屢出塞，輒有斬獲」，《去病傳》言「棄大將軍數百里赴利，斬捕首虜過當」，是衛、霍皆先以偏校臨陳，非徒藉眾力以成功者。值漢武之彊盛，雖破胡而未免勞費，然於時西域之部落未通，匈奴之要領未得，烏得以「耗國大半，猾虜未之勝」為言？設當虜勢微弱，虜中分立，衛、霍處此，必不一戰於稽落山、臨私渠、北鞮海而班師也。憲之出師也，袁安、任隗諫阻於前，郅壽、何敞疏爭於後，咸謂非計。蓋時匈奴僅足自保，觀《耿秉傳》「永平十六年，伐北匈奴，虜背奔走，不戰而還」，其勢可知，非若前漢世之闌入邊郡，為中國憂。漢廷臣詎見不及此？顧令憲得遂所請，則以太后故。觀於憲圖殺害，誅收屬黨，帝以太后故，免憲還國，史有明文。時太后以齊王獄閉憲內宮，非立功效決，不足以解譴。尤惟此窮不復振之北匈奴，臨以大軍，必且望風奔北，束縛馳驟，當無不如志耳。明知憲未若竇固之曉羽邊事也，則遣耿秉、鄧鴻輩分將以為援，閻盤、耿夔等隨營而襄佐，猶慮虜眾之盡萃於憲軍也，則出滿夷谷，出梱陽塞，多方以使誤；選螭虎士，統羌胡騎，厚集以啟行。即非竇憲，胡不可以成功？且夫耿秉、閻盤諸人，屢經大敵，夙著勳勞，漢果有事匈奴，詎不足以當一面、膺閫寄，亦何藉於憲？何待於憲者？然則伐匈奴之必取勝，憲固自知之而毅然請之，廷臣亦明知之而不終阻之，不特為憲贖罪計，實為太后釋憲計。罄有用之帑藏，侔待盡之窮夷，夫固喻於無言矣。雖然，憲秉果急之資，挾貪婪之性，前此多行不義，猶屬怙勢。逮伐匈奴而還，自詡勤勞王家，益復怙功。所以為憲計，適以速憲敗也。卒致舉宗就戮，牽連戚黨。以視衛、霍以功名終者，相去豈不違哉！〔註1〕

〔註1〕《後漢書》卷二十三《竇憲列傳》：

論曰：衛青、霍去病資強漢之眾，連年以事匈奴，國耗太半矣，而猾虜未之勝，後世猶傳其良將，豈非以身名自終邪！竇憲率羌胡邊雜之師，一舉而空朔庭，至乃追奔稽落之表，飲馬比鞮之曲，銘石負鼎，薦告清廟。列其功庸，兼茂於前多矣，而後世莫稱者，章末釁以降其實也。是以下流，君子所甚惡焉。夫二三子得之不過房幄之閒，非復搜揚仄陋，選舉而登也。竇將軍念咎之日，乃庸力之不暇，思鳴之無晨，何意裂膏腴，享崇號乎？東方朔稱「用之則為虎，不用則為鼠」，信矣。以此言之，士有懷琬琰以就煨塵者，亦何可支哉！琬琰，美玉也。

## 賈逵以圖讖致通顯論

自來史以傳信，未有若《後漢書》之自相抵迕者也。《鄭范陳賈張傳》：「論曰：桓譚以不善讖流亡，鄭興以遜辭僅免，賈逵能坿會文致，最差貴顯。」一似逵獨以圖讖希進者。乃《方術傳·序》又云：「鄭興、賈逵以坿同稱顯。」一書之中，前後乖異。吾於其於鄭興之措詞不同，即決其謂逵之致通顯不足憑。案：圖讖之興，大約在周末秦初。西漢時，其書已行。簡狄吞燕卵，《史記》採之。伏生《尚書大傳》「主春者鳥，昏中可以種穀」云云，均引緯書。其間容有依託，要亦不盡無稽。光武中興，以姓名應圖讖，尤信重之。至正《五經章句》，皆命從讖。朝廷尊尚如斯，士夫焉有不傳習之者？故曹充、張純論撰禮樂，引《河圖括地象》、《尚書璇璣鈐》，與經典而竝行。或斷章以取義，見聞習熟，據以引申論說，亦不獨逵為然。本傳述其言圖讖，惟據《左傳》，「明劉氏為堯後」，「少昊代黃帝，即圖讖所謂帝宣」，逵說止此。或以逵因時重讖，藉以申《左氏》耳。然即此數語，悉據《左氏》明文，似「猶攷信於六藝」，以視尚奇文、貴異數者有間。且所得，「賜布五百匹，衣一襲」，不足云通顯也。就逵歷官攷之，傳言逵父徽從劉歆、涂惲、謝曼卿受《左氏內外傳》、《書》、《詩》、《周官》諸經學。逵傳父業，尤明《左氏傳》、《國語》，為之解詁。永平中，上疏獻之，顯宗重其書，寫藏秘館。使作《神雀頌》，拜為郎。其始進非以圖讖也。嗣肅宗好《古文尚書》、《左氏傳》，建初元年，詔逵入講北宮白虎觀、南宮雲臺。帝善逵說，使發出《左氏傳》大義長於二傳者，逵具條奏之。帝嘉其奏，令選《公羊》嚴、顏諸高材生，教以《左氏》。逵數為帝言《古文尚書》，與經傳爾雅詁訓相應，詔令撰歐陽、大小夏侯《尚書》古文同異，集為三卷。復令撰齊、魯、韓《詩》與毛氏同異。並作《周官解故》。遷衛士令。《傳》言「帝永元三年，以逵為左中郎將。八年，復為侍中，領騎都尉。內備帷幄，兼領秘書近署」，范指為「通顯」者以此。案：《張衡傳》：「衡言往者侍中賈逵摘讖互異三十餘事，諸儒莫能對夫。」摘其互異以示，說之不足憑信，烏有資以進用而自毀其藩籬者？《隋書·經籍志》言「漢儒憑讖說經，唯孔安國、毛公、王璜、賈逵獨非之」。《方術傳》李賢注「通儒碩生忿其奸妄不經，以為宜見藏擯」：「謂桓譚、賈逵、張衡之流。」均言逵以圖讖為非，安有以之通顯之理？吁！蔚宗立說，自相違異，又何怪後來之說不一哉！

## 度尚平蠻論

漢延熹時，武陵蠻夷叛，轉掠數郡，勢甚猖獗，度尚〔註2〕討平之。攷尚

---

〔註2〕《後漢書》卷三十八《度尚傳》：

度尚，字博平，山陽湖陸人也。家貧，不修學行，不為鄉里所推舉。積困窮，乃為宦者同郡侯覽視田，得為郡上計吏，拜郎中，除上虞長。為政嚴峻，明於發擿奸非，吏人謂之神明。遷文安令，遇時疾疫，穀貴人饑，尚開倉稟給，營救疾者，百姓蒙其濟。時冀州刺史朱穆行部，見尚甚奇之。延熹五年，長沙、零陵賊合七八千人，自稱「將軍」，入桂陽、蒼梧、南海、交址，交址刺史及蒼梧太守望風逃奔，二郡皆沒。遣御史中丞盛修慕兵討之，不能克。豫章艾縣人六百餘人，應慕而不得賞直，怨恚，遂反，焚燒長沙郡縣，寇益陽，益陽，殺縣令，眾漸盛。又遣謁者馬睦，督荊州刺史劉度擊之，軍敗，睦、度奔走。桓帝詔公卿舉任代劉度者，尚書朱穆舉尚，自右校令擢為荊州刺史。尚躬率部曲，與同勞逸，廣慕雜種諸蠻夷，明設購賞，進擊，大破之，降者數萬人。桂陽宿賊渠帥卜陽、潘鴻等畏尚威烈，徙入山谷。尚窮追數百里，遂入南海，破其三屯，多獲珍寶。而陽、鴻等黨眾猶盛，尚欲擊之，而士卒驕富，莫有鬥志。尚計緩之則不戰，逼之必逃亡，乃宣言卜陽、潘鴻作賊十年，習於攻守，今兵寡少，未易可進，當須諸郡所發悉至，爾乃並力攻之。申令軍中，恣聽射獵。兵士喜悅，大小皆相與從禽。尚乃密使所親客潛焚其營，珍積皆盡。獵者來還，莫不泣涕。尚人人慰勞，深自咎責，因曰：「卜陽等財寶足富數世，諸卿但不並力耳。所亡少少，何足介意！」眾聞咸憤踴，尚來令秣馬蓐食，明旦，徑赴賊屯。陽、鴻等自以深固，不復設備，吏士乘銳，遂大破平之。尚出兵三年，群寇悉定。七年，封右鄉侯，遷桂陽太守。明年，徵還京師。時荊州兵朱蓋等，征戍役久，財賞不贍，怨恚，復作亂，與桂陽賊胡蘭等三千餘人復攻桂陽，焚燒郡縣，太守任胤棄城走，賊眾遂至數萬。轉攻零陵，太守陳球固守拒之。於是以尚為中郎將，將幽、冀、黎陽、烏桓步騎二萬六千人救球，又與長沙太守抗徐等發諸郡兵，並執討擊，大破之，斬蘭等首三千五百級，餘賊走蒼梧。詔賜尚錢百萬，餘人各有差。時抗徐與尚俱為名將，數有功。徐字伯徐，丹陽人，鄉邦稱其膽智。初試守宣城長，悉移深林遠藪椎髻鳥語之人置於縣下，由是境內無復盜賊。後為中郎將宗資別部司馬，擊太山賊公孫舉等，破平之，斬首三千餘級，封烏程東鄉侯五百戶。遷太山都尉，寇盜望風奔亡。及在長沙，宿賊皆平。卒於官。桓帝下詔追增封徐五百戶，並前千戶。復以尚為荊州刺史。尚見胡蘭餘黨南走蒼梧，懼為己負，乃偽上言蒼梧賊入荊州界，於是徵交址刺史張盤下廷尉。辭狀未正，會赦見原。盤不肯出獄，方更牢持械節，獄吏謂盤曰：「天恩曠然而君不出，可乎？」盤因自列曰：「前長沙賊胡蘭作難荊州，餘黨散入交址。盤身嬰甲冑，涉危履險，討擊凶患，斬殄渠帥，餘盡鳥竄冒遁，還奔荊州。刺史度尚懼盤先言，怖畏罪戾，伏奏見誣。盤備位方伯，為國爪牙，而為尚所枉，受罪牢獄。夫事有虛實，法有是非。盤實不辜，赦無所除。如忍以苟免，永受侵辱之恥，生為惡吏，死為散鬼。乞傳尚詣廷尉，面對曲直，足明真偽。尚不徵者，盤埋骨牢檻，終不虛出，望塵受枉。」廷尉以其狀上，詔書徵尚到廷尉，辭窮受罪，以先有功得原。盤字子石，丹陽人，以清白稱，終於廬江太守。尚後為遼東太守，數月，鮮卑率兵攻尚，與戰，破之，戎狄憚畏。年五十，延熹九年，卒於官。

以吏材起家上虞，文安治績彰彰，似優於交治者，而武略又為當時冠。就本傳觀之，蓋深得用兵之道者也。行兵之要，尤在賞罰二端。賞以勸士卒之用命，罰以懲士卒之不用命，人固知之尚。適朝廷賞罰之不時，故賞罰之用倍神，而且隨賞隨罰，有不動煩朝廷者。《傳》言：「豫章艾縣人六百餘人，應募而不得賞直，怨恚，遂反」。又：「荊州兵朱蓋等，征戍役久，財賞不贍，怨恚，復作亂。」夫蠻叛而用兵以示罰，兵以無所得賞而益以滋亂，而罰幾不可行。袁宏《後漢紀》：「尚謂治中別駕曰：『前有強敵，後無轉輸，是常例所應有，猶且不必得，安有所謂賞？』」當時漢廷命以討蠻者，若盛修則討不能克矣，馬睦、劉度則相率奔北矣。《傳》言尚出兵三年，群寇盡平。甫經徵還京師，而朱蓋、胡蘭等隨即復起攻劫。同此士卒，他人用之而蠻不必平，尚用之而蠻無不平，則尚不必以朝廷之賞為賞，竝即以寇賦所有為賞。朱穆之舉尚也，自右校令擢為荊州刺史。尚躬率部曲，所向摧破。渠魁卜陽、潘鴻等聞風匿山谷間。尚迭破其三屯，而餘黨之抗拒如故。《傳》言「士卒驕富，莫有鬬志」。案：《馮緄傳》〔註3〕：「時天下餓饉，帑藏虛盡。」此云「驕富」，必非由朝廷所賜，率由俘掠而來。則尚前此所恃以鼓舞士心，罔非恣其所欲，茲則多藏而志已滿，財匱而令不行。《傳》云：「緩之則不戰，逼之必逃亡。」不賞而並不能罰，幾有窮於措置者。尚以縱之遊獵者，俾離營次，以焚其積聚者，激使憤踖，滅此朝食之氣概，自有不可遏抑，不煩督促，而操縱妙於無形。且焚所積隱以示驕惰之罰，平此賊即可獲財寶之賞，而賊之珍獲適供吾犒賞士卒之用，速吾士卒破平之期。古之善用兵者，因糧於敵，尚殆庶幾之。安得以張磐之獄近於刀筆吏之誣罪而竝沒其戰哉？

## 《後漢書・彭城靖王恭傳》封恭子為竹邑侯《注》云「或為邑字」辨誤

《後漢書・彭城靖王恭傳》：「永初六年，封恭子阿奴為竹邑侯。」《注》：「或為『邑』字。」案：「邑」字上從巛，下從邑。「竹」作草形，與「巛」相近。離「邑」字而成「竹邑」，與《史記》「齨」字分為「刺齒」二字一例。是古書漫漶，往往有原本一字而今本為二字者。惟漢王子侯者大都就王國舊分地而眾建之，即朝廷推恩後嗣亦與所出王國近接居多，此漢家恆制。據本傳，恭最後徙封彭城王，食楚郡。彭城郡置自宣帝地節元年，即高祖分沛郡所置之楚

---

國。《傳》故有「封彭城，食楚」之文。蓋無論王國、侯國，其繫地以為名則同，而沛郡所領諸縣無邑。《漢書·地理志》：沛郡領縣，其三為竹。注：「莽曰篤亭。」是莽嘗以篤亭更竹名。《續漢·郡國志》：「沛國。竹邑，侯國，故竹。」然則「竹邑」即班《志》之「竹」，在後漢時為侯國，確有明據。蒙謂《注》所云「或為『邑』字」非《傳》之「竹邑」有異文，殆《注》之「為邑」二字本誤文。《養新錄》謂章懷注多誤字。於地理尤顯而易見。即如《馮衍傳》，注：「曲陽，縣名。故城在今定州故城西。」攷唐定州無故城，蓋鼓城之誤。毛刻作彭城，彭與鼓又以字形相涉使然。〔註4〕以例「為邑」之注，當云「或無『邑』字」，寫者於「無邑」二字形或連併，「無」字與「為」字本相似，「無」下四點連諸「邑」首，見者遂認為「為邑」矣。「竹邑」單稱「竹」者，案：班《志》：真定國屬縣凡四，次二為槀城。《後漢·光武郭后紀》：「真定槀人也。」是「槀城」不妨稱「槀」，可見縣名之有城若邑字者，史家例得省稱。況「竹」本「竹邑」舊號，或無「邑」字，注錄別本，以廣異聞。《金石萃編》有《竹邑侯相張壽碑》，碑大約立於靈帝世。明言「遷竹邑侯相」，是竹邑侯國於時猶存，亦可見「竹邑」之初無異稱。恭子始封即竹邑，而未見有他名，「為邑」當為「無邑」之誤無疑，安得據後來之誤本而轉疑傳文哉？

        未識前人已有此說否。自記。

        《史記·傅靳蒯成列傳》：「南至蘄竹邑。」《索隱》：「蘄、竹，二邑名。」竹即竹邑，正單稱竹之證。偶讀《史記》得之，坿識於此。庚寅季冬。

## 俊顧及廚名譽述

    《後漢書·黨錮傳·敘》：「指天下名士，為之稱號。上曰三君，次曰八俊，次曰八顧，次曰八及，次曰八顧，猶古之八元、八凱也。」又曰：「俊者，言人之英也。顧者，言能以德行引人者也。及者，言其能導人追宗者也。廚者，言能以財救人者也。」蔚宗分釋名譽之取意，或沿自舊說，或測以己見。攷之諸人本傳，大都塗炭視物，久無意於匡扶，潔清自守，更何從而推解。揆之蔚宗之說，似亦不盡相符。

---

〔註4〕《十駕齋養新錄》卷六《章懷注多譌字》：
    《馮衍傳》，注：「曲陽，縣名。故城在今定州故城縣西。」案：唐定州無故城縣，蓋鼓城之訛。〔毛本作彭城縣。「彭」與「鼓」字形相涉而訛。〕

案：俊、顧、及、廚諸人，翩翩濁世，得此名譽，必以立品而見推，而誣善者即據名譽以為羅織則若俊、若顧、若及、若廚，當與交結部黨之意相近。故得熒惑朝廷之聽，償其禁錮之謀，證成為黨人，決非羅列夫輿論也。《敘》以「俊，言人之英」，案：《書·皋陶謨》：「俊乂在官馬。」鄭《注》：「皆曰才德過千人為俊。」而《白虎通·聖人》篇引《禮別名記》：「千人曰英。」是「俊」、「英」訓同。得俊之譽者，非材之傑出乎眾，即材足以驅用夫眾也。八顧謂以道德引人，然經傳無以顧為引人者。案：張璠《漢紀》：「劉表與同郡人張隱為八交，或謂之八顧也。」然則「八顧」本「八交」之異稱。蓋彼此依倚謂之顧，彼此往還謂之交，義本不甚懸殊。八顧之名，在譽之者或以為無愧交誼，譖之者則以為眾所顧念也。其謂及者能導人追宗，李賢《注》：「導，引也。宗謂所宗仰也。」據《注》，八及之名，在譽者固當誦其誘掖之多方，豈告者亦代為播陽其善行？案：《管子·立政》篇：「罰有罪，不獨及。」注：「及，黨與也。」是「及」本訓「黨與」。八及蓋謂往來應求，無違弗屆，則黨與與之廣，有無逾於八人者。《說文》：「廚，庖屋也。」《蒼頡篇》：「廚，主食者也。」則「廚」之本義為儲偫飲食，以給相需者之取求。以之為名，蓋謂舉世傾動，一若饑者之赴食，渴者之趨飲，惟仰賴此八人。僅以輕財拯危當之，無論任俠者所優為，即非甚卑瑣齷齪者亦知勉行。謂推重止在於斯，恐無當譽者品題之本旨矣。是則俊也、顧也、及也、廚也，不特見徒黨之景坿日眾，亦且見遠近之傾心無間。不知得譽以此，得禍即以此。名號雖未嘗無差別，宵小則概目為黨人而已。爰述其大略如右云。

## 《後漢書·黨錮傳》書後

嘗讀《太史公書》，謂「怨毒之於人甚矣！王者不能行之於臣下」，心未嘗不以斯言為過。及讀《後漢書·黨錮傳》，恍然於史公說之所由來。黨錮諸君子，大而致身公卿，下而見辟曹掾，罔非讀書明理之士，亦既策名委贄，詎不知上天下澤之名分定於斯？位公卿者生死之惟所命，為曹掾者升沉之隨所遏。不幸而值邪曲害公，逢天僤怒容，未甘束身歸罪，惟有高舉遠去山深林密間，棲遲以俟時清。斷不敢以一己曲直所在，悻悻然與朝廷校是非之公。即太學諸生，類皆懷經挾術，目覩朝廷過舉，直道所存，或疏陳以冀挽回，或歌詠以達上聽，相率題拂，於事奚濟？豈不知二三大臣，朝廷即加譴訶，其名節自在，奚待於諸生之推重者？豈不知扞交網，觸時忌，適速所推重之人以禍者？間取

《黨錮傳》反覆之,當日上下之相持爭勝,其勢莫非有激而成。《李膺傳》:「膺以黨事再免,居陽城山中。天下士大夫皆高尚其道,而污穢朝廷。」然則前此之以黨魁而輸作左校,捕餘黨而懸金贖募,未嘗不以為舉措偶乖,猶望轉圜於他日逮刊章詔捕傳《敘》言虞放、杜密等百餘人外,「其死徙廢禁者,六七百人」,不特三君若八俊等,咸想望其澄清天下,諸所蔓引,何一非譽望所歸?下之人競引重之,而上之人乃摧辱之;上之人方摧辱之,而下之人愈崇重之。無意歟?抑有意歟?紛然者群復囂然。上與下求勝之勢,牢不可破而益堅。且非獨漢廷於諸君子也,自來君子小人有不竝立之情形,而小人初未必有致死君子之心。即如李膺為司隸,諸黃門常侍休沐,不敢出官省;劉祐為河南尹,轉司隸,權貴子弟每至界首,輒改易輿服,隱匿財寶;足亦知諸君子皆一時名德,何嘗不中心敬畏?《岑晊傳》:「富賈張汎賂遺中官,收捕,後適遇赦,晊並收其宗族賓客,殺二百餘人。」《苑康傳》:「時山陽張儉殺常侍矦覽母,案其宗黨賓客。或有進匿太山界者,康窮相收掩,無得遣脫。諸常侍以諸君子必不見容,與其坐而受制於人,何如先發以制人,且得挾天子以號令斯人。」夫士為四民之一,在宵小欲盡之於一網,固不得不借手於朝廷之刑威。而漢天子當日逮捕黨人,必且布告天下,使同忿疾。亦以士為舉世所重,積久成習,未易以一時權勢勝之。吾觀漢武崇尚儒學,光武、明、章益務文治,英主之舉動與叔世之禁錮黨人適相反者,爰以所見,書諸傳後。

## 《後漢書·儒林傳》書後

經儒莫盛兩漢,論者謂由漢武之振厲學官。吾觀漢高當驅馳,戎馬過魯,以太牢祠孔子;舉兵圍魯,魯中諸儒尚講誦,習禮樂,絃歌之音不絕,乃不責以違抗,而轉荷守禮義、為主死節之褒。是漢之崇儒,斯焉肇端。乃綜西京二百餘年,讀史者以賈生、董仲舒、劉向三數人無愧於實事求是。然史遷猶謂賈生明申商,而董、劉卒未展所學。其緣飾儒術而位通顯,惟平津侯。據《史》言「曲學阿世」,恐未足以當君子儒。匡衡、張禹輩以經名家,攷其行事,率與經義相刺謬,殆以習章句、明訓詁,所謂祿利之路然者。抑亦漢家制度本以霸王道雜之,士之進身,或以黃老,若申、韓百家言,猶未純任儒術歟?逮後漢承學之士,據蔚宗所撰《儒林傳》,勤修經業,務守師法,與班氏傳儒林諸人誦習傳授,初亦不甚懸遠,而立朝則各展經猷,鄉居則廣激頑儒。以視伏生傳《尚書》,其孫號治《尚書》而已不能明;徐生傳《士禮》,其孫襄善為容而

不能通禮；經家學且有不能盡者矣。《傳》敘光武愛好經術，未及下車，先訪儒雅，採求闕文。明、章率由勿忘。當時佐命，如鄧禹使其子十三人各守一藝。極之期門、羽林之士亦復能通《孝經》，斌斌乎自成風會。士大夫皆以通經為務，不知經義為恥。故自公府薦舉，以及郡縣辟召，莫非方聞博雅士。名節有可議，物望有未孚，概從擯黜，曾不稍為寬假。士遂砥厲以勉，底於純全。公卿大夫亦不敢輕侮道術，立身行己，不啻與下士競，操修懍乎乾清議，而不見齒於儒林。蔚宗謂「張溫、皇甫嵩之徒，功定天下之半，聲馳四海之表，俯仰顧盼，天業可移，猶鞠躬昏主之下，狼狽折札之命。跡衰敝之所由致，而能多歷年所」。蔚宗歸功於庠序，良信經術之效固如斯乎！嗟嗟！漢高運當創造，光武躬定中興，咸以儒學作新視聽，而合班、范兩家《儒林傳》以參，觀列其中者，不無純駁大小之殊，則以表率之者亦有不同也。此則證諸《後漢·儒林傳》而顯然者矣。

## 書《後漢書·西域·大秦國傳》後

甚矣，人之少見多怪也！近時外洋諸國慕我華風，貿易內地，其器用異形，其製造工巧，竟相傳播，以為得未曾有。嘗以得諸聞見，準諸舊籍，蓋即范蔚宗《後漢書》所謂大秦國也。案：今伊犁為漢西域地，大秦垺見《西域》中。今西洋若俄羅斯等國，與我伊犁鄰近。范《書》：「班超遣甘英欲通使大秦，阻於海而止。」此非大西洋之海，殆彼中所謂地中海乎？《傳》云：「桓帝時，大秦王安敦遣使自日南徼外獻象牙、犀角、瑇瑁。」日南為今安南、暹羅地，安南、暹羅或與法蘭西、英吉利鄰，攷之地勢而合者也。《傳》云：「其國中王無常人，皆簡立賢者。」今西洋若意大利亞、若合眾諸國，有所謂民主之國者，其立君率憑眾推。其云「各有官曹文書」，今彼中設有頭目領事，每以文報相通。至於「以石為城郭，皆堊塈之。宮室以水精為柱，食器亦然」。其同國中不可知。海濱棲寄處，室廬器制彷彿近似。此攷之制度而合者也。《傳》云「其民人皆長大平正，有類中國」，又「皆髠頭」，正與今所見諸國人剪髮為飾等。俸利不憚遠險，經歷重洋風波，與所云「與諸國〔註5〕交市於海中，利有十倍」者亦符。則攷其風俗而合者也。《傳》云「土多金銀奇寶」，有「織成金縷罽、雜色綾。作黃金塗」，又有「細布」、「合會諸香，煎其汁以為蘇合」。其交易，「以金銀為錢」。今諸國攜至內地，率多譎怪不經之物，要以洋中各布匹為大

---

〔註5〕「諸國」，《後漢書》卷八十八《西域傳·大秦國》作「安息、天竺」。

宗。其銀規仿錢式，行於沿海等地。此効之物產而又合者也。《本傳》：「大秦國，一名犁鞬。」而《前漢書・張騫傳》有「犂靬眩人」，「犁」、「犂」同聲，「鞬」、「靬」音又相近，此必隨譯轉異。魚豢《魏略》曰：「大秦國俗多奇幻，口中出火，自縛自解，跳十二丸，巧妙非常。」又云：「常利得中國絲，解以為胡綾。」今西洋人率多奇技淫巧，炫耀百出，歲常購中國絲，不惜重價，捆載而去。此又足為旁證者矣。有跡西洋諸國以來告者，因舉《後漢書・西域・大秦國傳》書其後以示之。

卷十七終

# 青學齋集卷十八

新陽汪之昌

## 左將軍受衣帶密詔起兵徐州討曹操論

漢季三國並稱，蜀以漢室宗支，名號最正，而基宇獨狹。論者謂形勢所限。觀起兵之初，所假託者相似，而成否懸殊。攷《通鑑綱目》漢獻帝建安四年，大書「劉備起兵徐州，討曹操。」案：《蜀書・先主傳》：「從曹公還許，表先主為左將軍。曹公遣先主督朱靈、路招要擊袁術。先生未出時，獻帝國舅車騎將軍董承，辭受帝衣帶中密詔，當誅曹公。遂與承及長水校尉种輯、將軍吳子蘭、王子服等同謀。」《魏書・武帝紀》：「備之未東也，陰與董承等謀反。至下邳，遂殺徐州刺史車冑，舉兵。」合觀傳、紀，敘次左將軍起兵事甚備，所受密詔實受之董承。據傳、紀，則討曹之舉，主之者當即董承。蓋操自遷帝於許，朝廷咸一聽操之所為，凡諸漢臣當無不歎息痛恨於無可如何。雖然，操之竊有政柄，由於入朝。當天子居洛陽日，操嘗遣曹洪將兵西迎天子，董承與袁術將萇奴拒，險不得進。嗣承與韓暹有隙，潛召操，操乃以兵詣洛陽。然則操始在外，未始不受制於承。承召使來，乃得所假手而有成事猶前日。此時之以衣帶詔詔左將軍，得毋以失計於曹操，一反手間而欲望補救於左將軍乎？為曹操者，以有所因而恣行，討操者當不難躡其跡而成事。且夫董承為討曹之謀，與左將軍受詔之日，固一大可乘之機會也。操方出禦袁紹，雖伺間還許，仍復分兵守官渡，而精兵猛將當亦近屯於黎陽左右，操之護從必寡。案：史言操始入朝，虎賁執刀挾之，操出，汗流浹背。猶不難奏韓暹、張楊之罪，誅鋤異己。以視左將軍內有董承、种輯等為援，外領有徐州之眾，加之以與袁紹連和，以言乎起兵討曹操，當有易於董承前此之召曹操者。吾觀史於「東海昌霸反」下

繼以「郡縣多叛曹公，為先主」，是先聲頗亦動人。乃在內若董承、种輯諸人以謀洩而誅，在外若叛曹操為先主之各郡縣不踰時而悉定，即身受密詔討曹操之左將軍，旋為曹操破敗，子身奔歸於袁紹，而操之勢愈張。操之入朝，止因承之潛召。討曹操而起兵，亦由承之稱詔。將謀議實創於一人。入朝者驅除韓、張兩逆而有餘，受詔者合內外之援討一曹操而不效，則成敗顯分為兩途。夫固誰為為之歟？雖然，傳言「君命不宿」，左將軍在當日屢經擊敗於曹操，方且引進於曹操，乃一受衣帶密詔，即就徐州起兵，洵無愧漢室宗藩哉！

## 諸葛孔明治蜀不下赦令當即本管子說

　　諸葛公負王佐材，以名儒為名臣，限於年時，僅僅小試於蜀，治蜀政績爛然。為相十四年，前後纔兩赦，讀史者競稱公不下赦令，深得治亂世治亂國之要。又，公在南陽時，以管、樂自況。而《管子・法法》篇曰：「凡赦者，小利而大害者也，故久而不勝其禍。毋赦者，小害而大利者也，故久而不勝其福。故赦者，奔馬之委轡；毋赦者，痤疽之樂石也。」以赦與不赦相提並論，分別其利害之大小，適與公所以治蜀者相近，遂以公不下赦令殆即本此。夫管子具非常之材，聖人亦嘗稱之。其相齊，承衰亂之餘。治齊無幾時，轉而富彊。齊桓之任管子，言聽計從，與蜀主待公等。而公之開濟兩朝者，又甚於春秋齊國之治。似得主行政，公與管子正同。然以公平昔之自況，遽謂後來之治蜀，區區慎赦一事必謹守管子之成規，則公之行兵用軍，動出完全，非管子之所能希，豈又步趨望諸君乎？恐淺之乎測諸葛公矣。夫公以名儒為名臣者也，赦非經國之策，匡衡、吳漢輩猶知之，豈有伯仲伊、呂而治世不以大德而以小惠者？公之不下赦令，公固已自述由來，初不繫管子與否也。公之言曰：「先帝亦言吾周旋陳元方、鄭康成間，每見啟告治亂之道悉矣，而不語赦也。」吾讀公《出師表》，殷殷以追述先帝遺詔為辭，況乎經國之大猷，證以經師之碩畫，一切在昔之權謀罔不賅貫乎其中。然則公之所本在此，不在彼矣。馬謖，公夙所推許者也，僨軍則立加誅戮。李平、廖立，公又賞委任者也，貽誤則立行罷黜。公未聞舉以告人，是管子言之，吾公治蜀本之也。雖然，公之發教也，曰「集眾思，廣忠益」，是公於凡有裨於治蜀之言，即在同時，且採錄施行。毋赦之說，既屢見於管子，即謂公本之管子，亦奚不可？然則公之不下赦令，初不以本諸管子為輕重。而繼公治蜀者，曾不知本公之所為。公歿於建興十二年，是歲即大赦，計去蜀亡纔二十八年。書「大赦」者凡十二，是即公所謂「歲歲赦宥，何益於治」哉！

## 輯曹瞞傳

　　咸豐壬子春夏間，府君校勘《國志》，取裴《注》所引書編一總
目，分別存佚。以《北堂書鈔》、《藝文類聚》、《初學記》、《文選注》、
《太平御覽》、《冊府元龜》等書稱引古書為博，臚備參訂，旋以事
輟。所列書目，諸佚史後次《曹瞞傳》。適閱《國志》，憶及奉卷繙
檢，曾幾何時，情事變幻，舊藏莽為雲煙，迄今四十餘年矣。姑就
裴《注》中《曹瞞傳》及見他書者錄出，異時倘別有得，即續綴諸
後，特識緣起於斯。辛卯暮春之初。

吳人作《曹瞞傳》。裴《注》。下不復注。

曹嵩，夏侯氏之子，夏侯惇之叔父。太祖於惇為從父昆弟。

　　太祖少好飛鷹走狗，游蕩無度。其叔父數言之於嵩，太祖患之。後逢叔父
於路，乃陽敗面喎口，叔父怪而問其故。太祖曰：「卒中惡風。」叔父以告嵩，
嵩驚愕，呼太祖。太祖口貌如故。嵩問曰：「叔父言汝中風，已差乎？」太祖
曰：「初不中風，但失愛於叔父，故見罔耳。」嵩乃疑焉。自後叔父有所告，
嵩終不復信。太祖於是益得肆意矣。

　　太祖初入尉廨，繕治四門。造五色棒，縣門左右各十餘枚。有犯禁者，不
避豪彊，皆棒殺之。後數月，靈帝愛幸小黃門蹇碩叔父夜行，即殺之。京師斂
跡，莫敢犯者。近習寵臣咸疾之，然不能傷，於是共稱薦之，故遷為頓丘令。

　　公聞許攸來，跣出迎之，撫掌笑曰：「子卿遠來，吾事濟矣！」既入坐，
謂公曰：「袁氏軍盛，何以待之？今有幾糧乎？」公曰：「尚可支一歲。」攸曰：
「無是，更言之！」又曰：「可支半歲。」攸曰：「足下不欲破袁氏耶？何言之
不實也！」公曰：「向言戲之耳。其實可一月，為之奈何？」攸曰：「公孤軍獨
守，外無救援，而糧穀已盡，此危急之日也。今袁氏輜重有萬餘乘，在故市、
烏巢，屯軍無嚴備。今以輕兵襲之，不意而至，燔其積聚，不過三日，袁氏自
敗也。」公大喜，乃選精銳步騎，皆用袁軍旗幟，銜枚縛馬口，夜從間道出，
人抱束薪，所歷道有問者，語之曰：「袁公恐曹操鈔略後軍，遣兵以益備。」
聞者信以為然，皆自若。既至，圍屯，大放火，營中驚亂。大破之，盡燔其糧
穀寶貨，斬督將眭元進、騎督韓莒子、呂威璜、趙叡等首，割得將軍淳于仲簡
鼻，未死，殺士卒千餘人，皆取鼻，牛馬割唇舌，以示紹軍。將士皆恒懼。時
有夜得仲簡，將以詣麾下，公謂曰：「何為如是？」仲簡曰：「勝負自天，何用
為問乎！」公意欲不殺。許攸曰：「明旦鑒於鏡，此益不忘人。」乃殺之。亦見

《〈後漢書‧袁紹傳〉注》，文較此為略，而「眭」作「睢」。　惠氏《後漢書補注》：「瓊字仲簡。」

遣候者數部，前後參之，皆曰：「定從西道，已在邯鄲。」公大喜，會諸侯曰：「孤已得冀州，諸君知之乎？」皆曰：「不知。」公曰：「諸公〔註1〕方見不久也。」攻袁尚事。

時寒且旱二百里，無復水軍，又乏食，殺馬數千匹以為糧。鑿地入三十餘丈，乃得水。既還，科問前諫者，眾莫知其故，人人皆懼。公皆厚賞之，曰：「孤前行，乘危以僥倖。雖得之，天所佐也，故不可以為常。諸君之諫，萬安之計，是以相賞，後勿難言之。」伐遼東事。

公將過河，前隊適度，超等掩至。公猶坐胡床不起。張郃等見事急，共引公入船。河水急，比渡，流四五里。超等騎追射之，矢下如雨。諸將見軍敗北，不知公所在，皆惶懼。至見，乃悲喜，或流涕。公大笑曰：「今日幾為小賊所困乎？」

時公軍每渡渭，輒為超騎所衝突，營不得立，地又多沙，不可築壘。婁子伯說公曰：「今天寒，可起沙為城，以水灌之，可一夜而成。」公從之，乃多作縑囊以運水，夜渡兵作城，比明，城立，由是公軍盡得渡渭。亦見《〈後漢書‧獻紀〉注》，「城立」下云：「超遂數挑戰，不利。操縱虎騎夾擊，大破之，超遂走涼州。」

公遣華歆勒兵入宮收后，后閉戶匿壁中。歆壞戶發壁，牽后出。帝時與御史大夫郗慮坐，后被髮徒跣過，執帝手曰：「不能復相活邪？」帝曰：「我亦不自知命在何時也。」帝謂慮曰：「郗公，天下寧有是乎！」遂將后殺之。完及宗族死者數百人。惠氏《後漢書補注》引「壞戶」七字，「發」作「廢」。

為尚書右丞司馬建公所舉。及公為王，召建公到鄴，與歡飲，謂建公曰：「孤今日可復作尉否？」建公曰：「昔舉大王時，適可作尉耳。」王大笑。建公名防，司馬宣王之父。

是時南陽間苦繇役，音於是執太守東里襃，與吏民共反，與關某連和。南陽功曹宗子卿往說音曰：「足下順民心，舉大事，遠近莫不望風。然執郡將，逆而無益，何不遣之？吾與子共戮力，比曹公軍來，關某兵亦至矣。」音從之，即釋遣太守。子卿因夜踰城亡出，遂與太守收餘民圍音。會曹仁軍至，共滅之。

王更修治北部尉廨，令過於舊。

桓階勸王正位，夏侯惇以為宜先滅蜀，蜀亡則吳服，二方既定，然後遵舜、禹之軌。王從之。及至，王薨，惇追恨前言，發病卒。

---

〔註1〕「公」，裴《注》作「君」。

　　王使工蘇越徙美梨，掘之，根傷，盡出血。越白狀，王躬自視而惡之，以為不祥，還遂寢疾。

　　太祖為人佻易，無威重，好音樂，倡優在側，常以日達夕。被服輕綃，身自佩小鞶囊，以盛手巾細物，時或冠帢帽以見賓客。每與人談論，戲弄言誦，盡無所隱。及歡悅大笑，至以頭沒杯案中，肴膳皆沾污巾幘，其輕易如此。然持法峻刻，諸將有計劃勝出己者，隨以法誅之。及故人舊怨，亦皆無餘。其所刑殺，輒對之垂涕嗟痛之，終無所活。初，袁忠為沛相，嘗欲以法治太祖，沛國桓邵亦輕之。及在兗州，陳留邊讓言議頗侵太祖。太祖殺讓，族其家。忠、邵俱避難交州，太祖遣使就太守士燮盡族之。桓邵得出首，拜謝於庭中，太祖謂曰：「跪可解死邪！」遂殺之。嘗出軍，行經麥田中，令「士卒無敗麥，犯者死」。騎士皆下馬，付麥以相持。於時太祖馬騰入麥中，敕主簿議罪。主簿對以《春秋》之義，罰不加於尊。太祖曰：「制法而自犯之，何以帥下？然孤為軍帥，不可自殺，請自刑。」因拔劍割髮以置地。又有幸姬常從晝寢，枕之臥，告之曰：「須臾覺我。」姬見太祖臥安，未即寤，及自覺，棒殺之。常討賊，廩穀不足，私謂主者曰：「如何？」主者曰：「可以小斛以足之。」太祖曰：「善。」後軍中言太祖欺眾，太祖謂主者曰：「特當借君死以厭眾。不然，事不解。」乃斬之，取首題徇曰：「行小斛，盜官穀，斬之軍門。」其酷虐變詐，皆此之類也。「廩穀不足」以下亦見《世說新語·假譎》篇注》，「討賊」作「在軍」，「太祖」直作「操」。

　　袁買，尚兄子，未詳。《袁紹傳注》。

　　時人語曰：「人中有呂布，馬中有赤兔。」《呂布傳》注。　《後漢書·呂布傳》注。

　　自京師遭董卓之亂，人民流移東出，多依彭城間。遇太祖至，坑殺男女數萬口於泗水，水為不流。陶謙帥其眾軍武原，太祖不得進。引軍從泗南攻取慮、睢陵、夏邱諸縣，皆屠之。雞犬亦盡，墟邑無復行人。《荀彧傳〉傳》。

　　曹操破梁孝王棺，收金寶，天子聞之哀泣。《文選》陳琳檄《注》。　《後漢書補注》：「操別入碭，發梁孝王冢，破棺收金寶數萬斤，天子聞之哀泣。」

　　操小字阿瞞，少好譎詐，遊放無度。《世說新語·假譎》篇注》

## 書杭大宗《三國志補注》後

　　裴世期之注《三國志》也，所引國史，以逮族譜別傳，凡若干種。錢可廬

《三國志辨疑自敘》：「臚舉之時代近而書籍備，博瞻詳明，洵自來注史家所罕。」此《三國志補注》六卷，杭大宗撰。名若補注陳《志》，實則兼注裴《注》。從年湮代遠之後，撮拾叢殘，以冀彌縫其闕，原非易易。洪北江敘杭氏書，謂「沿《通典》之訛，以西魏孝文之長陵在富平者為曹魏文帝之首陽陵，以白馬王徙封在黃初七年，未及攷陳思王集、《魏氏春秋》與《本志·陳思王傳》，證其當在黃初四年。《魏受禪碑》可以補《魏紀》之缺，《魏王基碑》可以糾本傳之疏」。即此數端，杭氏均未之及。洪氏姑舉其概，隱寓微詞。實則有甚於此者。裴《注》錄陳《志》所無，往往加以辯論，或備詳其同異，或隨訂其虛誣。如郭衝上諸葛事之類，明其不實，亦一證。蓋為是書作注，下語必於本書攸關，非徒以鈔撮炫博。覽杭氏所謂補注，案之陳《志》裴《注》，間或無所證明。《明一統志》：「飲馬溝在鞏縣城東七里。漢呂布屯虎牢時，飲馬於此。」方俗相傳之俚語，亦復闌入。陳思王卒，葬魚山，隋碑具存。乃曲徇《名勝志》「墓在通許」之說，以為陳思曾封雍邱，為今杞縣，距通許四十里坿會之。諸葛借風，築臺南屏山下，禹步踏罡說寶。怪誕之語，一一採錄，不幾於取盈卷帙歟？然此猶可謂姑備一說也。《王肅傳》評未「劉寔以為肅三反」，陳少章謂「劉寔」以下當是裴《注》，與《譙周傳》評後注「張璠以為」云云正同。《楊戲傳》「《季漢輔臣贊》」最後有云：「《益部耆舊雜記》載王嗣、常播、衛繼三人，皆劉氏王蜀時人，故錄於篇。」錢曉徵謂「此二行及王、常、衛三傳皆裴注。《益部耆舊雜記》或云陳術撰，亦必晉人。不應承祚遽引其書」。蓋裴氏於李孫德、李偉南二人注下各引《雜記》，以補本注之闕，而王嗣等三人姓名不見於承祚書，故附錄以博異聞，亦裴《注》恒例。凡此陳《志》、裴《注》之混淆，《補注》正宜隨文釐析，俾還本來。高貴鄉公講「粵若稽古」，用康成「稽古同天」之說。案：鄭說本《論語》「惟堯則天」古義。《補注》據孔《疏》以駁鄭說之非。《〈劉廙傳〉注》引《廙別傳》：「昔者，周有亂臣十人。」案：「予有亂十人」，《論語》、《春秋》、《古文尚書》同。《釋文》：「本或有『臣』字，非是。」裴《注》「臣」字明由後人依今本增入。此尤攸關經學，烏得不為區分？然則杭氏所為《補注》，其補者或不必補，應補者正多未補矣。爰書所見於後，以備續補者採擇焉。

## 《晉書》汲冢古文書篇目考

　　《晉書·束皙傳》：「汲郡人不準盜發魏王冢，得竹書數十車。《紀年》十三

篇,《易經》二篇,《陰陽卦》二篇,《卦下易經》一篇,《公孫段》二篇,《國語》三篇,《名》三篇,《師春》一篇,《瑣語》十一篇,《梁邱藏》一篇,《繳書》二篇,《生封》一篇,《大曆》二篇,《穆天子傳》五篇,《圖詩》一篇,又《雜書》十九篇。大凡七十五篇,七篇簡書折壞,不識名題。漆書皆科斗字。」其稱古文以此。案:汲冢所得書,《束皙傳》具詳其名篇。《傳》總計其篇數為七十五,除去「折壞,不識名題」之七篇,則存者當為六十八篇。據《傳》所著錄,十三篇之《紀年》為古史,紀事之體最古,亦較多。其次十一篇之《瑣語》,雖記諸國卜夢妖怪相書,要自為一類。其次為五篇之《穆天子》。其分三篇者,則《國語》及《名》二書。分二篇者,《易經》、《陰陽卦》、《公孫段》、《繳書》、《大曆》五書。若《卦下易經》,若《師春》,若《梁邱藏》,若《生封》,若《圖詩》五書,各止一篇。加以十九篇之雜書,都六十九篇。合之「折壞,不識名題」之七篇,則所得書當其七十六篇。就篇目以考篇數,已有一篇之不符,得毋《傳》所云「七十五篇」之「五」本「六」字歟?攷《左傳集解後序》:「汲郡汲縣有發其界內舊冢者,大得古書,皆簡編科斗文字。所記大凡七十五篇,多雜碎怪妄,不可訓知。《周易》及《紀年》最為分了。《周易》上下篇與今正同。別有《陰陽說》,而無《彖》、《象》、《文言》、《繫辭》。紀年篇起自夏、殷、周,皆三代王事,無諸國別,唯特記晉國。晉國滅,獨記魏事,下至魏哀王之二十年。蓋魏國之史記。又別有一卷,純集疏《左氏傳》卜筮事,上下次第及其文義皆與《左傳》同,名曰《師春》。師春似是抄集者人名。」案:杜氏此序撮舉《晉書》所載《周易》、《紀年》、《易繇陰陽卦》、《師春》四書大略,然亦明云「七十五卷」,與《晉書》正同。孔《疏》:「王隱《晉書·束皙傳》云:『大康元年,汲郡民盜發魏安釐王冢,得竹書漆字科斗之文。科斗文者,周時古文也。其字頭麤尾細,似科斗之蟲,故俗名之。』大凡七十五卷,《晉書》有其目錄。其六十八卷皆有名題,其七卷折簡碎雜,不可名題。有《周易上下經》二卷,《紀年》十二卷,《瑣語》十一卷,《周王遊行》五卷,說周穆王遊行天下之事,今謂之《穆天子傳》。此四部差為整頓。」孔《疏》論列,雖止四部,然稱引所得古文書總七十五卷,厥數釐然。惟《紀年》云十二卷,合諸有名題之書,計六十八卷。益以不可名題之七卷,適當七十五篇之數。攷《隋書·經籍志》「古史類」,首《紀年》十二卷,注:「汲冢書。」是《紀年》卷止十二可信。案:汲冢古文書,據各家所述,惟《穆天子傳》僅存;《易經》與《周易上下經》同,《師春》集疏《左氏傳》卜筮事,之二書尚可推見其概;《紀年》名存而實非原書;

其他概無從稽覈，幸篇目之備具耳。合杜《序》、孔《疏》以參攷其篇目載於今《晉書》者，今《晉書》之誤文亦藉以訂正已。

## 羊祜謝安合論

　　成晉室一統之盛者，羊祜也；保東晉偏安之局者，謝安也。一則當孫吳陸抗之勁敵，一則扞苻秦傾國之狂寇。此兩役在司馬氏尤有關係，宜其功烈傳播人口，史冊具詳，固有無待後來之評論者。攷祜在鎮，一再上平吳之疏，卒以朝議多違而不見從。此即所謂不如意事十居七八之一端，不得不江上畋漁，峴山置酒，以消遣歲月。安當淝水奏捷後，以父子皆著大勳，已恐朝廷見疑，繼以道子專權，奸諂扇構，出避新亭之壘。絲竹之好，海裝之造，罔非以縱情者韜晦。然則雖結主知，著歌功，而憂讒畏譏之意，遲暮境遇，亦幾無一不同。吾謂羊、謝二君本功名之士，故於整軍經武，殊有可觀，而綜其生平論之，雖略見用於世，而卒亦未嘗究其用，則以羊、謝二君始欲以用人者為用，而終為人所用，而無從竟其用也。傳言祜疾惡邪佞，荀勗、馮紞之徒甚忌之。告賓客以王衍必敗俗傷化，以軍法而欲斬王戎。二王當國，羊公無德之語當時咸知。積毀所自來，祜之老謀深算，不克用以平吳，未始不由於平日之守正不阿。吾觀《賈充傳》：充出鎮關中，自以失職憂慮。荀勗既為畫策留之，而祜亦密啟留充。夫以羊公之識量，斷不屑樹黨與而與宵小作緣。且時為充謀者，方欲結婚太子以止行，而祜固與景獻后同母，又安所謂心移勢焰之理？案：《王沈傳》：「創業之事，羊祜、荀勗、裴秀、賈充等皆與沈諮謀。」即《充傳》所云充與羊祜等同受腹心之任，而高貴鄉公攻相府，充不憚為司馬氏受首惡之名，倚任必較諸臣尤重。祜之密啟留充，殆以躬在外方，於帝信重之近臣優游浸漬而深交之，然後朝廷不疑，大臣不忌，庶幾進戰退守，惟吾所為。乃《充傳》言羊祜等出鎮，充復上表，欲立勳邊境。蓋當日吳不敵之勢，夫人而知，非若鎮秦涼而禦氐羌，願立邊勳，非所謂見利則爭先，固小人之常態耶？身既不能冒有此功，又不欲他人之竟成此功，百方排沮，吳雖終就亡滅，祜要不能目覩其成。則祜之欲用充等以為伐吳地，而不知適為充等阻其伐吳期也。

　　推諸謝安之不竟其用，與祜正不同而同。安累被朝旨而不出，而應桓溫司馬之辟。案：溫之入關，材略如王猛，亦嘗進謁於軍門，殆以當日江左人物可與共事者，捨之而誰？安亦猶是此志歟？而溫跋扈性成，隱欲用安以代晉。觀於九錫之請，安惟俄延以待其自弊。安雖不為之用，而終有無施其用者。王夫

之謂安之制桓溫也，在請崇德皇后臨朝。蓋奉太后為名，以引大權歸己。吾謂後之與道子共朝政亦以此。誠以母后攝政之議，老成如王彪之時有違言，何如引宗室以孚輿論耶？且庸庸如道子，榮以祿，當不致掣其肘。夙昔欲用以恢復者，至是庶得行其志。詎知國寶中傷安，欲藉道子以盡其用，而道子正不使之見用耶？嗟乎！祜也，安也，不可謂非司馬氏之純臣。而中以急功名之念，欲用人以建功名，卒以用非其人而不終其功名。可慨也夫！

## 王猛張賓論

石勒、苻堅乘晉室之衰，佔據偏方，其始所向成功，人或謂其徼天之幸。吾謂其得人之助耳。

勒於張賓，堅於王猛，言聽計從，誠有如以石投水者。賓、猛歿後，勒之位見奪於同室，堅之身逼辱於佛寺，非顯然者歟？然勒與堅之得人雖同，而賓與猛之居心有未可一概論者。《傳》言賓事中邱而辭免，猛見桓溫而舍歸，則俟時同。賓謁勒在軍門之際，猛赴堅使婆樓之招，則擇主同。賓號右侯而不名，猛為丞相而無忝，則得君又同。賓輔趙而算無遺策，猛治秦而垂及升平，其成就幾於無一之不同。

然而時當極敝，小有才者亦易見長權，即我操「必正名」者足覘所學。持此以論賓、猛，則同異立分。石勒之屯葛陂也，兼月霖雨，全軍饑疫，銳氣盡隳，進退維谷。劉琨詒書於前，刁膺繼諫於後，勒頗規效順矣。賓曰：「將軍攻陷帝都，囚執天子，殺害王侯，妻略妃主。擢將軍之髮，不足以數將軍之罪。奈何還相臣奉乎？」猛之臨終也，堅問以後事。猛曰：「晉雖僻陋，吳越乃正朔相承，親仁善，鄰國之寶也。臣沒之後，願不以晉為圖。堂堂正正，名分懍然。」夫以堅之雄材大略，差勝勒之窮凶驕暴。觀猛垂絕數語，堅平日之所作所為，志豈須臾忘江南哉？維持調護於左右，誰實為之？藉使與賓易地以處，吾恐二十五萬之步騎、六十餘萬之戎卒，乘平鄴、平涼、降仇池之銳，託聲廢海西之罪，飛度長江，所謂謁虞陵於疑嶺，瞻禹穴於會稽，安見出此言者不終踐此言乎？乃猛身後猶冀堅不伐晉，生時屬望於晉可知。故晉師入關，被褐謁見，識老奴之無成，不得已，以用於秦者為晉用，此真子房報韓之故智也。若賓之以子房自命，遇胡將軍，奉為漢高皇，共成大事一語，〔註2〕久已嬴秦司

---

〔註2〕《晉書》卷一百〇五《石勒載記下·張賓傳》：「賓謂所親曰：『吾歷觀諸將多矣，獨胡將軍可與共成大事。』」

馬氏矣。其言順也？否耶？嗟乎！堅遇葛陂之困，猛必力贊其輸誠，草付之背文，安知不為棟樑於胥室？勒據全秦之形勝，為之子房者，必早勸其順流而下矣。此就中之存心而言。即就外之流露而論，提劍大呼之急於自見，迥不如捫虱高談之旁若無人。然而一人之存沒，一固之興替，繫之賓也、猛也，不可謂非不易得之士也。顧誰使之，淪於異域，見用於勒與堅哉？

## 李諤請禁公私文翰華綺論

人未有明知其非而尚為之者也，亦未有於君父之前顯斥其名而仍沿其實者也。異哉！李士恢之請禁文翰之華綺也，世人或以合於聖人「辭達而已」之誼相率稱述。間嘗取而披覽焉，案之時代，推其用心，籲士恢直揣摩時君意旨耳，豈真有意於革華哉？請申論之。

漢魏後，文體卑靡，誠如諤所云。然謂「國祚衰替之徵」，未為確論。江左諸朝，公而得國治民諸大政，私而尊卑親朋之交際，違悖禮教，積成風俗何在？足以祈天永命者，無論文翰不事華綺，即使舉文翰一空之，上法結繩之治，庸有濟乎？公私在文翰，其末者也。文翰之華綺，尤其末者也。且其公私之間，絕不聞有因文翰貽誤者。以此訾之，持論轉近於傅會矣。且士恢所謂華綺者，不過體制字句耳。既陳其弊，當矯其失。《請禁》之篇，宜何如簡要詳明，率先倡導，乃猶是雕琢曼辭，不外駢四儷六成式。他若史所錄先後上請各書，亦未嘗大異於時。此何異舉薪遏火，穿舟洩漏耶？夫口斥之而手摹之，誣也；躬請禁而躬蹈之，悖也。請禁人之華綺而不自覺其文之華綺，是又昧於自知而苛於責人也。士恢宜將何居焉？蓋以隋高祖素無學術，平時恥不若人之意必有流露於顏色間，士恢窺之審矣。又以司馬幼之表文華藻，科罪於前，爰窺上旨，請申此禁。既不觸寡恩之主威，兼得黜華之眾譽，是猶因其君自詡工書而故作拙筆，因其君性素護短而數典自託耄惛，存心後先一轍也。且文翰之華綺與否，視乎其人。果其學問優贍，吐辭溫文爾雅，伸主命，張國威，或通下情，或宣上德，於公私亦奚不可？若泛加禁絕，為空疏無術輩開一藏拙地步，籍口華綺之有禁，概目經訓為無用，勢必將厚貌深情信為真儒樸學，是則華綺誠足長浮靡，禁之未必無流弊也。所請幸而不果行耳。設如所請，後嗣忌才之主與臣下爭文字之工，若庭草無人、空梁燕泥之才士，以祖制明禁正其罪足矣，奚待藉端史言？士恢交結高祖於宇文周時，其善候人意可知。此書安知非承望風旨而為之哉？

## 魏徵《隋書》不為王通立傳說

　　王通生陳、隋世，教授河汾間，名字並見新、舊《唐書》。王勃、王質、王續諸《傳》中，事蹟亦附見一二。確有其人無疑。宋晁公武、鄭樵、洪邁以通所撰《中說》其稱說，證諸史傳，輒多抵捂，或阮逸假託。宋咸則謂王通本無其人。推諸人之意，大都以通書謂唐之佐命，若房玄〔註3〕齡、杜如晦、魏徵等皆在弟子之列，而攷《隋書》結銜，撰紀傳出魏欲手筆，獨不為通立傳，未免可疑。

　　竊謂通之書誠不可盡信，通則實有其人。謂《唐書》為宋人撰修，而陸龜蒙《笠澤叢書‧送豆盧處士謁宋丞相序》「文中子王先生《中說》與《法言》相類。文中子生於隋代，知聖人之道不行，歸河汾間」；皮日休《文藪‧文中子碑》歷敘《禮論》、《續詩》、《元經》、《易贊》各箸述，薛收、李靖、魏徵、李勣、杜如晦、房玄齡諸門人；〔註4〕司空圖《一鳴集‧文中子碑》以孔子相比儗，《三賢贊‧文中子》謂「其徒曰徵也，直而遂」，徵即魏徵。是徵嘗相從受業者。皮、陸、司空生雖較晚，其言可徵信。即以之三人身值唐季，盛稱或亦自傳聞而來。攷《文苑英華》卷六百九十九楊炯《王勃集敘》：「祖父通，得秀才高第。蜀郡司戶書佐、王侍讀。大業末，退講藝於龍門。其卒也，門人諡之曰文中子。」敘出處本末尤詳。炯在唐初，勃又通孫。通傳雖不見於《隋書》，即此可想見其人。然而徵即師通，而不立通傳，亦有無足怪者。當夫干戈滿地，從事誦讀者，實鮮其人。徵等童年擇師，以通既有一日之長，豈不勝一卷之師？始或以罕而相推，旋覺其技之止此。「弟子不必不如師，師不必賢於弟子」，聞所聞而來，安知不又見所見而去？異日操筆而編纂《隋書》，正覺如通其人者，八十五卷書中竟無可位置。況所修《隋書》，自紀楊家興替跡，非作王氏師承記也。且即徵之不為立傳，可推通之為人矣。有唐開國之初，明君碩輔，意在作人。士苟有片長薄技，無不立與表彰，以冀聞風而興起。故陸機工文，羲之工書，而傳後特改稱制，褒異前代之士者何如。通果讀書樂道，斷無遺佚之理，特廣為搜採，必以實事求是為斷，不可以虛名動。又，陸德明、孔穎達、賈公

〔註3〕「玄」，底本作「元」。下同。

〔註4〕皮日休《文中子碑記》：「文中子，王氏，諱通，字仲淹，生於陳，隋之世，以亂世不屑就仕，退於汾，晉序述六經，敷為中說，以行教於門人，仲尼刪《詩》、《書》，定《禮》、《樂》，贊周易，修《春秋》，先生則有《禮論》二十五篇，《續詩》三百六十篇，《元經》二十一篇，《易道》七十篇。孟子之門人有高子、公孫丑、萬章焉，先生則有薛收、李靖、魏徵、李勣、房元齡、杜如晦。」

彥諸人，老師宿儒，洞悉經術源流，舉凡士之作為文章者，果其裨益聖道，即使載諸空言，尤必覈其實行，亦不可以空談惑。徵即欲迴護師門，要難奪同僚公議也。然則通在隋時，本不在必應立傳之列。徵之不為立傳，意在斯乎？

## 《隋書·經籍志》校補

### 第一卷

《宋書·關康之傳》：「顧悅之難王弼易義四十餘條，康之申王難顧，又為《毛詩義》。」均未箸錄。第六頁。

《梁書·何胤傳》：「《注百法論》、《十二門論》各一卷，《注周易》十卷，《毛詩總集》六卷，《毛詩隱義》十卷，《禮記隱義》二十卷，《禮答問》五十五卷。」同上。

《齊書·禮志》：「永明六年，太常丞何諲之議。」此注：宋中散大夫。殆諲之先仕於宋歟？俟攷。同上。

《梁書·范述曾傳》：「注《易·文言》，箸雜詩賦數十篇。」未箸錄。同上。

《梁書·賀瑒傳》：「《禮易老莊講疏》、朝廷博議數百篇、《賓禮儀注》一百四十五卷。」同上。

《齊書·顧歡傳》：「箸《王弼易二繫》。」未著錄。同上。

《齊書·沈驎士傳》：「箸《周易兩繫》、《莊子內篇訓注》、《易經》、《禮記》、《春秋》、《尚書》、《論語》、《孝經》、《喪服》、《老子要略》數十卷。」均未箸錄。同上。

《梁書·伏曼容傳》：「《周易》、《毛詩》、《喪服集解》、《老》、《莊》、《論語義》。」《周易》外均未箸錄。同上。

《梁書·朱異傳》：「撰《禮》、《易講疏》及《儀注》、文集百餘篇。」此惟箸錄《易注》。同上。

《齊書·祖沖之傳》：「箸《易》、《老》、《莊義》、《釋論語》、《孝經》、注《九章》、《造綴述》數十篇。均未箸錄。」同上。

《陳書·周弘正傳》：「《周易講疏》十六卷，《論語疏》十一卷，《莊子疏》八卷，《老子疏》五卷，《孝經》疏兩卷，集二十卷。弟弘直集一十卷。」同上。

《陳書·張譏傳》：「《周易義》三十卷，《尚書義》十五卷，《毛詩義》二十卷，《孝經義》八卷，《論語義》二十卷，《老子義》十卷，《莊子內篇義》十二卷，《外篇義》二十卷，《雜篇義》十卷，《玄部通義》十二卷，《遊玄桂林》

二十四卷。」第七頁。

《梁書·孔子祛傳》:「《尚書義》二十卷,《集注尚書》三十卷,《續朱異集注周易》一百卷,《續何承天集禮論》一百五十卷。」均未箸錄。第八頁。

《梁書·崔靈恩傳》:「《集注毛詩》二十二卷、《集注周禮》四十卷、《制三禮義宗》四十七卷、《左氏經傳義》二十二卷、《左氏條例》十卷、《公羊穀梁句義》十卷。」第九頁。

《宋書·周續之傳》:「通《毛詩六義》及《禮論》、《公羊傳》,皆傳於世。」此志均未箸錄。同上。

《梁書·許懋傳》:「撰《風雅比興義》十五卷、《述行記》四卷、集十五卷。」均未箸錄。第十頁。

《陳書·沈文阿傳》:「《儀禮》八十餘卷、《經典大義》十八卷。」第十一頁。

《梁書·裴子野傳》:「《集注喪服》三卷。」當即《喪服傳》,而卷數不同。第十二頁。

《齊書·徐伯珍傳》:「樓幼瑜箸《禮捃遺》三十卷。」未箸錄。同上。

《梁書·皇侃傳》:「《禮記講疏》五十卷、《論語義》十卷。」同上。

《宋書·徐廣傳》:「答禮問百餘條,用於今世。」同上。

《梁書·何佟之傳》:「文章禮義百許篇。」同上。

《齊書·臧榮緒傳》:「關康之論《禮記》十餘條。」同上。

《梁書·范岫傳》:「撰《禮論》、《雜儀》、《字訓》。」均未箸錄。同上。

《陳書·沈不害傳》:「治《五禮儀》一百卷、文集十四卷。」均未箸錄。同上。

《梁書·賀琛傳》:「撰《三禮講疏》、《五經滯義》及諸儀法凡百餘篇。又,《新諡法》。」均未箸錄。 又撰《梁官》,見沈峻孔子祛傳。同上。

《梁書·張綰傳》:「與朱異、賀琛遞述《制旨禮記中庸義》。」此私記《制旨中庸義》五卷,未識同異。同上。

《宋書》第五十五卷《列傳·論》:「潁川庾蔚之略解《禮記》,並注賀循《喪服》,行於世。」《志》於《喪服要紀》十卷,注賀循撰。梁有《喪服要記》,宋員外常侍庾蔚之注,與《傳·論》合。而《禮記略解》十卷,注則云庾氏撰。同上。

《陳書·戚袞傳》:「《三禮義記》、無卷數。《禮記義》四十卷。」 《張崖傳》:「廣沈文阿儀注,撰五禮。」均未箸錄。第十三頁。

《陳書‧王元規傳》：「《春秋發題辭》及《義記》十一卷、《續經典大義》十四卷、《孝經義記》兩卷、《左傳音》三卷、《禮記音》三卷。」第十六頁。

《宋書‧孔滔之傳》：「弟默之注《穀梁春秋》。」未箸錄。同上。

《齊書‧晉安王子懋傳》：「撰《春秋例苑》三十卷。」未箸錄。同上。

《宋書‧謝莊傳》：「分《左氏經傳》，隨國立篇，制木方丈，圖山川土地。」未箸錄。同上。

《梁書‧劉之遴傳》：「箸《春秋大意十科》、《左氏十科》、《三傳同異十科》。」均未箸錄。前後文集五十卷。與此微異。 第十七頁。

《梁書‧明山賓傳》：「所箸《孝經喪禮服義》十五卷。」未箸錄。同上。

《梁書‧武紀》：「造《制旨孝經義》、《周易講疏》及六十四卦、二《繫》、《文言》、《序卦》等義、《樂社義》、《毛詩答問》、《春秋答問》、《尚書大義》、《中庸講疏》、《孔子正言》、《老子講疏》，凡二百餘卷。並撰吉凶軍賓嘉五禮，凡一千餘卷。製《涅槃》、《大品》、《淨名》、《三慧》諸經義記數百卷。又造《通史》，躬製贊序，凡六百卷。諸文集又百二十卷。又撰《金策》三十卷。」與《志》所錄多異同。同上。

《梁書‧何遜傳》：「文八卷。孔翁歸、江遜文集。江遜注《論語》、《孝經》。」第十八頁。

《宋書‧明帝紀》：「繚衛瓘所注《論語》二卷。」 同上。

《齊書‧虞願傳》：「箸《五經論問》，撰《會稽紀》。」均未箸錄。第十九頁。

「諡法」，《梁書》本傳作「諡例」，傳有「《高祖紀》十四卷、《邇言》十卷」，二書均未箸錄。《宋文章志》，傳「三十卷」。此作「二卷」。 同上。

《宋書‧大且渠蒙逐傳》：「《古今字》二卷。」《志》未箸錄。第廿二頁。

《陳書‧顧野王傳》：「《玉篇》三十卷，《輿地志》三十卷，《符瑞圖》十卷，《顧氏譜傳》十卷，《分野樞要》一卷，《續洞冥記》一卷，《玄象表》一卷，《通史要略》一百卷，《國史紀傳》二百卷，文集二十卷。」同上。

《梁書‧周興嗣傳》：「《千字文》，《皇帝實錄》、《皇德紀》、《起居注》《職儀》等百餘篇，文集十卷。助周拾注高祖歷代賦。」同上。

《梁書‧蕭子範傳》：「製《千字文》，蔡薳注釋、蕭愷刪改《玉篇》，又文集。」同上。

《梁書‧劉杳傳》：「范岫撰《字書音訓》。」未箸錄。第廿三頁。

第二卷

《梁書・蕭子雲傳》：「《晉書》一百一十卷。」此作「一百二卷」。 第一頁。

《梁書・韋稜傳》：「箸《漢書續訓》三卷。」同上。

《梁書・劉昭傳》：「《集注後漢書》一百八十卷，《幼童傳》十卷，文集十卷。伯父肜注干寶《晉紀》四十卷。」未箸錄。同上。

《陳書・姚察傳》：「《漢書訓纂》三十卷，《說林》十卷，《西聘》、《玉璽》、《建康》、《三鍾》等記各一卷，文集二十卷。」同上。

《梁書・王規傳》：「注《續漢書》二百卷，文集二十卷。子箸著《幼訓》。」均未箸錄。

《梁書・忠壯世子方等傳》：「注范曄《後漢書》，撰《三十春秋》及《淨住子》。」《淨注子》，注「薰子良撰」。同上。

《梁書・吳均傳》：「注范曄《後漢書》九十卷，《齊春秋》三十卷，《廟記》十卷，《十二州記》十六卷，《錢唐先賢傳》五卷，《續文釋》五卷，文集二十卷。」 高爽、江洪、虞騫文集，惟江洪集箸錄。第二頁。

《陳書・許亨傳》：「《齊書》並《志》五十卷，《梁史》五十八卷，文筆六卷。」同上。

《隋書・陸瓊傳》：「集二十卷。子從典續司馬遷《史記》，迄於隋。」同上。

《梁書・江淹傳》：「撰《齊史》十卷。」同上。

《齊書・檀超傳》：「豫章熊襄箸《齊典》。」未箸錄。同上。

《齊書・劉祥傳》：「撰《宋書》，指斥禪代。」《志》未箸錄。同上。

《宋書・律志序》：「元嘉中，東海何承天受韶纂《宋書》，其《志》十五篇，以續司馬彪《漢志》。」同上。

《宋書・徐廣傳》：「十二年，《晉紀》成，凡四十六卷，表上之。」第三頁。

《齊書・王智深傳》：「撰《宋紀》三十卷。」未箸錄。同上。

《梁書・裴子野傳》：「《宋略》二十卷，抄合《後漢書》四十餘卷，《齊梁春秋》未就。」《志》除《宋略》外，餘未箸錄。 同上。

《宋書・劉康祖傳》：「伯父簡之，簡之弟謙之，好學，撰《晉紀》二十卷。」同上。

《宋書・裴松之傳》：「所箸文論及《晉紀》行於世。」未箸錄。同上。

《陳書・何之元傳》：「《梁典》三十卷。」第四頁。

湘東世子方等，《梁書》有傳，所撰《三十國春秋》具見本傳，此「方」

字作「萬」者，殆所據本「方」字缺首點，以為俗寫「萬」字作「万」，遂徑改急「萬」字耳。同上。

《宋書·王韶之傳》：「父偉之，當世韶命表奏，輒自書寫。泰元、隆安時事，小大悉撰錄之，韶之因此私撰《晉安帝陽秋》。既成，續後事，訖義熙九年。」同上。

《梁書·張緬傳》：「為《後漢紀》四十卷，或即《後漢略》。《晉書抄》三十卷，又抄《江左集》文集五卷。」後二書未箸錄。 同上。

《齊書·邱靈鞠傳》：「箸《大駕南討記論》。 箸《江左文章錄序》，文集。」均未箸錄。同上。

《梁書·庾說傳》：「《帝曆》二十卷，《易林》二十卷，《續伍端休江陵記》一卷，《晉朝雜事》五卷，《總抄》五十卷。子曼倩《喪服儀》，《文字體例》，《莊老義疏》，注《算經》、《七曜曆術》，並文章，九十五卷。」第五頁。

《宋書·大且渠蒙遜傳》：「《漢皇德傳》二十五卷。」與《漢皇德紀》名別，卷數亦不同。《傳》又有《三國總略》二十卷，《俗問》十一卷，《文檢》六卷，《四科傳》四卷，《亡典》七卷，《魏駁》九卷，《皇帝王曆三合紀》一卷，《孔子讚》一卷，《晉趙起居注》。各書均未箸錄，特匯坿之。其與《志》異同者，隨條分錄書名、卷數。與《志》相符者，概不條記。同上。

《梁書·袁峻傳》：「抄《史記》、《漢書》各二十卷。」未箸錄。同上。

《齊書·蘇侃傳》：「與邱巨源撰《蕭太尉記》，載上征伐之功，侃撰《聖皇瑞命記》一卷。」二書均未箸錄。同上。

《宋書·禮志》元會儀引《咸寧注》。第六頁。

《宋書·沈曇慶傳》：「裴景仁，本傖人，多悉戎荒事，曇慶使撰《秦紀》十卷，敘苻氏僭偽本末。」同上。

《梁書·徐勉傳》：「《別起居注》六百卷。」未箸錄。同上。

《陳書·劉師知傳》：「撰《起居注》，自永定二年秋至天嘉元年冬，為十卷。」《傳》引梁昭明《儀注》。 同上。

《齊書·王逡之傳》：「撰《永明起居注》。」未箸錄。第七頁。

《梁書·徐勉傳》：「《左丞彈事》五卷，《齊太廟祝文》二卷。」均未箸錄。《選品》五卷，此有徐勉「《梁選簿》三卷」，未識異同。《會林》五十卷。此雜家類有「《會林》五卷」，無作者姓名。 第八頁。

《梁書・裴子野傳》:「《百官九品》二卷,《垾益諡法》一卷。」未箸錄。同上。

《宋書・禮志五》「傅暢《故事》」,當即引《晉公卿禮秩故事》也。又引《晉先蠶儀注》。又,《晉官表注》,當即「荀綽《百官表注》十六卷」。同上。

《宋書・何承天傳》:「與傅亮共撰《朝儀》。又《前傳》、《雜論》、《纂文》、論,並傅於世。」均未箸錄。第九頁。

《宋書・禮志五》:「徐廣《車服注》,略明事目。」當即指「《車服雜注》一卷」。同上。

《梁書・江蒨傳》:「撰《江左遺典》三十卷、文集十五卷。」均未箸錄。同上。

《宋書・禮志一》:「何禎《冠儀約制》。王堪私撰《冠儀》。」同上。

《梁書・嚴植之傳》:「《凶禮儀注》四百七十五卷。」同上。

《梁書・蕭子雲傳》:「《東宮新記》二十卷。」同上。

《梁書・邱仲孚傳》:「《皇典》二十卷、《南宮故事》百卷、《尚書具事雜儀》。」同上。

《梁書・明山賓傳》:「所著《吉禮儀注》二百二十四卷、《禮儀》二十卷。」與此微異。 同上。

《梁書・王僧孺傳》:「撰《東宮新記》、《起居注》、《兩臺彈事》五卷。」均未箸錄。同上。

《宋書・王淮之傳》:「撰《儀注》,朝廷至今遵用。」《志》未著錄。同上。

《宋書・徐廣傳》:「高祖使撰《軍服儀注》。」同上。

《梁書・司馬褧傳》:「文集十卷、《嘉禮儀注》一百一十二卷。」同上。

《梁書・鮑泉傳》:「撰《新儀》四十卷。」第十頁。

《宋書・禮志二》讀時令條引《魏臺雜訪》。同上。

《齊書・孔稚珪傳》:「《律文》二十卷錄敘一卷,凡二十一卷。」未箸錄。同上。

《宋書・禮志五》引《晉令》。同上。

《梁書・孔休源傳》:「奏議彈文十五卷。」未箸錄。第十一頁。

《梁書・武紀》:「天監二年,尚書刪定郎蔡法度上《梁律》二十卷、《令》三十卷、《科》四十卷。」同上。

《宋書・義慶傳》:「撰《徐州先賢傳》十卷。」同上。

《齊書・王秀之傳》：「孔逭箸《三吳決錄》。」未箸錄。同上。

陳郡袁淑集古來無名高士，以為《真隱傳》。《宋書・隱逸傳・敘》。　第十二頁。

《齊書・宗測傳》：「續皇甫謐《高士傳》三卷，箸《衡山》、《廬山記》。」均未箸錄。同上。

《梁書・阮孝緒傳》：「《高隱傳》、《七錄》等書二百五十卷。」同上。

《梁書・簡文紀》：「所箸《昭明太子傳》五卷、《諸王傳》三十卷、《禮大義》二十卷、《老子義》二十卷、《莊子義》二十卷、《長春義記》一百卷、《法寶連璧》三百卷。」同上。

《梁書・任昉傳》：「《雜傳》二百四十七卷」。此注「本一百四十七卷」，不合。同上。

《梁書・柳惔傳》：「箸《仁政傳》及諸詩賦。」均未箸錄。同上。

《梁書・元紀》：「所箸《孝德傳》三十卷、《忠臣傳》三十卷、《丹陽尹傳》十卷、《注漢書》一百一十五卷、《周易講疏》十卷、《內典博要》一百卷、《連山》三十卷、《洞林》三卷、《玉韜》十卷、《補闕子》十卷、《老子講疏》四卷、《全德志》、《懷舊志》、《荊南志》、《江州記》、《貢職圖》、《古人同姓名錄》一卷、《筮經》十二卷、《式贊》三卷、文集五十卷。」同上。

《梁書・陸杲傳》：「箸《沙門傳》三十卷。」未箸錄。弟煦撰《晉書》，未就，又箸《陸史》十五卷，雜傳類書名、卷數合，無撰人姓名。陸氏《驪泉志》一卷，亦未箸錄。第十二頁。

《梁書・裴子野傳》：「《續裴氏家傳》三卷。」未箸錄。《眾僧傳》二十卷，雜傳、雜家並見。《方國使圖》一卷。未箸錄。同上。

《宋書・孝武王皇后傳》：「使近臣虞通之撰《妬婦記》。」同上。

《梁書・顏協傳》：「《晉仙傳》五卷、《日月災異圖》兩卷。」均未箸錄。第十三頁。

《梁書・江子一傳》：「續《黃圖》及班固九品，並詞賦文筆數十篇。」未箸錄。第十五頁。

《梁書・蕭子顯傳》：「《普通北伐記》五卷、《貴儉傳》三十卷。」第十六頁。

《陳書・江德藻傳》：「《北征道里記》三卷、文筆十五卷。」第十七頁。

《梁書・王僧孺傳》：「集《十八洲譜》七百一十卷。」未箸錄。《百家譜集鈔》十五卷、《東南譜集鈔》十卷、《中表簿》、二書未箸錄。文集三十卷。第十八頁。

《梁書·顧協傳》：「《異姓苑》五卷。」未箸錄。同上。

《梁書·殷鈞傳》：「料檢西省法書古蹟，別為品目。」未箸錄。第十九頁。

《宋書·殷淳傳》：「在秘書閣撰《四部書目》，凡四十卷。」此未箸錄。同上。

《宋書·明帝紀》：「撰《江左以來文章志》。」同上。

《宋書·後廢帝紀》：「元徽元年八月，秘書丞王儉表上所撰《七志》三十卷。」同上。

## 第三卷

《宋書·禮志五》「六璽」條引虞喜《志林》。第一頁。

總集類有《婦人訓誡集》十一卷，注「並錄。宋司空徐湛之撰」。與此卷數同，未藏是否一書。又《女誡》一卷，注「曹大家撰」。《貞順志》一卷，皆同。同上。

《宋書·何偃傳》：「子戢注《莊子·消搖篇》，傳於世。」未箸錄。第二頁。

《梁書·張纘傳》：「箸《鴻寶》一百卷。此「《鴻寶》十卷」，無撰人姓名。文集二十卷。」第五頁。

《梁書·劉霽傳》：「《釋俗語》八卷、文集十卷。」集未箸錄。同上。

《齊書·賈淵傳》：「注《郭子》。《十八洲士族譜》，合百帙七百餘卷。撰《氏族要狀》、《人名書》。」均未箸錄。同上。

《梁書·劉杳傳》：「《華林徧略》、《要雅》五卷、《楚辭草木疏》一卷、《高士傳》二卷、《東宮新舊記》三十卷、《古今四部書目》五卷。」第六頁。

《庾仲容傳》：「抄諸子書三十卷、眾家地理書二十卷、《列女傳》三卷、文集二十卷。」同上。

《齊書·竟陵王子良傳》：「依《皇覽》例為《四部要略》千卷。」未箸錄。同上。

《感應傳》八卷，亦見上雜傳類，彼注「王延秀撰」，此注「晉尚書郎王延秀撰」。王延秀，見《梁書·傅昭傳》，去晉已遠。《志》次《感應傳》於蕭子良《義記》後、裴子野《眾僧傳》前，非晉人可知。第七頁。

《梁書·顧協傳》：「《瑣語》十卷。」同上。

《梁書·伏挺傳》：「《邇說》十卷、文集二十卷。」同上。

《梁書·陰子春傳》：「孫顯，入周，撰《瓊林》二十五卷。」同上。

《碁品序》一卷，注「陸雲撰」。案：《陳書·陸瓊傳》：「父雲公，受梁武詔，校定《碁品》。」此序當即云公所撰。其作「陸雲」者，或所據本偶脫「公」

字，或校者習聞雲間陸士龍，遂將「公」字乙去。第九頁。

《宋書‧曆志上》：「太子率更令何承天私撰新法，元嘉二年上。」第十一頁。

《梁書‧陶弘景傳》：「箸《帝代年曆》。」第十七頁。

《齊書‧柳世隆傳》：「箸《龜經秘要》二卷。」未箸錄。同上。

《齊書‧祥瑞志》：「黃門郎蘇侃撰《聖皇瑞應記》。永明中，庾溫撰《瑞應圖》。」均未箸錄。同上.

《宋書‧羊欣傳》：「撰《藥方》十卷。」此作「三十卷」，大抵後來分析。第十九頁。

## 第四卷

「東觀令華覆」，「覆」當作「覈」。第三頁。

《宋書‧大且渠蒙遜傳》：「《謝艾集》八卷。」第六頁。

《宋書‧荀伯子傳》：「文集傳於世。」《志》未箸錄。第八頁。

「孫奉伯」，見《後廢帝江皇后傳》。第九頁。

《宋書‧蔡興宗傳》：「有文集傳於世。」《志》未箸錄。同上。

「韓蘭英」，見《齊書‧武穆裴后傳》。同上。

《宋書‧沈懷文傳》：「撰《南越志》，及懷文文集，並傳於世。」同上。

《梁書‧徐勉傳》：「前後二集四十五卷。　《婦人集》十卷。」未箸錄。第十頁。

《梁書‧范縝傳》：「文集十卷。」同上。

《梁書‧諸葛璩傳》：「文章二十卷。」　《沈顗傳》：「文章數十篇。」未箸錄。同上。

「宋史」，據《梁書》當作「宗夫」。同上。

《梁書‧蕭洽傳》：「集二十卷。」同上。

《梁書‧昭明太子傳》：「所箸文集二十卷。又撰古今典誥文言，為《正序》十卷，五言詩之善者為《文章英華》二十卷，《文選》三十卷。」同上。

《梁書‧江淹傳》：「所箸述百餘篇，自撰為前後集。」同上。

《梁書‧范岫傳》：「有文集。」未箸錄。同上。

《梁書‧江革傳》：「集二十卷。此「六卷」。子行敏，集五卷。」未箸錄。同上。

《梁書‧范雲傳》：「有集三十卷。」同上。

《梁書‧張率傳》：「敕使抄乙部書。又使撰婦人事二十餘條。勒成百卷。

《文衡》十五卷。二書均未箸錄。文集三十卷。」同上。

　　《梁書・蕭子恪傳》：「文集。」未箸錄。　《子範傳》：「前後文集三十卷。」
此作「十三卷」。《子顯傳》：「文集二十五卷。」未箸錄。第十一頁。

　　《梁書・陸雲公傳》：「從兄才子，並有文集。」才子集，未箸錄。　同上。

　　《梁書・安成康王秀傳》：「子機，所箸詩賦數千言，世祖集而序之。」
同上。

　　《梁書・劉峻傳》：「字孝標，止載撰《類苑》及《辨命論》、《自序》兩文。」
同上。

　　《梁書・裴子野傳》：「文集二十卷。」同上。

　　《梁書・王籍傳》：「文集。」《何思澄傳》：「文集十五卷。　子朗文集。」
均未箸錄。同上。

　　《梁書・劉孝儀傳》：「文集二十卷。」同上。

　　《梁書・陸倕傳》：「文集二十卷。」同上。

　　《梁書・到溉傳》：「集二十卷。」未箸錄。同上。

　　《梁書・庾於陵傳》：「文集十卷。」未箸錄。《庾肩吾傳》：「文集。」同上。

　　《梁書・到沆傳》：「詩、賦百餘篇。」未箸錄。同上。《邱遲傳》：「文、詩、
賦。」同上。

　　《梁書・謝藺傳》：「詩、賦、碑、頌數十篇。」未箸錄。同上。

　　《梁書・顧憲之傳》：「詩、賦、銘、贊，並《衡陽郡記》數十篇。」未箸
錄。同上。

　　《梁書・任孝恭傳》：「文集。」同上。

　　《梁書・謝幾傳》：「文集。」《謝微傳》：「文集二十卷。」均未箸錄。《臧
嚴傳》：「文集十卷。」均未箸錄。同上。

　　《梁書・王筠傳》：「自洗馬、中書、中庶子、吏部、佐〔註5〕、臨海、太
府各十卷，《尚書》三十卷，凡一百卷。」同上。

　　《陳書・阮卓傳》：「《陰鏗集》三卷。」第十二頁。

　　《陳書・馬樞傳》：「《道覺論》二十卷。」　《謝䀉傳》：「文集。」《張種
傳》：「文集十四卷。」　《孔奐傳》：「集十五卷。又，彈文四卷。」均未
　箸錄。同上。

　　《陳書・毛喜傳》：「集十卷。」　《傅縡傳》：「集十卷。」　《謝貞傳》：

「有集。」 《司馬暠傳》:「集十卷。」 《顏晃傳》:「集二十卷。」 《庾持傳》:「集十卷。」 《岑敬之傳》:「集十卷。」均未箸錄。同上。

　　《陳書・褚玠傳》:「章奏、雜文二百餘篇。」 《陸琰傳》:「遺文兩卷。」《陸瑜傳》:「集十卷。」 《陸玠傳》:「集十卷。」同上。

　　《陳書・張正見傳》:「集十四卷。」同上。

　　《陳書・杜之偉傳》:「集十七卷。」同上。

　　《陳書・袁樞傳》:「集十卷。」傳引《齊職儀》。同上。

　　《陳書・蔡景歷傳》:「文集二十卷。」同上。

　　《陳書・江總傳》:「文集三十卷。」同上。

　　《陳書・徐陵傳》:「文三十卷。」同上。

　　《陳書・沈炯傳》:「文二十卷。」同上。

　　《陳書・陸玠傳》:「贈少府卿,為光祿卿陸瑜從父兄。」與此「陸玢」官階序次俱合,當由草寫王旁「介」與王旁「分」相似致誤。第十三頁。

　　《梁書・劉勰傳》:「《文心雕龍》五十篇。文集。」同上。

　　《梁書・鍾嶸傳》:「《詩評》。文集。」 弟阮:「《良吏傳》十卷。」嶼預撰《偏略》。文集。」第十四頁。

　　《宋書・沈演之傳》:「江邃撰《文釋》,傳於世。」《志》未箸錄。同上。
玉縉謹案:是篇為某君借鈔,將原稿遺失,茲第就某鈔本錄之,未知有無竄亂刪節。

卷十八終

# 青學齋集卷十九

新陽汪之昌

## 房玄〔註1〕齡問北門營繕論

唐室之傾頹，論者謂由宦官之不可制，直踵東漢之覆轍。然東漢宦官之恣肆，已近晚季，而唐宗之暱近習而疏遠大臣，乃芽櫱號稱初盛之朝。嘗觀《通鑒・唐紀》〔註2〕：「房玄齡問竇德素：『北門近何營繕。』德素奏之。太宗怒，讓玄齡等曰：『君但知南牙政事，北門小營繕，何預君事！』玄齡等拜謝。」攷唐制，分宦寺為北司，故稱北門；分宰相為南司，故稱南牙。太宗責玄齡以但事南牙，不必問及北門，直謂閹寺輩別有司存，初不受治於

---

〔註1〕「玄」，底本作「元」。下同。
〔註2〕見《資治通鑒》卷第一百九十六《唐紀十二》。
　　　又，（宋）葛洪《涉史隨筆・太宗責房玄齡等問營繕》：
　　房玄齡、高士廉遇少府少監竇德素於路，問北門近何營繕。德素奏之。上怒，責玄齡等曰：「君但知南牙政事，北門小營繕，何預君事！」玄齡等拜謝。魏徵進曰：「臣不知陛下何以責玄齡等，而玄齡等安所謝。玄齡等為陛下股肱耳目，於中外事，豈有不應知者？使所營為是，當助陛下成之。為非，當請陛下罷之。問於有司，理則宜然，不知何罪而責，亦何罪而謝也？」上甚愧之。宰相之職，其略見於虞夏之書，其詳見於《周官》。今觀股肱耳目之言，使宅百揆之語，則知其職無所不統。宮伯屬之冢宰，則環衛之事，宰相得以統之。內宰屬之冢宰，則宮中之事，宰相得以統之。太府屬之冢宰，則財利之事，宰相又得以統之。其他如飲膳、酒漿、次舍、縫染之細，凡關於天子者，無一不統於宰相。政以典式法則，皆當由此而出，所謂以道佐王者，固如此耳。北門營繕，玄齡問之，職也。太宗顧起何預君事之怒，夫必多有是說而後及是。不然，玄齡等何為俯伏退謝之不暇，而無一語以自疏耶？魏徵之辯，真足以救太宗之失，伸宰相之職也。諫官隨宰相入閣之制，其交脩不逮，至是始知其益如此哉！

宰職。太宗令主，玄齡賢相，君臣相得，後人歎為罕覯之際會。乃太宗以玄齡之問而見責玄齡，以太宗之責而即謝，一似北門營繕本非所當問者，異矣！或謂昔漢文以天下一歲決獄幾何、錢穀出入幾何問陳平，平謂當問之廷尉、內史，宰相上佐天子，自有大者遠者在。〔註3〕後咸以平為真知宰相體。區區營繕，更瑣於刑獄錢穀。攷《唐書·宦者傳·敍》〔註4〕：「太宗詔內侍省不立三品官，不任以事。」斷不徇群下之蠱惑，而輕有所造作。玄齡事太宗有年，諒亦深知太宗之舉動。此問未免近於過慮。吾謂陳平特飾說以自文其不知，要非正義。

　　攷《通鑑》，魏徵於玄齡之見責進言：「玄齡為陛下之股肱耳目，於中外事豈有不應知者？使所營是，則當助成之。否，則當請罷之。」太宗聞鄭公之說，立即愧服，亦知玄齡非問所不必問。吾尤惜玄齡之有待於問耳。攷《周禮》，奄寺諸職，咸隸屬於天官。是若輩苟有所上請，當無不先經官臣之耳目。凡諸營繕，又何俟問而始知？然而有此一問，俾若輩懍然於大臣之得統治近臣，不敢無端構造。自來宦官之盜弄威福，其始率藉營繕等一二瑣屑事，効其小善小信，以相嘗試。在上者謂為能曉人意，漸假以詞色，若輩遂廣羅奇技淫巧，日新月異，務得當而固主心恩倖，適增其聲勢。為宰臣者，自以身任鈞衡，烏容察及？宮帷一切，概置不問。即有時從公邂逅，且以彼乃近侍而甘避讓，更何嘗詢問其舉止乎？況如太宗「何預君事」一語，為玄齡者自此藉口於委任專在南牙，出入北門者方謂宰相且不敢過問我輩事，即重大於營繕，抑又何不可為？嘗讀蔚宗《宦者傳·論》〔註5〕，則曰「手握王爵，口含天憲」，再則曰「舉動迴山海，呼吸變霜露」，初非甚言以為殷鑒也。觀於唐中葉時宦官，儲君且兄事以結懽，天子已歎受制於家奴，厥後毅然廢立在手，事極於不堪問。詎知南牙而偶問北門，房玄齡已見責於太宗哉！

---

〔註3〕《史記》卷五十六《陳丞相世家》：
　　　　居頃之，孝文皇帝既益明習國家事，朝而問右丞相勃曰：「天下一歲決獄幾何？」勃謝曰：「不知。」問：「天下一歲錢穀出入幾何？」勃又謝不知，汗出沾背，愧不能對。於是上亦問左丞相平。平曰：「有主者。」上曰：「主者謂誰？」平曰：「陛下即問決獄，責廷尉；問錢穀，責治粟內史。」上曰：「苟各有主者，而君所主者何事也？」平謝曰：「主臣！陛下不知其駑下，使待罪宰相。宰相者，上佐天子理陰陽，順四時，下育萬物之宜，外鎮撫四夷諸侯，內親附百姓，使卿大夫各得任其職焉。」孝文帝乃稱善。
〔註4〕見《新唐書》卷二百七《宦者列傳上》。
〔註5〕見《後漢書》卷七十八《宦者列傳·敍》，非《論》。

## 讀《新唐書·房玄齡杜如晦傳》〔註6〕書後

房、杜在唐初，並時號賢宰相，故新、舊《唐書》編房杜傳，均為同卷。傳文雖有詳略，而綜列生平，要亦無甚大異。宋葉水心《習學記言》〔註7〕謂《新書·房杜傳》措詞未免語病，「唐一代曲章文物，細大皆出二人之手，其誰不知？《新史》反謂『求所以致之之跡，殆不可見』，『輔贊彌縫，藏諸用，使人由而不知』，如此閒言語流傳世間，是懸日月而論夢寐也」。案：貞觀之治，不獨唐代稱盛。一切發號施令，所以登斯世於升平者，欲別其孰為玄齡之獻議，孰為如晦之奏功，本傳卒亦無從指實。以事君之義言之，不自居其功，以讓善於君。以作相之義言之，是即斷斷無他技之氣象，是真善言名宰相遇大有為之君之盛者。水心又謂「《舊史》言『世傳太宗嘗與文昭圖事，則曰非如晦莫能籌之。及如晦〔註8〕至，竟從玄齡策』。然則所傳『嘗與圖事』，非必事事須得如晦，其間蓋有輕重緩急，《新史》改為『每議事帝所』。又『房知杜能斷大事，杜知房善建嘉謀』，猶是分別輕重緩急，《新史》直謂『如晦長於斷，玄齡善於謀』。古今未有待人之斷而後得為善謀，亦未有短於謀而自許以能斷者。如《新史》言，則謀須是一人，斷須是一人，各出並行，頹然死法，是教後世以不能謀又不能斷也」。案：《新書》「每議事」之文，亦就房、杜在帝前而言，以見同寅協恭，非謂太宗一舉一動必房為謀而杜為斷也。即

---

〔註6〕見《新唐書》卷九十六。

〔註7〕（宋）葉適《習學記言序目》卷四十《唐書·列傳》：

杜如晦雖早死，房玄齡比死，太宗亦崩矣。唐一代典章文物，細大皆出二人之手，其誰不知？而《新史》反謂「求所以致之之跡，殆不可見」，「輔贊彌縫，藏諸用，使人由而不知」，如此閒言語流傳世間，是懸日月而論夢寐也！況後生學問日益詭陋，如房、杜已不能望管、蕭，又鼓動以此等無用見識，銘刻心骨，則人材何由可得增進？又，《舊史》言「世傳太宗嘗與文昭圖事，則曰非如晦莫能籌之。及如晦至焉，竟從玄齡策也。蓋房杜之能斷大事，杜知房之善建嘉謀」云云，然則所傳「嘗與圖事」者，非必事事須得如晦，其間蓋有輕重緩急，而《新史》乃改為「每議事帝所」。又「房知杜能斷大事，杜知房善建嘉謀」，已全摹寫不行，然猶是分別輕重緩急，而《新史》直謂「如晦長於斷而玄齡善於謀」。古今未有待人之斷而後得為善謀，亦未有短於謀而自許以能斷者。如《新史》所言，則謀須是一人，斷須是一人，各出並行，頹然死法，是教後世以不能謀又不能斷也。以余考之，房、杜近世名相，固無改評之理。所為恨者，以其如是之專且久，而做唐風俗不成，死則墜地矣。蓋太宗英明果銳，舉心動意，不無輕失，常須匡弼，方從中道。自玄齡以下，隨事救正，每患不給，既無餘力可以致遠，然其建功立效，亦止於目前，雖欲致遠，而非其德器智慮之所及故也。況於志寧、李勣之徒乎！

〔註8〕「晦」，原作「誨」，誤。

謂房善於謀，杜長於斷，尤見房、杜之相與有成，原未嘗謂必謀諸房，必斷諸杜也。且《舊書》傳論方以「裨諶草創，東里潤色」〔註9〕，本《論語》夫子言。鄭國辭命，必合裨諶、世叔、子羽、子產四人為之。〔註10〕攷《左傳》〔註11〕：「鄭國將有諸侯之事，子產乃問四國之為於子羽，且使多為辭令；與裨諶乘以適野，使謀可否；而告馮簡子，使斷之。事成，乃授子太叔使行之，以應對賓客。」是謀斷不必出自一人，以集思者廣益，古也有之。至謂「以房杜之專且久，而建功立效止於目前」，此則如葉所云，即使餘力致遠，亦明知而無如何。伊、萊、鳩、房之在商，周、召、望、散之在周，或當躬而濟以行權，或後世而不無偏勝，止此隨事匡正，已無愧以道事君矣。吁！房、杜相業，三代下所希。相傳房謀杜斷之說，本傳亦罕能述所謀所斷為何事，夫非「使人由而不知」者歟？許其弼君之過於立朝，議其疏君之防於身後，所謂「輔贊彌縫」，毋亦好為高論而近於苛求耶？讀《房杜傳》而有感於水心氏言，爰書數語於後，非為《新唐書》辨謗也。

## 魏徵《十思疏》書後

自來臣下盡忠，天子受盡言，莫如魏徵之於唐太宗。《舊書·徵傳》〔註12〕：「太宗謂徵：『卿所陳諫前後二百餘事。』」《傳贊》：「與文皇討論政術，凡數十萬言。」然而斃鷂之舉，市馬之諫，與夫獻陵之對，要皆因事進言。至其規太宗於隱微，並可為後世之鑒戒，則此《十思疏》是矣。攷徵上此疏，《傳》係拜特進，仍知門下事後。據《太宗紀》，則在貞觀十年以後，正唐室極隆盛時。《新書》不載此疏。《舊書》言徵上四疏，以陳得失，此疏次四疏之二，大旨不外乎居安思危，而推演為十思，於保泰持盈之道，尤見包舉無遺。「見可欲」與「將有作」有思也，「念高危」與「懼滿溢」有思也，「樂盤遊」與「恐懈怠」又有思也。「慮壅蔽」與「懼讒邪」密以思，而宵小不能間。「恩加賞」與「罰用刑」加以思，而威柄無所偏疏。末「何必勞神苦思，代下司職役」，則徵以太宗聰明神武，斷不致不思而輕舉妄動，所慮者，思所不必思而轉忽其所當思。約之以十思，蓋見當日太宗外著於政事者，冀

---

〔註9〕 見《舊唐書》卷六十六《房玄齡杜如晦列傳》「史臣曰」。

〔註10〕 《論語·憲問第十四》：「子曰：『為命，裨諶草創之，世叔討論之，行人子羽脩飾之，東里子產潤色之。』」

〔註11〕 見《左傳·襄公三十一年》。

〔註12〕 見《舊唐書》卷七十一。

先有以內制於未然，初非徵之過慮也。《王珪傳》〔註13〕：盧江王瑗姬，王殺其夫而納者，帝仍令侍側。《馬周傳》〔註14〕：營造供奉器物，並諸王妃主服飾，皆過靡麗。則「知足自戒」初未致思。《徵傳》言高昌朝而欲通使西域〔註15〕，《李大亮傳》突厥亡而遂欲懷四夷〔註16〕，於「知止安人」亦

〔註13〕《舊唐書》卷七十《王珪傳》：
　　太宗嘗閒居，與珪宴語，時有美人侍側，本盧江王瑗之姬，瑗敗籍沒入宮，太宗指示之曰：「盧江不道，賊殺其夫而納其室。暴虐之甚，何有不亡者乎！」珪避席曰：「陛下以盧江取此婦人為是耶，為非耶？」太宗曰：「殺人而取其妻，卿乃問朕是非，何也？」對曰：「臣聞於管子曰：『齊桓公之郭，問其父老曰：『郭何故亡？』父老曰：『以其善善而惡惡也。』桓公曰：『若子之言，乃賢君也，何至於亡？』父老曰：『不然，郭君善善而不能用，惡惡而不能去，所以亡也。』今此婦人尚在左右，竊以聖心為是之，陛下若以為非，此謂知惡而不去也。」太宗雖不出此美人，而甚重其言。
　　《新唐書》卷九十八《王珪傳》：
　　它日進見，有美人侍帝側，本盧江王瑗姬也。帝指之曰：「盧江不道，賊其夫而納其室，何有不亡乎？」珪避席曰：「陛下以盧江為是邪？非邪？」帝曰：「殺人而取妻，乃問朕是非，何也？」對曰：「臣聞齊桓公之郭，問父老曰：『郭何故亡？』曰：『以其善善而惡惡也。』公曰：『若子之言，乃賢君也，何至於亡？』父老曰：『不然，郭君善善不能用，惡惡不能去，所以亡。』今陛下知盧江之亡，其姬尚在，竊謂陛下以為是。審知其非，所謂知惡而不去也。」帝嗟美其言。
〔註14〕《舊唐書》卷七十四《馬周傳》、《新唐書》卷九十八《馬周傳》：
　　今京師及益州諸處，營造供奉器物，並諸王妃主服飾，議者皆不以為儉。
〔註15〕《舊唐書》卷七十一《魏徵傳》：
　　時高昌王麴文泰將入朝，西域諸國咸欲因文泰遣使貢獻，太宗令文泰使人厭怛紇干往迎接之。徵諫曰：「中國始平，瘡痍未復，若微有勞役，則不自安。往年文泰入朝，所經州縣，猶不能供，況加於此輩。若任其商賈來往，邊人則獲其利；若為賓客，中國即受其弊矣。漢建武二十二年，天下已寧。西域請置都護、送侍子，光武不許，蓋不以蠻夷勞弊中國也。今若許十國入貢，其使不下千人，欲使緣邊諸州何以取濟？人心萬端，後雖悔之，恐無所及。」上善其議。
〔註16〕《舊唐書》卷六十二《李大亮傳》：
　　時頡利可汗敗亡，北荒諸部相率內屬。有大度設、拓設、泥熟特勒及七姓種落等，尚散在伊吾，以大亮為西北道安撫大使以綏之，多所降附。朝廷恐其部眾凍餒，遣於磧石貯糧，特加賑給。大亮以為於事無益，上疏曰：
　　臣聞欲綏遠者，必先安近。中國百姓，天下本根；四夷之人，猶於枝葉。擾於根本，以厚枝附，而求久安，未之有也。自古明王，化中國以信，馭夷狄以權。故《春秋》云：「戎狄豺狼，不可厭也；諸夏親暱，不可棄也。」自陛下君臨區宇，深根固本，人逸兵強，九州殷盛，四夷自服。今者招致突厥，雖入提封，臣愚稍覺勞費，未悟其有益也。然河西氓庶，積懼蕃夷，州縣蕭條，戶口鮮少，

未致思。王珪諫祖孝孫教女眾而竟加譙責〔註17〕，魏徵謂「近一二年勉彊受諫而終不平」〔註18〕，揆之「謙沖自牧」、「江海下百川」之度，翩其反矣。《虞世南傳》〔註19〕有「太宗後頗好獵」之文，世南有「勿以太平漸久而自驕怠」之疏。所謂「思三驅」、「思慎終」者，亦乖經義。上書人不稱旨，面加詰難，已非虛受。而以徵之竭忠盡智，猶有阿黨親黨之上聞，可見在左右者未盡端人。王長通等樂工賤伎而忽欲賞官，幸馬周匡救其失。〔註20〕裴仁

加因隋亂，減耗尤多。突厥未平之前，尚不安業；匈奴微弱已來，始就農畝。若即勞役，恐致妨損。以臣愚惑，請停招慰。且謂之荒服者，故臣而不內。是以周室愛人攘狄，竟延七百之齡；秦王輕戰事胡，四十載而遂絕。漢文養兵靜守，天下安豐；孝武揚威遠略，海內虛耗。雖悔輪臺，追已不及。至於隋室，早得伊吾，兼統鄯善，既得之後，勞費日甚，虛內致外，竟損無益。遠尋秦、漢，近觀隋室，動靜安危，昭然備矣。伊吾雖已臣附，遠在蕃磧，人非中夏，地多沙鹵。其自立稱藩附庸者，請羈縻受之，使居塞外，必畏威懷德，永為蕃臣，蓋行虛惠，而收實福矣。近日突厥傾國入朝，既不能俘之江淮，以變其俗；置於內地，去京不遠，雖則寬仁之義，亦非久安之計也。每見一人初降，賜物五匹、袍一領，酋帥悉授大官，祿厚位尊，理多縻費。以中國之幣帛，供積惡之凶虜，其眾益多，非中國之利也。
太宗納其奏。

〔註17〕《舊唐書》卷七十《王珪傳》：
時太常少卿祖孝孫以教宮人聲樂不稱旨，為太宗所讓。珪及溫彥博諫曰：「孝孫妙解音律，非不用心，但恐陛下顧問不得其人，以惑陛下視聽。且孝孫雅士，陛下忽為教女樂而怪之，臣恐天下怪愕。」太宗怒曰：「卿皆我之腹心，當進忠獻直，何乃附下罔上，反為孝孫言也！」彥博拜謝，珪獨不拜。曰：「臣本事前宮，罪已當死。陛下矜恕性命，不以不肖，置之樞近，責以忠直。今臣所言，豈是為私？不意陛下忽以疑事誚臣，是陛下負臣，臣不負陛下。」帝默然而罷。翌日，帝謂房玄齡曰：「自古帝王，能納諫者固難矣。昔周武王尚不用伯夷、叔齊，宣王賢主，杜伯猶以無罪見殺，吾夙夜庶幾前聖，恨不能仰及古人。昨責彥博、王珪，朕甚悔之。公等勿以此而不進直言也。」

〔註18〕見《新唐書》卷九十七《魏徵傳》。

〔註19〕見《舊唐書》卷七十二《虞世南傳》。

〔註20〕《舊唐書》卷七十四《馬周傳》：
臣伏見王長通、白明達本自樂工輿皁雜類，韋槃提、斛斯正則更無他材，獨解調馬。縱使術逾儔輩，伎能有取，乍可厚賜錢帛，以富其家；豈得列預士流，超授高爵？遂使朝會之位，萬國來庭，騶子倡人，鳴玉曳履，與夫朝賢君子，比肩而立，同坐而食，臣竊恥之。然朝命既往，縱不可追，謂宜不使在朝班，預於士伍。
太宗深納之。
《新唐書》卷九十八《馬周傳》：
臣伏見王長通、白明達本樂工輿皁雜類；韋般提、斛斯正無他材，獨解調馬。雖術逾等夷，可厚賜金帛以富其家。今超授高爵，與外廷朝會，騶豎倡子，鳴

軌以私役門夫而幾嬰大戮,得李乾祐代為剖陳。〔註21〕外此刑賞所施,安知不以不思而馴致枉濫歟?然則徵之疏論十思,正中太宗之失。蓋徵以為與其過舉已成而極力挽回,孰若使太宗無思而動中道,並無煩臣下之諍諫也。孟子曰〔註22〕:「惟大人為能格君心之非」,如徵庶幾知此義者乎!

## 郭子儀定回紇論

郭子儀再造唐室,以一身繫天下之安危。人咸欽其成功,吾尤服其推誠。安祿山、史思明相繼叛亂,子儀力徵經營,先後芟薙乎安、史,已非易也。吾謂尤難於定回紇。當永泰元年,僕固懷恩誘引蕃眾山賊三十餘萬南下,傳言回紇、吐蕃自涇、邠、鳳、荊數道寇京畿,掠奉天、醴泉,京師震恐。李忠臣、李光進等分道扼禦,天子亦自統兵屯苑內,下詔親征。較之安史作亂,尚有力守一州郡以殺其凶鋒,形勢危迫,尤為顯然。子儀於時屯涇陽,所部軍萬餘人,褫虜圍之數重。李國臣、高昇、魏楚玉、陳回光、朱元琮各當一面,萬不相支,全師且不暇,遑論進兵。子儀以為不相敵者勢也,無不動者誠也。天寶時,回紇〔註23〕首領葛邏支同定河北,太子葉護相與狎習,誓平國難,推赤心,置人腹中。回紇諒已鑒其誠。夫貍犬於素所豢飼之人,見之輒依戀不忍去,況回紇雖異種,居然含齒戴髮,此日之凶威不可迫,而舊日之情事當不忘。單騎見虜,投槍免冑,不數語而回紇懼呼引罪,誠有不煩一兵、不折一矢者。然而功非以僥倖成,算更有先時定,逆料回紇之內犯,非必頓背盟誓於前,大約惑於煽誘之說。示之以坦然不相疑,動之以懍然不忍負,向之控弦引弓相指者,今且望塵下馬而羅拜。間不容髮之際,無論機械變詐,俱不及施,即智深勇沈,亦無所及。獨此質天日,盟山川之誠,足以化悍戾而為馴良。僕固百端而招之使至,

　　　　玉曳屨,臣竊恥之。若朝命不可追改,尚宜不使在列,與士大夫為伍。

〔註21〕《舊唐書》卷八十七《李昭德傳》:
　　　　時有郇令裴仁軌私役門夫,太宗欲斬之。乾祐奏曰:「法令者,陛下制之於上,率土尊之於下,與天下共之,非陛下獨有也。仁軌犯輕罪而致極刑,是乖畫一之理。刑罰不中,則人無所措手足。臣忝憲司,不敢奉制。」太宗意解,仁軌竟免。
　　　　《新唐書》卷一百一十七《李昭德傳》:
　　　　郇令裴仁軌私役門卒,太宗欲斬之,乾祐曰:「法令與天下共之,非陛下獨有也。仁軌以輕罪致極刑,非畫一之制。刑罰不中,則民無所措手足。」帝意解,繇是免死。
〔註22〕見《孟子·離婁上》。
〔註23〕此文以下八處「回紇」原作「回紇」,今改作「回」。

子儀數言而麾之使去，且使同逆之吐蕃受創於回紇，不勞而定，大患立平。孫子云：「不戰而屈人之兵，善之善者也」，子儀當之矣。夫渾瑊與吐蕃盟，卒有劫盟之侮，子身幸逃。瑊之謀略威望，亦未必大遠於子儀。回紇、吐蕃同此，非我族類，乘其倉卒者，謀勇有時而窮；孚於夙昔者，至誠歷久不渝也。吾觀媢嫉如魚朝恩、程元振，亦以大度包容，愍沮而不復動，況共歷艱險，夙無猜嫌之回紇哉！定之者，子儀之功，益見子儀之誠也。

## 新舊《唐書·韓愈傳》一稱昌黎人一稱鄧州南陽人辨

唐韓文公愈以巨儒為名臣，新舊《書》咸為立傳。世系里居，固宜核實而箸之傳中，以傳信後世。吾觀《舊書·韓傳》曰昌黎人，《新書》則曰鄧州南陽人，地乃判然不同。攷唐河北道崇州有昌黎縣，鄧州南陽縣屬山南道，相去絕遠。洪興祖《韓子年譜》臚引諸書，或云昌黎，或云鄧州南陽之異同，且分別南陽有二。參攷《元和姓纂》及《唐宰相世系表》，辨韓公非河內之南陽。據《姓纂》，韓騫徙南陽堵陽。南陽郡，唐屬鄧州，故《新書》以為鄧州南陽人，別於河內之南陽。然堵陽，唐屬均州，與《新書》亦近。其云昌黎者，皆據公自稱。朱子始以南陽為河內之南陽，更引董逌說，謂公為河內之河陽人，竝引公自言「歸河陽省墳墓」及女挐壙銘「歸骨於河南之河陽」，張籍祭公詩「作塋嵩律北」以辨之，謂南陽為河內修武無疑，〔註24〕正與洪說相反。雖

---

〔註24〕《朱文公校韓昌黎先生集》：

李白作文公父仲卿《去思碑》云「南陽人」，而公常自稱「昌黎」，李翱作公《行狀》亦云「昌黎某人」。皇甫湜作《墓誌》不言鄉里，又作《神道碑》，乃云「上世嘗居南陽，又逮延州之武陽」。而舊史亦但云「昌黎」。今按：新史蓋因李碑而加「鄧州」二字也。然考《漢書·地理志》有兩南陽：其一河內脩武，即《左傳》所謂「晉啟南陽」也；其一南陽堵陽，即荊州之南陽郡，字與「赭」同，在唐屬鄧州者也。《元和姓纂》、《唐書·世系表》有兩韓氏：其一漢弓高侯頹當玄孫騫，避亂居南陽郡之赭陽。九世孫河東太守術，生河東太守純。純四世孫安之，晉員外郎。二子：潛、恬，隨司馬休之入後魏。為玄菟太守，二子都、偓。偓生後魏中郎穎。穎生播，徙昌黎棘城。其一則頹當裔孫尋，為後漢隴西太守，世居潁川，生司空稜，後徙安定武安。至後魏有常山太守武安成侯者，徙居九門。生尚書令、征南大將軍、安定桓王茂。茂生均，均生晙，晙生仁泰，仁泰生叡素，叡素生仲卿，仲卿生會、愈。而中間嘗徙陳留。以此而推，則公固潁川之族，尋、稜之後，而不得承騫之系矣。而洪興祖所撰《年譜》，但以騫之後世嘗徙昌黎，遂附新史之說，獨以赭陽為均州小有不同耳。及其再考二書而見公世系之實，則遂諱匿，不敢復著仲卿、會、愈之名，而直以為不可考。今固不得而據也。唯方崧卿《增攷》引董逌說，以為騫乃韓瑗、

然，後世之擬議，究不若當代之敘述為更近也。家世之宅里，尤當以後裔所稱說為可憑也。玫《金石萃編》韓昶自為墓誌，昶為公子，誌言葬孟州河陽縣尹村。相傳墓誌出土於前明萬曆時，在孟縣北二十里蘇村，即古尹村地，有韓氏祖墓。案：今孟縣即古之河陽。《左傳》晉啟南陽〔註25〕，孟、懷州皆其地，故河陽古亦稱南陽。公先世墳墓既在於斯，公所居當亦不遠於斯。然則公為唐河陽縣人，證諸昶自撰墓誌之文及墓誌所在，而確有可徵。較之《新書》所稱鄧州南陽，則遠踰千里矣。朱子以公之稱昌黎，或時昌黎之族頗盛，若言劉悉出彭城，言李悉出隴西，是作傳者本末可以昌黎為稱。鄧州雖有南陽，而公鄉貫所繫，自是河內之南陽。然則《兩唐書》所稱各不同，其為謬誤則同。吁！如韓公者，《兩唐書》猶未能玫實其居邑，幸得昶之墓誌相參證。史文顧可盡信哉！金石顧可忽視哉！

## 李翱《幽懷賦》書後

歐陽永叔嘗謂讀《幽懷賦》，恨不得身親與翱相接。〔註26〕又謂「使當時君子皆易其歎老嗟卑之心，為翱所憂之心，唐之天下豈致亂亡」。傾倒於翱所為《幽懷賦》甚至。爰取而讀之，其言據神堯之郡縣為家傳，稅民生之脂膏以育兵，並慨念高祖以羸師旅掃寇戡隋。〔註27〕當日朝廷曾不能懾服方鎮，

韓休之祖，而公自出於尋、稜，與二書合。其論南陽，則又云今孟、懷州皆春秋南陽之地，自漢至隋，二州皆屬河內郡，唐顯慶中始以孟州逮河南府，建中中乃以河南之四縣入河陽三城使，其後又改為孟州。今河內有河陽縣，韓氏出居之。故公每自言歸河陽省墳墓，而女挐之銘亦曰「歸骨於河南之河陽韓氏墓」，張籍祭公詩亦云「舊塋盟津北」，則知公為河內之南陽人。其說獨為得之。公詩所謂「舊籍在東都」、「我家本滻谷」，則必以地近而後嘗徙居耳。但據此，則公與昌黎之韓異派，而每以自稱，則又有不可曉者。豈是時昌黎之族頗盛，故隨稱之，亦若所謂言劉悉出彭城，言李悉出隴西者邪？然設使公派果出昌黎也，則其去赭陽已歷數世，其後又屢遷徙，不應捨其近世所居之士而遠指鄧州為鄉里也。方又引孔武仲之說，亦同董氏。而王銍以為公生於河中之永樂，今永樂猶有韓文鄉，則其說為已詳。蓋其世系雖有不可知者，然南陽之為河內脩武，則無可疑者。而新史、洪譜之誤斷可識矣。

〔註25〕《左傳・僖公二十五年》：「晉於是始啟南陽。」
〔註26〕（宋）歐陽修《歐陽文忠公集》外集卷二十三《讀李翱文》：
　　最後讀《幽懷賦》，然後置書而歎。歎已，復讀，不自休。恨翱不生於今，不得與之交。又恨予不得生翱時，與翱上下其論也。
〔註27〕（唐）李翱《李文公集》卷一《幽懷賦》：
　　自祿山之始兵兮，歲周甲而未夷。何神堯之郡縣兮，乃家傳而自持。稅生人而

翱述所懷，在繩祖武而申天討。案：唐憲宗時，自平夏、平蜀迄平淮西，王
承宗納質，李師道伏誅，廟堂亦圖振作，功略頗動夫觀聽，稍變蕭、代後姑
息養奸之積習，兵威所加，四方群知中朝之未可抗逆命者，相率輸誠。君若
臣循是而昕夙淬厲，《賦》所謂「無遠邇而咸歸」，操券俟之何難。案：《唐書·
翱傳》〔註28〕載翱條上興復太平大略，首言「陛下即位以來，懷不廷臣，誅
叛賊，刷五聖憤恥」，所謂「以武功定海內」者在斯，是翱亦知憲宗非不足於
用武。而復陳政之根木有六〔註29〕，持論具徵正大。然唐中葉後之弊政，無
踰於宦寺之用事。就憲宗朝而言，史言裴均為右僕射，由於素坿宦官王鍔。
〔註30〕賂宦官，求平章，是宰執之進退，宦官得以操縱矣。劉希光受孫璹錢，
為求方鎮事。〔註31〕連知內侍省之中官嚴綬無他材能，但傾府庫以賂宦官，
遂得久任河東。〔註32〕是藩鎮之崇重，宦官得以去留矣。吐突承璀為神策中
尉，則宦官握兵柄；梁守謙為樞密使，則宦官且參機務矣。案：憲宗嘗謂「以
其驅使之人，故假以私恩。若有違犯，去之輕如一毛」。〔註33〕較諸前後數

---

育卒兮，列高城以相維。何茲世之可久兮，宜永念而遐思。有三苗之逆命兮，
舞干羽以來之。惟刑德之既修兮，無遐邇而咸歸。當高祖之初起兮，提一旅之
羸師。能順天而用眾兮，竟掃冠而戮隨。況天子之神明兮，有烈祖之前規。劉
弊政而還本兮，如反掌之易為。苟廟堂之治得兮，何下邑之能違。

〔註28〕 見《新唐書》卷一百七十七《李翱傳》。

〔註29〕 《新唐書》卷一百七十七《李翱傳》：
臣聞定禍亂者，武功也；複製度、興太平者，文德也。今陛下既以武功定海內，
若遂革弊事，復高祖、太宗舊制：用忠正而不疑；屏邪佞而不邇；改稅法，不
督錢而納布帛；絕進獻，寬百姓租賦；厚邊兵，以制蕃戎侵盜；數引見待制官，
問以時事，通壅蔽之路。此六者，政之根本，太平所以興。陛下既已能行其難，
若何而不為其易者乎？

〔註30〕 《資治通鑑》卷第二百三十七《唐紀五十三》：
以荊南節度使裴均為右僕射。均素附宦官，得貴顯，為僕射。自矜大，嘗入朝
踰位而立，中丞盧坦揖而退之，均不從。坦曰：「昔姚南仲為僕射，位在此。」
均曰：「南仲何人？」坦曰：「是守正不交權倖者。」坦尋改右庶子。

〔註31〕 《舊唐書》卷一百五十四《孔巢父傳》：
六年十月，內官劉希光受將軍孫璹賂二十萬貫，以求方鎮。事敗，賜希光死。
《新唐書》卷二百七《宦者列傳上》：
吐突承璀會劉希光納羽林大將軍孫璹錢二十萬緡求方鎮，有詔賜死。

〔註32〕 《資治通鑑》卷二百三十九《唐紀五十五》：
初，上以嚴綬在河東所遣裨將多立功，故使鎮襄陽，且督諸軍討吳元濟。綬無
它材能，到軍之日，傾府庫賚士卒，累年之積，一朝而盡。又厚賂宦官，以結
聲援。

〔註33〕 《資治通鑑》卷二百三十八《唐紀五十四》：

帝,差知駕馭。而積重之勢日益牢固,有心如翾,當已推見其終極。而翾此《賦》曾不之及,得毋以負固之藩鎮一赫怒,而即〔註34〕不難殄滅。區區虧形埽除之隸,獨容其蟠據構煽於宮廷間?則外侮尚知弭,而內釁正未有艾也。懷翾之懷者,讀翾之《賦》,所為不能已於慨歎者也。

## 李德裕表請收復維州〔註35〕論

唐《元和郡縣志·維州》〔註36〕:「武德七年,白狗羌內坿於姜維城,置維州以統之。」是維州固中國之地也。中葉後,陷於吐蕃。文宗時,吐蕃守將悉怛謀請以城降,時李德裕節度西川,表聞朝廷,牛僧孺沮其議而止。小人之逞私憾而不顧國計,有如是哉!史言時議者咸不直僧孺,帝亦知之。〔註37〕而宋司馬光反取僧孺守信之說,以德裕之策為非。〔註38〕是亦好議論而不樂成人

丙申,以承璀為淮南監軍。上問李絳:「朕出承璀,何如?」對曰:「外人不意陛下遽能如是。」上曰:「此家奴耳。畀以其驅使之久,故假以恩私。若有違犯,朕去之輕如一毛耳。」

〔註34〕「而即」,《清代詩文集彙編》第734冊第255頁作「而而」。

〔註35〕《舊唐書》卷一百七十四《李德裕傳》:

德裕又以太和五年,吐蕃維州守將以城降,為牛僧孺所沮,終失維州,奏論之曰。(下略。)

文又見唐·李德裕《李文饒集》卷十二,題為《論太和五年八月將故維州城歸降準詔卻執送本蕃就戮人吐蕃城副使悉怛謀狀》。

〔註36〕見(唐)李吉甫《元和郡縣志》卷三十三。

〔註37〕(宋)蘇轍《牛李論》:

德裕節度劍南西川,吐蕃將悉怛謀以維州降。維州,西南要地也。是時方與吐蕃和親,僧孺不可,曰:「吐蕃綿地萬里,失一維州,不害其強。今方議和好,而自違之。中國禦戎,守信為上,應變次之。彼若來責失信,贊普牧馬蔚茹川東,襲汧、隴,不三日至咸陽。雖得百維州,何益?」帝從之,使德裕反降者,吐蕃族誅之。德裕深以為恨,雖議者亦不直僧孺。然吐蕃自是不為邊患,幾終唐世,則僧孺之言非為私也。

〔註38〕《資治通鑑》卷二百四十七《唐紀六十三》:

臣光曰:論者多疑維州之取捨,不能決牛、李之是非。臣以為昔荀吳圍鼓,鼓人或請以城叛,吳弗許,曰:「或以吾城叛,吾所甚惡也,人以城來,吾獨何好焉!吾不可以欲城而邇奸。」使鼓人殺叛者而繕守備。是時唐新與吐蕃修好而納其維州,以利言之,則維州大而信小;以害言之,則維州緩而關中急。然則為唐計者,宜何先乎?悉怛謀在唐則為向化,在吐蕃不免為叛臣,其受誅也又何矜焉!且德裕所言者利也,僧孺所言者義也,匹夫徇利而亡義猶恥之,況天子乎!譬如鄰人有牛,逸而入於家,或勸其兄歸之,或勸其弟攘之。勸歸者曰:「攘之不義也,且致訟。」勸攘者曰:「彼嘗攘吾羊矣,何義之拘!牛大畜也,鬻之可以富家。」以是觀之,牛、李之是非,端可見矣。

之美矣。

　　嘗就德裕表一再讀之，維州應否收復，固有不辨自明者。《表》言「維州據高山絕頂，三面臨江」。案《唐書》〔註39〕：「其州南界江陽。岷山連嶺而西，不知其極。北望隴山，積雪如玉。東望成都，若在井底。」而不獨可為西蜀之屏蔽，實亦控扼吐蕃之要地。此則考且形勝，而知其不可棄也。韋皋為貞元朝名臣，鎮蜀功績，史冊稱之。皋計復河湟，當先維州，統率勁卒，攻戰經年。昔則竭萬方而不復，今不煩一卒而來歸。《表》稱「在戎虜平川之衝，是漢地入兵之路」，然則經略河湟，烏得謂維州無關輕重耶？《表》言「河隴盡沒，此州獨存」，後之陷沒，由於內應，可見險阻可據，則收復之後，初非不可守之城。吐蕃規取此州，歷三十年之久。明以內犯，無煩後顧，故以必得為期，地之扼要可知。僧孺謂吐蕃疆土四面萬里，失一維州，無損其勢。案：以吐蕃之全境而論，維州不足以當一隅。而以吐蕃之入犯而論，維州足制其奔突也。《表》言「吐蕃維州未降以前一年，猶圍魯州。」盟約之不足憑，不在收復與否。即以誠信論，維州為唐之祖宗經營創置，吐蕃乘亂，竊踞其地，又何誠信之足云？況收復之後，可滅八處鎮兵，坐收千里舊地，利便孰大於是？固非貪利而啟邊釁者比也。

　　《牛僧孺傳》〔註40〕：「幽州軍亂，帝問計僧孺。僧孺言：『范陽得失，不繫國家休戚。』帝是其議。」是唐君臣視所有土地，舉以與人，誠有如棄草芥者。范陽且然，又何有於荒徼之維州。況收復之請，出自僧孺夙憾之德裕耶？所惜數年籌度，諸籌邊樓中者甫聞悉怛謀之請降，而從中牽掣，迄用無成。士君子與憸壬同朝，欲有所建立，難矣！爰就德裕收復維州之舉，粗述大概而論之云。

## 姚崇李德裕論

　　姚元之、李文饒，在唐時同稱賢相，先後相輝映。攷元之三居宰職，弼成開元之盛；文饒歷事五朝，勳業尤著於會昌間。讀《唐書》者，以元之傳言，尤長吏道，處決無淹思；文饒傳歷敘其招降夷，討叛鎮，於兵謀幾無所遺。二公相業雖卓著，似各有專長，亦適會當世所須也。案：史〔註41〕言元之遷夏官

---

〔註39〕見《舊唐書》卷一百四十七《杜佑傳》。
〔註40〕見《舊唐書》卷一百七十二。
〔註41〕見《新唐書》卷一百二十四《姚崇傳》。

郎中時，「契丹擾河北，兵檄叢進，奏決若流」。又云：「為相常〔註42〕兼兵部，故屯戍、斥候、士馬、儲械，無不諳記。」攷律有乏軍興之條，誠以一切調遣，咸俟應付於廷議，稍有濡滯，瞬息百變之軍情，即不免毫釐千里之貽誤。《後漢書·馬援傳》〔註43〕：「聚米為山谷，指畫形勢，開示眾軍所從道徑往來，分析曲折，昭然可曉。光武即謂虜在目中。」可見熟悉輿地形勝而後舉兵，乃所向成功。李《傳》言「元和後，數用兵，宰相不休沐，或繼火乃得罷。德裕在位，雖邊書警奏，皆從容裁決，率午漏下還第，休沐輒如令，沛然若無事時」〔註44〕。是當急邊時，處置天下事，且不難從容坐理。況居平安晏之日，指麾駕馭，必多裨補於國計民生。據此則姚何嘗不能軍，李亦何必不嫻於吏治歟？案：《姚傳》言「崇常先有司罷冗職，修制度，擇百官各當其材。由是天子責成於下，而權歸於上」〔註45〕。《李傳》謂「大意欲朝廷尊，臣下肅，而政出宰相。又嘗謂省事不如省官，省官不如省吏，能簡冗官，誠治本也」〔註46〕。是二公持論相近，故見諸施行者，一則在開元時號稱碩輔，一則在會昌時幾致中興，輔主以建功，名之不甚相遠。不獨十事之陳說〔註47〕、六箴之上進〔註48〕，引君當道之不殊。

〔註42〕「常」，《彙編》本作「當」。

〔註43〕見《後漢書》卷二十四。

〔註44〕見《新唐書》卷一百八十《李德裕傳》。

〔註45〕見《新唐書》卷一百二十四《姚崇傳》。

〔註46〕見《新唐書》卷一百八十《李德裕傳》。

〔註47〕《新唐書》卷一百二十四《姚崇傳》：

崇知帝大度，銳於治，乃先設事以堅帝意，即陽不謝，帝怪之。崇因跪奏：「臣願以十事聞，陛下度不可行，臣敢辭。」帝曰：「試為朕言之。」崇曰：「垂拱以來，以峻法繩下；臣願政先仁恕，可乎？朝廷覆師青海，未有牽復之悔；臣願不倖邊功，可乎？比來壬佞冒觸憲網，皆得以寵自解；臣願法行自近，可乎？后氏臨朝，喉舌之任出閹人之口；臣願宦豎不與政，可乎？戚里貢獻以自媚於上，公卿方鎮浸亦為之；臣願租賦外一絕之，可乎？外戚貴主更相用事，班序荒雜；臣請戚屬不任臺省，可乎？先朝褻狎大臣，虧君臣之嚴；臣願陛下接之以禮，可乎？燕欽融、韋月將以忠被罪，自是諍臣沮折；臣願群臣皆得批逆鱗，犯忌諱，可乎？武后造福先寺，上皇造金仙、玉真二觀，費鉅百萬；臣請絕道佛營造，可乎？漢以祿、莽、閻、梁亂天下，國家為甚；臣願推此鑒戒為萬代法，可乎？」帝曰：「朕能行之。」崇乃頓首謝。

〔註48〕《新唐書》卷一百八十《李德裕傳》：

時帝昏荒，數遊幸，狎比群小，聽朝簡忽。德裕上《丹扆六箴》，表言：「『心乎愛矣，遐不謂矣』，此古之賢人篤於事君者也。夫跡疏而言親者危，地遠而意忠者忤。臣竊惟念拔自先聖，遍荷寵私，不能竭忠，是負靈鑒。臣在先朝，嘗獻《大明賦》以諷，頗蒙嘉採。今日盡節明主，亦由是也。」其一曰《宵衣》，諷視朝希晚也；二曰《正服》，諷服御非法也；三曰《罷獻》，諷斂求怪珍也；

論捕蝗之古誼〔註49〕，辨聖水之妖誣〔註50〕，正議嫉邪之如出一轍也。

或謂史明言元之「資權譎」，而謂文饒常以經綸天下自任。謀身者不免涉於作致，與謀國者悉本於忠藎，居心之公私判然。雖然，如元之以逆億攝製同朝之素仇者，誠非所語於古名臣之推誠布公。然如文饒之不得久安相位，何莫非奸黨所中傷？卒貶崖州而不復，論者輒歎息其功名之不終。設文饒於李宗閔、牛僧孺、白敏中諸人夙稔其必不兼容〔註51〕，而先發以制，如元之之於張

四曰《納誨》，諷侮棄忠言也；五曰《辨邪》，諷任群小也；六曰《防微》，諷偽遊輕出也。辭皆明直婉切。帝雖不能用其言，猶敕韋處厚諄諄作詔，厚謝其意。然為逢吉排笮，訖不內徙。

〔註49〕《新唐書》卷一百二十四《姚崇傳》：
開元四年，山東大蝗，民祭且拜，坐視食苗不敢捕。崇奏：「《詩》云：『秉彼蟊賊，付畀炎火。』漢光武詔曰：『勉順時政，勸督農桑。去彼螟蜮，以及蟊賊。』此除蝗誼也。且蝗畏人易驅，又田皆有主，使自救其地，必不憚勤。請夜設火，坎其旁，且焚且瘞，蝗乃可盡。古有討除不勝者，特人不用命耳。」乃出御史為捕蝗使，分道殺蝗。汴州刺史倪若水上言：「除天災者當以德，昔劉聰除蝗不克而害愈甚。」拒御史不應命。崇移書誚之曰：「聰偽主，德不勝祅，今祅不勝德。古者良守，蝗避其境，謂修德可免，彼將無德致然乎？今坐視食苗，忍而不救，因以無年，刺史其謂何？」若水懼，乃縱捕，得蝗十四萬石。時議者喧嘩，帝疑，復以問崇，對曰：「庸儒泥文不知變。事固有違經而合道，反道而適權者。昔魏世山東蝗，小忍不除，至人相食；後秦有蝗，草木皆盡，牛馬至相啖毛。今飛蝗所在充滿，加復蕃息，且河南、河北家無宿藏，一不獲則流離，安危繫之。且討蝗縱不能盡，不愈於養以遺患乎？」帝然之。黃門監盧懷慎曰：「凡天災，安可以人力制也！且殺蟲多，必戾和氣。願公思之。」崇曰：「昔楚王吞蛭而厥疾瘳，叔敖斷虵福乃降。今蝗幸可驅，若縱之，穀且盡，如百姓何？殺蟲救人，禍歸於崇，不以誘公也！」蝗害訖息。

〔註50〕《新唐書》卷一百八十《李德裕傳》：
時亳州浮屠詭言水可愈疾，號曰「聖水」，轉相流聞，南方之人，率十戶僦一人使往汲。既行若飲，病者不敢近葷血，危老之人率多死。而水斗三十千，取者益它汲，轉鬻於道，互相欺誑，往者日數十百人。德裕嚴勒津邏捕絕之，且言：「昔吳有聖水，宋、齊有聖火，皆本妖祥，古人所禁。請下觀察使令狐楚填塞，以絕妄源。」從之。

〔註51〕《新唐書》卷一百八十《李德裕傳》：
始，吉甫相憲宗，牛僧孺、李宗閔對直言策，痛詆當路，條失政。吉甫訴於帝，且泣，有司皆得罪，遂與為怨。吉甫又為帝謀討兩河叛將，李逢吉沮解其言，功未既而吉甫卒，裴度實繼之。逢吉以議不合罷去，故追銜吉甫而怨度，擯德裕不得進。至是，間帝暗庸，譖度使與元稹相怨，奪其宰相而己代之。欲引僧孺益樹黨，乃出德裕為浙西觀察使。俄而僧孺入相，由是牛、李之憾結矣。
又：

說、魏知古〔註52〕，彼僉壬又何能為？《傳‧贊》謂「為明有未哲？不然，功烈光明，佐武中興，與姚、宋等」〔註53〕，深惜其功烈未與姚並，抑亦有慨其未若姚之善於保身歟？然則志在有為之士，君子不幸而值叔季之世，欲建文饒安內攘外之勳猷，尚其濟以元之應變之權術哉！

## 郭子儀裴度合論

《唐書‧裴度傳》〔註54〕：「其威望德業比郭汾陽，而用不用常為天下重輕。」《舊唐書》亦云〔註55〕：「時威望德業，侔於郭子儀。」是郭、裴二公生世相近接，建樹亦不甚懸殊，當時每舉以比擬，足徵通論之灼然難誣。在內而歷相軍機，在外而卓著戰績。史臣所錄，唐中葉後以勳臣善始終者，誠無踰於郭、裴二公。吾謂裴之所處，郭處之而當無多讓；郭之所遇，裴遇之而恐多出入。非臆決而彊分也，亦證諸本傳而已。《舊書‧裴傳》：「累為姦邪所排，幾至顛沛。及晚節，稍浮沉以避禍。初，王播廣事進奉以希寵，度亦掇拾羨餘以傚播，士君子少之。」案：魚朝恩、程元振之竊威柄，忌勳臣，初不減於李逢吉、魏宏簡等，而且言無不聽，計無不售。肅、代兩宗，雖身值艱屯，一任小

---

宣宗即位，德裕奉冊太極殿。帝退謂左右曰：「向行事近我者，非太尉邪？每顧我，毛髮為森豎。」翌日，罷為檢校司徒、同中書門下平章事，荊南節度使。俄徙東都留守。白敏中、令狐綯、崔鉉皆素仇，大中元年，使黨人李咸斥德裕陰事。故以太子少保分司東都，再貶潮州司馬。明年，又導吳汝納訟李紳殺吳湘事，而大理卿盧言、刑部侍郎馬植、御史中丞魏扶言：「紳殺無罪，德裕徇成其冤，至為黜御史，罔上不道。」乃貶為崖州司戶參軍事。明年，卒，年六十三。

〔註52〕《新唐書》卷一百二十四《姚崇傳》：
然資權譎。始為同州，張說以素憾，諷趙彥昭劾崇。及當國，說懼，潛詣岐王申款。崇它日朝，眾趨出，崇曳踵為有疾狀，帝召問之，對曰：「臣損足。」曰：「無甚痛乎？」曰：「臣心有憂，痛不在足。」問以故，曰：「岐王陛下愛弟，張說輔臣，而密乘車出入王家，恐為所誤，故憂之。」於是出說相州。魏知古，崇所引，及同列，稍輕之，出攝吏部尚書，知東都選，知古憾焉。時崇二子在洛，通賓客饋遺，憑舊請託。知古歸，悉以聞。他日，帝召崇曰：「卿子才乎，皆安在？」崇揣知帝意，曰：「臣二子分司東都，其為人多欲而寡慎，是必嘗以事干魏知古。」帝始以崇私其子，或為隱，微以言動之。及聞，乃大喜，問：「安從得之？」對曰：「知古，臣所薦也，臣子必謂其見德而請之。」帝於是愛崇不私而薄知古，欲斥之。崇曰：「臣子無狀，橈陛下法，而逐知古，外必謂陛下私臣。」乃止，然卒罷為工部尚書。

〔註53〕見《新唐書》卷一百八十《李德裕傳》。
〔註54〕見《新唐書》卷一百七十三《裴度傳》。
〔註55〕見《舊唐書》卷一百七十《裴度傳》。

人之顛倒是非，大功垂成而易將，詔旨可間而不行，尚不如憲宗信之專而斷之決也。裴泊諮汾陽，幸臣譖毀百端，詔命徵之，未嘗不即日應召，故讒謗不能行。然則子儀之息謠諑，惟知盡誠藎，詎屑效區區之容悅以為自全地耶？且夫子儀止代宗洛陽之遷〔註56〕，度止昭愍東都之幸〔註57〕，數語立回天意，事

---

〔註56〕《新唐書》卷一百三十七《郭子儀傳》：

自變生倉卒，賴子儀復安，故天下皆咎程元振，群臣數論奏。元振懼，乃說帝都洛陽，帝可其計。子儀奏曰：

雍州古稱天府，右隴、蜀，左崤、函，襟馮終南、太華之險，背負清渭、濁河之固，地方數千里，帶甲十餘萬，兵強士勇，真用武之國，秦、漢所以成帝業也。後或處而泰，去而亡者不一姓，故高祖先入關定天下，太宗以來居洛陽者亦鮮。先帝興朔方，誅慶緒，陛下席西土，戮朝義，雖天道助順，亦地勢則然。比吐蕃馮陵而不能抗者，臣能言其略。夫六軍皆市井人，竊虛名，逃實賦，一日驅以就戰，有百奔無一前；又宦豎掩迷，庶政荒奪，遂令陛下彷徨暴露，越在陝服。斯委任失人，豈秦地非良哉！今道路流言，不識信否，咸謂且都洛陽。洛陽自大盜以來，焚埃略盡，百曹榛荒，寰服不滿千戶，井邑如墟，豺狼群噑；東薄鄭、汴，南界徐，北綿懷、衛及相，千里蕭條，亭舍不煙，何以奉萬乘牲饔、供百官次舍哉？且地狹厄，裁數百里，險不足防，適為鬥場。陛下意者不以京畿新罹剽蹂，國用不足乎？昔衛為狄滅，文公廬於曹，衣大布之衣，冠大帛之冠，卒復舊邦，況赫赫天子，躬儉節用，寧為一諸侯下哉？臣願陛下斥素餐，去冗食，抑閹寺，任直臣，薄徵弛役，恤隱撫鰥，委宰相以簡賢任能，付臣以訓兵禦侮，則中興之功，日月可冀。惟時邁亟還，見宗廟，謁園陵，再造王家，以幸天下。

帝得奏，泣謂左右曰：「子儀固社稷臣也，朕西決矣。」乘輿還，子儀頓首請罪，帝勞曰：「用卿晚，故至此。」乃賜鐵券，圖形凌煙閣。

〔註57〕《舊唐書》卷一百七十《裴度傳》：

時昭愍欲行幸洛陽，宰相李逢吉及兩省諫官，累疏論列，帝正色曰：「朕去意已定。其從官宮人，悉令自備糗糧，不勞百姓供饋。」逢吉頓首言曰：「東都千里而近，宮闕具存，以時巡遊，固亦常典。但以法駕一動，事須備儀，千乘萬騎，不可減省。縱不費用絕廣，亦須豐儉得宜，豈可自備糗糧，頓失大體？今干戈未甚戢，邊鄙未甚寧，恐人心動搖，伏乞稍回宸慮。」帝不聽，令度支員外郎盧貞往東都已來，檢計行宮及洛陽大內。朝廷方懷憂恐，會度自興元來，因延英奏事，帝語及巡幸。度曰：「國家營創兩都，蓋備巡幸。然自艱難已來，此事遂絕。東都宮闕及六軍營壘、百司廨署，悉多荒廢。陛下必欲行幸，亦須稍稍修葺。一年半歲後，方可議行。」帝曰：「群臣意不及此，但云不合去。若如卿奏，不行亦得止後期。」旋又朱克融、史憲誠各請以丁匠五千，助修東都，帝遂停東幸。

《新唐書》卷一百七十三《裴度傳》：

先是，帝將幸東都，大臣切諫，不納。帝憲曰：「朕意決矣！雖從官宮人自挾糗，無擾百姓。」趣有司檢料行宮，中外莫敢言。度從容奏：「國家建別都，本備巡幸。自艱難以來，宮闕、署屯、百司之區，荒圮弗治，假歲月完新，然後可行。倉卒無備，有司且得罪。」帝悅曰：「群臣諫朕不及此。如卿言，誠

蹟之會，適相符也。遣使而承嗣屈膝〔註58〕，宣詔而弘正郊迎〔註59〕，聞望隱折強蒲，畏服之誠，率相合也。委卿河東之詔〔註60〕，臥鎮北門之言〔註61〕，晚年猶承帝簡，眷顧之隆，抑又如出一轍也。然而安史蜂蠆之毒，蔓延半天下；回紇犬羊之眾，蹂躪及畿甸。或提孤軍以芟夷〔註62〕，或出片言而解散〔註63〕，

---

有未便，安用往邪？」因止行。

〔註58〕《舊唐書》卷一百二十《郭子儀傳》：

田承嗣方跋扈魏州，傲狠無禮，子儀嘗遣使至，承嗣西望拜之，指其膝謂使者曰：「茲膝不屈於人若干歲矣，今為公拜。」

《新唐書》卷一百三十七《郭子儀傳》：

田承嗣傲狠不軌，子儀嘗遣使至魏，承嗣西望拜，指其膝謂使者曰：「茲膝不屈於人久矣，今為公拜。」

〔註59〕《新唐書》卷一百七十三《裴度傳》：

元和六年，以司封員外郎知制誥。田弘正效魏、博六州於朝，憲宗遣度宣諭，弘正知度為帝高選，故郊迎趨蹌受命，且請遍至屬州，布揚天子德澤，魏人由是歡服。

〔註60〕《舊唐書》卷一百二十《郭子儀傳》：

三月，子儀辭赴鎮，肅宗不豫，群臣莫有見者。子儀請曰：「老臣受命，將死於外，不見陛下，目不瞑矣。」帝乃引至臥內，謂子儀曰：「河東之事，一以委卿。」子儀嗚咽流涕。

〔註61〕《舊唐書》卷一百七十《裴度傳》：

上以其足疾，不便朝謁，而年未甚衰，開成二年五月，復以本官兼太原尹、北都留守、河東節度使。詔出，度累表固辭老疾，不願更典兵權。優詔不允。文宗遣吏部郎中盧弘往東都宣旨曰：「卿雖多病，年未甚老，為朕臥鎮北門可也。」促令上路，度不獲已，之任。

《新唐書》卷一百七十三《裴度傳》：

開成二年，復以本官節度河東。度牢辭老疾，帝命吏部郎中盧弘宣諭意曰：「為朕臥護北門可也。」趣上道，度乃之鎮。

〔註62〕《新唐書》卷一百三十七《郭子儀傳》：

贊曰：天寶末，盜發幽陵，外阻內訌。子儀自朔方提孤軍，轉戰逐北，誼不還顧。

〔註63〕《舊唐書》卷一百二十《郭子儀傳》：

時蕃虜屢寇京畿，倚蒲、陝為內地，常以重兵鎮之。永泰元年五月，以子儀都統河南道節度行營，出鎮河中。八月，僕固懷恩誘吐蕃、回紇、党項、羌、渾、奴剌，山賊任敷、鄭庭、郝德、劉開元等三十餘萬南下，先發數萬人掠同州，期自華陰趨藍田，以扼南路，懷恩率重兵繼其後。回紇、吐蕃自涇、邠、鳳翔數道寇京畿，掠奉天、醴泉。京師震恐，天子下詔親征，命李忠臣屯東渭橋，李光進屯雲陽，馬璘、郝廷玉屯便橋，駱奉先、李日越屯鳌啡，李抱玉屯鳳翔。周智光屯同州，杜冕屯坊州，天子以禁軍屯苑內。京城壯丁，並令團結。城二門塞其一。魚朝恩括士庶私馬，重兵捉城門，市民由竇穴而遁去，人情危迫。

是時，急召子儀自河中至，屯於涇陽，而虜騎已合。子儀一軍萬餘人，而雜虜

非若淮西之拒命偏隅。至屯而辛雲京為復鄧景山夙讎〔註64〕，問兵而同華軍立

圍之數重。子儀使李國臣、高升拒其東，魏楚玉當其南，陳回光當其西，朱元琮當其北。子儀率甲騎二千出沒於左右前後，虜見而問：「此誰也？」報曰：「郭令公也。」回紇曰：「令公存乎？僕固懷恩言天可汗已棄四海，令公亦謝世，中國無主，故從其來。今令公存，天可汗存乎？」報之曰：「皇帝萬歲無疆。」回紇皆曰：「懷恩欺我。」子儀又使諭之曰：「公等頃年遠涉萬里，翦除凶逆，恢復二京。是時子儀與公等周旋艱難，何日忘之。今忽棄舊好，助一叛臣，何其愚也！且懷恩背主棄親，於公何有？」回紇曰：「謂令公亡矣，不然，何以至此。令公誠存，安得而見之？」子儀將出，諸將諫曰：「戎狄之心，不可信也，請無往。」子儀曰：「虜有數十倍之眾，今力固不敵，且至誠感神，況虜輩乎！」諸將曰：「請選鐵騎五百衛從。」子儀曰：「適足以為害也。」乃傳呼曰：「令公來！」虜初疑，持滿注矢以待之。子儀以數十騎徐出，免冑而勞之曰：「安乎？久同忠義，何至於是？」回紇皆捨兵下馬齊拜曰：「果吾父也。」子儀召其首領，各飲之酒，與之羅錦，歡言如初。子儀說回紇曰：「吐蕃本吾舅甥之國，無負而至，是無親也。若倒戈乘之，如拾地芥耳。其羊馬滿野，長數百里，是謂天賜，不可失也。今能逐戎以利舉，與我繼好而凱旋，不亦善乎！」會懷恩暴死於鳴沙，群虜無所統攝，遂許諾，乃遣首領石野那等入朝。子儀遣朔方兵馬使白元光與回紇會軍。吐蕃知其謀，是夜奔退。回紇與元光追之，子儀大軍繼其後，大破吐蕃十餘萬於靈武臺西原，斬首五萬，生擒萬人，收其所掠士女四千人，獲牛羊駝馬，三百里內不絕。

《新唐書》卷一百三十七《郭子儀傳》：

永泰元年，詔都統河南道節度行營，復鎮河中。懷恩盡說吐蕃、回紇、常項、羌、渾、奴剌等三十萬，掠涇、邠，躪鳳翔，入醴泉、奉天，京師大震。於是帝命李忠臣屯渭橋，李光進屯雲陽，馬璘、郝廷玉屯便橋，駱奉先、李日越屯屋盤，李抱玉屯鳳翔，周智光屯同州，杜冕屯坊州，天子自將苑中。急召子儀屯涇陽，軍才萬人。比到，虜騎圍已合，乃使李國臣、高升、魏楚玉、陳回光、朱元琮各當一面，身自率鎧騎二千出入陣中。回紇怪，問：「是謂誰？」報曰：「郭令公。」驚曰：「令公存乎？懷恩言天可汗棄天下，令公即世，中國無主，故我從以來。公今存，天可汗存乎？」報曰：「天子萬壽。」回紇悟曰：「彼欺我乎！」子儀使諭虜曰：「昔回紇涉萬里，戡大憝，助復二京，我與若等休戚同之。今乃棄舊好，助叛臣，一何愚！彼背主棄親，於回紇何有？」回紇曰：「本謂公云亡，不然，何以至此。今誠存，我得見乎？」子儀將出，左右諫：「戎狄野心不可信。」子儀曰：「虜眾數十倍，今力不敵，吾將示以至誠。」左右請以騎五百從，又不聽。即傳呼曰：「令公來！」虜皆持滿待。子儀以數十騎出，免冑見其大酋曰：「諸君同艱難久矣，何忽亡忠誼而至是邪？」回紇捨兵下馬拜曰：「果吾父也。」子儀即召與飲，遺錦綵結歡，誓好如初。因曰：「吐蕃本吾舅甥國，無負而來，棄親也。馬牛被數百里，公等若倒戈乘之，若俯取一芥，是謂天賜，不可失。且逐戎得利，與我繼好，不兩善乎？」會懷恩暴死，群虜無所統一，遂許諾。吐蕃疑之，夜引去。子儀遣將白元光合回紇眾追躡，大軍繼之，破吐蕃十萬於靈臺西原，斬級五萬，停萬人，盡得所掠士女牛羊馬橐駝不勝計。

〔註64〕《舊唐書》卷一百二十《郭子儀傳》：

誅周智光父子〔註65〕，不必辯士之脅說，不待移書可而解圍，自使劇寇之悉心奉法。是同一捍禦寇賊，而危且險與近而易攸分；同一震懾人心，而自然服與作而致亦別。將謂任用所在使然歟？無亦事勢所值使然歟？大抵郭行軍敵王懍之日多，故傳錄其兵謀尤烜赫；裴立朝秉國政之日久，故傳紀其計謨頗詳明。然而處多事之時而有餘，即令處無事之時而無不足；與異類處而能使感動，況與同群處而當益歸懷。據身所嘗經，而度身所未嘗經，力之能否，不必證諸身之親歷也。吾觀子儀副代宗，收復兩京，猶不免惑於讒言，致懷憂疑，而上陳訴之表。〔註66〕《傳》言「敬宗雖孺蒙，然注意度，中人至度所，必慰安而示召期」〔註67〕。設子儀而為度，信用無間，所以匡救裨益，當益復可觀。以度而為子儀，所以為守計，正不知如何顧慮矣。雖然，處賢奸並立之朝，而高節完名互相輝映。子儀也，度也，在唐室中葉後功臣中，夫豈多觀哉！

## 楊綰元德秀合論

《唐書》列楊綰傳於李麟、崔祐甫諸名臣間，〔註68〕元德秀則以冠《卓行傳》〔註69〕。一以勳業顯，一以行義著，似綰與德秀固有各成其是者。吾則謂易地皆然也。《舊唐書》：「綰早孤，家貧，養母以孝聞。」又云：「綰儉薄自樂，

---

子儀至絳，擒其殺國貞賊首王元振數十人誅之。太原辛雲京聞子儀誅元振，亦誅害景山者，由是河東諸鎮率皆奉法。

《新唐書》卷一百三十七《郭子儀傳》：

子儀至屯，誅首惡王元振等數十人，太原辛雲京亦治害景山者，諸鎮皆惕息。

〔註65〕《舊唐書》卷一百二十《郭子儀傳》：

大曆元年十二月，華州節度使周智光殺監軍張志斌謀叛，帝以同、華路阻，召子儀女婿工部侍郎趙縱受口詔往河中，令子儀起軍討之。縱請為蠟書，令家僮間道賜子儀。奉詔大閱軍戎，將發，同華將吏聞軍起，乃斬智光父子，傳首京師。

《新唐書》卷一百三十七《郭子儀傳》：

大曆元年，華州節度使周智光謀叛，帝間道以蠟書賜子儀，令悉軍討之。同、華將吏聞軍起，殺智光，傳首闕下。

〔註66〕《新唐書》卷一百三十七《郭子儀傳》：

代宗立，程元振自謂於帝有功，忌宿將難制，離構百計。因罷子儀副元帥，加實戶七百，為肅宗山陵使。子儀懼讒且成，盡裒代宗所賜詔敕千餘篇上之，因自明。詔曰：「朕不德，詒大臣憂，朕甚自愧，自今公毋有疑。」初，帝與子儀平兩京，同天下憂患，至是悔悟，眷禮彌重。

〔註67〕見《新唐書》卷一百七十三《裴度傳》。

〔註68〕《新唐書》卷一百四十二《楊綰傳》。

〔註69〕《新唐書》卷一百九十四《元德秀傳》。

未嘗留意家產。累任清要，無宅一區。所得俸祿，隨月分給親故。」《唐書·德秀傳》：「少孤，事母孝。舉進士，不忍去左右，自負母入京師。」又云：「所得奉祿，悉衣食人之孤遺者。歲滿，笥餘一縑。其弟結謂德秀未嘗有十畝之地、十尺之舍。」史傳有明文，其行事若合符節矣。《縉傳》：「建復古孝廉、力田等科，天下高其議。」據《舊書》所錄條奏貢舉之弊一疏：「請依古制，縣令察孝廉，審知其鄉閭有孝友信義廉恥之行。所習之經，取《左傳》、《公羊》、《穀梁》、《禮記》、《周禮》、《儀禮》、《尚書》、《毛詩》、《周易》，任通一經，務取深義奧旨，通諸家之義。」〔註70〕隱然東西京造士規模。是縉以通經復古為先務。德秀始也調尉南和，繼止試令魯山，其所設施，不過偏隅小邑，固不敢蹈位卑言高之失。而本傳記李華《三賢論》，「德秀以為王者作樂崇德，天人之極致，而辭章不稱，是無樂也。於是作《破陳樂辭》，以訂商周。」是菲薄舉世所為詞章，而志在於治古之隆。且傳坿列諸門弟子，敘李粵「令南華，大水，它縣飢，人至相屬。粵為具饘鬻，及去，糧糧送之。安祿山亂，粵客清河，為乞師平原太守顏真卿，一郡獲全」。揆之東漢節義士，何多讓焉？然則縉欲以摩厲士習者，德秀有以教誘躬行矣。縉與元載同朝，《傳》言元載秉政，公卿多坿之。縉孤立中道，清貞自守。載貪冒日甚，天下士議益歸縉。縉之冰雪清操皎如。而《德秀傳》：「玄〔註71〕宗在東都，命三百里縣令、刺史各以聲樂集。時頗言帝且第勝負，加宜黜。河內太守輦優伎，被錦繡，或作犀象，瓌譎光麗。德秀惟樂工數十人，聯袂歌所為《於蔿於》。帝歎為賢人之言。」在縉與德秀非必有求異同官之見，素位而行，一官之得失不足攖其懷。一則孚輿論，一則感上心矣。縉之初輔政也，崔寬毀其別墅之池觀堂皇，黎幹損其出入之從衛驕馭。即盛德大業如郭子儀，除書傳聞行營，音樂即時散五之四。〔註72〕望風而變奢從儉，止頃刻間。德秀於繫獄劇盜格虎自贖之請，胥吏舉指為苟免詭計，德秀坦然破械使去，明日盜屍虎還。〔註73〕傳以誠信化人，許之格剽悍之

〔註70〕《舊唐書》卷一百十九《楊縉傳》。
〔註71〕「玄」，底本作「元」。
〔註72〕《新唐書》卷一百四十二《楊縉傳》：「始輔政，御史中丞崔寬本豪侈，城南別墅池觀堂皇，為當時第一，即日遣人毀之；京兆尹黎幹，出入從騎馭百數，省損才留十餘騎；中書令郭子儀在邠州行營，方大會，除書至，音樂散五之四；它聞風靡然自化者，不可勝紀。」
〔註73〕《新唐書》卷一百九十四《元德秀傳》：「有盜繫獄，會虎為暴，盜請格虎自贖，許之。吏白：『彼詭計，且亡去，無乃為累乎？』德秀曰：『許之矣，不可負約。即有累，吾當坐，不及餘人。』明日，盜屍虎還，舉縣嗟歎。」

夫，正不異挽尚奢之積習，相去止此所用之大小耳。然則縉也，德秀也，其所見於世不必同實，其所處之地有不同。達而在上，如縉之建白措置，既有以鎮末俗而回頹風；窮而在下，即德秀之小試，亦矯矯於流俗波靡之會。若夫入仕之各由進士第，身後則謚文簡者示特褒，謚文行者無異論，則尤參觀而益見者爾。

## 唐人《漢書》《文選》之學攷

《隋書·蕭該傳》：「該撰《漢書》及《文選音義》，咸為當時所貴。」是隋時已以《漢書》、《文選》名所學，該尤以兼通著稱。唐顏師古為太子承乾注《漢書》，詳贍精博，時人稱為班氏忠臣，以比杜預注《左傳》。然師古之注，傳言多採其叔游秦所撰《漢書決疑》，則《漢書》固顏氏一家之學已。房玄齡以顏書繁重，令敬播撮其要，為四十卷。〔註74〕當時《漢書》之學，以顏《注》為要歸。姚思廉少受《漢書》於其父察。思廉之孫班以察所撰《漢書訓纂》多為後之注《漢書》者隱其姓氏，攘為己說，班乃撰《漢書詔訓》四十卷，以發明其家學。是姚氏亦以《漢書》之學世其家。秦景通與弟煒皆精《漢書》，號大秦君、小秦君。於時治《漢書》者，非其指授，以為無法。〔註75〕儼然經學家之有師法矣。王方慶嘗就任希古受《史記》、《漢書》。希古遷官，方慶仍隨之卒業。希古於《漢書》，殆亦如《敬播傳》所云劉納言亦以《漢書》名家者。〔註76〕顧允撰《漢書古今集》二十卷，劉伯莊撰《漢書音義》二十卷。其曰《古今集》，大都薈萃成說；曰《音義》，至二十卷之多，更可見攷訂之精。《郝處俊傳》：「處俊好讀《漢書》。」《裴炎傳》：「裴炎好《左氏傳》、《漢書》。」是雖不以《漢書》學名，未嘗不究心於《漢書》。

李善撰《漢書辨惑》三十卷，善固以《文選》學見推唐世者。善學受之曹憲，撰《文選注》，合六十卷。本傳歷敘初注、復注、三注、四注之別，畢生學力，當在是書。與善同為《文選》學者，有許淹、僧道。淹與善同師曹憲者，

〔註74〕《舊唐書》卷一百八十九上《儒學列傳上·敬播》：「時梁國公房玄齡深稱播有良史之才，曰：『陳壽之流也。』玄齡以顏師古所注《漢書》，文繁難省，令播撮其機要，撰成四十卷，傳於代」

〔註75〕《舊唐書》卷一百八十九上《儒學列傳上·秦景通》：「秦景通，常州晉陵人也。與弟煒，尤精《漢書》，當時習《漢書》者皆宗師之，常稱景通為大秦君，煒為小秦君。若不經其兄弟指授，則謂之『不經師匠，無足採也』。」

〔註76〕按：《秦景通傳》：「為《漢書》學者，又有劉納言，亦為當時宗匠。」非《敬播傳》。

魏模、公孫羅，姓字具見《唐書》。《李邕傳》稱「其父善始注《文選》，釋事而忘義。書成，以問邕，邕意欲有所更善，因令補益之。邕乃坿事見義，故兩書竝行」，是《文選》之學，善、邕洵為後先齊美。開元時，呂延祚集呂延濟、劉良、張詵、呂向、李周翰五人之注，表進於朝。或謂勸善之說，詆善之短。然五人於《文選》學究非一無所知者。《唐‧藝文志》：「康國安《注駁交選異義》二十卷」，殆有見於雜說之不論，辯駁而注為專書。常寶鼎撰《文選著作人名》三卷，觀其命名，似亦無關要義，要亦為《文選》學不可無之書。李匡乂《資暇集》雖非為《文選》學而作，而攷訂善《注》各條，足證平日之留心關覽，不必為《文選》學，而無不可為《文選》學之一助。杜甫詩：「熟精《文選》理。」甫一詩人，而云「熟精」，正可見唐時《文選》之學，詞章家亦知通習也。

　　吁！漢儒傳注之學，無嫌墨守一家，至唐人撰《正義》而一變。然若師古之注《漢書》，李善之注《文選》，家學師法，歷歷可稽，爰攷其大略如此。

## 《五代史‧一行傳》書後

　　《五代史》立《一行傳》，似本《後漢書‧獨行傳》以標題。攷《獨行傳》中諸人，類皆敦禮讓、卻徵聘以為常，或飲毒守貞，或拔刀衛父，或執紼遠赴友喪，或蹈火為民請命。在其人，有時不辭污下以為藏名韜晦地，而所以廉頑立懦，幾幾乎空前而絕後。若《五代史‧一行傳》，傳止五人。鄭遨、張薦明澹於樂利，與物無競，雖處濁世，而俯仰寬然。然近於隱遁者流，當代容未盡繫以輕重。石昂初試縣令，以不屑為刑人，下而以微罪行，卒為宗正少卿。又以樞諫不聽，稱疾。進退具有本末，然以視盡瘁事國者有間。李自倫以孝義旌，據其鄉老程言等所稱舉，閭里聞見親切，必有歷諸久而確不容誣。就六世同居而論，家庭和氣，藹然於安常處順間。較之《獨行傳》所載，難易亦復迴殊。程福贇始則定亂軍之變，有功而不自明；繼則中姦壬之譖，下獄而復不自辨。所行似與《獨行傳》中人差近耳。然則此五人者，綜其終始舉動，抑亦初不相類。歐陽公顧合而列諸《一行傳》，得無以文字多殘，此五人紀錄幸存，姑相次為同篇乎？抑將以世變愈下，如五人庸近之行，已覺其不可及乎？然言乎網羅放失，則《伶官》、《義兒》之傳有必分也；以言乎礪世摩鈍，則《死事》、《死節》之傳尤足感也。吾謂歐陽公之傳此五人，以五人生際五代，立心制行，莫非舉世之所不為，而稱道者儼然弗衰，正可見直道具存。唐世重科第，失之

者至坼叛逆，乘間隙以逞倒行。鄭邀試進士不中而隱去，雖敏於文詞，而絕無尤怨之心。即張薦明少時夙以儒學著稱，石昂家富藏書，似非無志科第者，乃張則去為道士，昂初不求仕進，殆深知自立有進乎此者。福贊以軍卒顯，自倫壓於百僚底，庸詎知士夫不羞與之同列？而邀則或寫其形，薦明則上召之見，福贊則世知其冤，石昂之孝悌、自倫之孝義充然，無廉恥之朝臣亦相敬慕，而難已於表聞，益見公道自在人心矣。嗟乎！五代之濁亂，更下於漢季。《一行傳》諸人生其時，正不啻《獨行傳》諸人之為其難。蔚宗以「不得中庸」發論，而歐陽公亦有「不足為中道」之歎，可以會微旨已。

## 《五代史・唐六臣傳》書後

五代首朱梁，迄郭周，前後通五十七年，凡十三主，更八姓。歐陽公作《五代史》，於專仕一代者，類敘為梁臣、唐臣、晉臣、漢臣、周臣傳；屬事累朝者，則臚列為雜傳。深慨當日立人之朝而食其祿，回面易主，視所奉舊君，不啻萍遊於江湖。而適相值風俗之媮薄，日趨於無可復下。雖由於干戈興，學校廢，而禮義衰。究其靦顏而作之俑，實自張文蔚、楊涉、張策、趙光逢、薛貽矩、蘇循始，故各為之傳，而總題之曰《唐六臣傳》。敘詳載奉冊寶於梁太祖之六臣分任使事，特舉裴樞不以太常卿官張廷範，致觸凶鋒，以相形謂樞等尚惜一卿，決不肯以國與人；雖樞等力未必能存唐，然必不亡唐而獨存。〔註77〕

〔註77〕《新五代史》卷三十五《唐六臣傳・敘》：

甚哉，白馬之禍！悲夫，可為流涕者矣！然士之生死，豈其一身之事哉？初，唐天祐三年，梁王欲以嬖吏張廷範為太常卿，唐宰相裴樞以謂太常卿唐常以清流為之，廷範乃梁客將，不可。梁王由此大怒，曰：「吾常語裴樞純厚不陷浮薄，今亦為此邪！」是歲四月，彗出西北，掃文昌、軒轅、天市，宰相柳璨希梁王旨，歸其譴於大臣，於是左僕射裴樞、獨孤損、右僕射崔遠、守太保致仕趙崇、兵部侍郎王贊、工部尚書王溥、吏部尚書陸扆皆以無罪貶，同日賜死於白馬驛。凡搢紳之士與唐而不與梁者，皆誣以朋黨，坐貶死者數百人，而朝廷為之空。明年三月，唐哀帝遜位於梁，遣中書侍郎、同中書門下平章事張文蔚為冊禮使，禮部尚書蘇循為副；中書侍郎、同中書門下平章事楊涉為押傳國寶使，翰林學士、中書舍人張策為副；御史大夫薛貽矩為押金寶使，尚書左丞趙光逢為副。四月甲子，文蔚等自上源驛奉冊寶，乘輅車，導以金吾仗衛、太常鹵簿，朝梁於金祥殿。王袞冕南面，臣文蔚、臣循奉冊升殿，進讀已，臣涉、臣策奉傳國璽，臣貽矩、臣光逢奉金寶，以次升，進讀已，降，率文武百官北面舞蹈再拜賀。夫一太常卿與社稷孰為重？使樞等不死，尚惜一卿，其肯以國與人乎？雖樞等之力未必能存唐，然必不亡唐而獨存也。嗚呼！唐之亡也，賢人君子既與之共盡，其餘在者皆庸懦不肖、傾險猾獪、趨利賣國之徒也。不然，安能蒙恥忍辱於梁庭如此哉！作《唐六臣傳》。

是六臣賣國趨利之罪不勝誅，顯然言外。葉水心據此傳敘所云，謂：「是時已隨朱溫至洛陽，何不亡唐之有？其不使非清流為太常，乃習氣尚存。」吁！亦過矣！就事後觀之，樞等誠所謂殺身無益者。然而白馬之禍，猶借星變以逞也；帝位之踐，必俟冊寶之至也。其不敢毅然為所欲為者，夫亦知清議所在，眾望有未易孚乎？昔魏武帝之於漢季，猶梁太祖之在唐季。九錫與禪代，未達者一間。魏武之議九錫，盈廷初無異詞，獨荀彧不以為然。雖未能止九錫之加，而禪代行於魏文帝，世延漢祚，而稍緩須臾，庸詎知非以荀彧之說有異同？夫以魏武之勳略，一荀彧足以遏代漢之心而不敢發。況之六臣，在唐咸居高位，在梁太祖莫非往來之深交，設當日唐帝俾充冊寶等使而堅不願承，梁太祖聞之，必且以交深如六臣，猶不欲躬冒非常，唐德雖衰，人心奉戴未替，亦當暫息覬覦。乃六臣聞命遽行，儼然恐推戴梁祖之後時。據傳文參觀，則六臣大都私託於梁。《蘇循傳》：「梁太祖即位，置酒殿廷，顧群臣，自陳德薄，不足以當天命，皆諸公推戴之力。楊涉、張文蔚等皆恐懼不能對，獨循與薛貽矩盛稱梁王功德。」此尤無可掩飾者。然則六臣身雖仕於唐，心久不在於唐，無一非唐臣，無一終為唐臣。史繫六臣以唐者，此六臣誠無一終於唐，而唐實終於此六臣也。可慨也夫！

卷十九終

# 青學齋集卷二十

新陽汪之昌

## 宋太祖欲令武臣讀書論

　　昔漢高祖起布衣，摧破嬴、項，一時禽渠敵愾，韓、彭、英、盧為尤著，鮮以功名終，法綱少密，抑亦矜功伐能、諸武臣自取之歟？《宋史·太祖紀》：「建隆三年，上謂侍臣：『朕欲令武臣盡讀書。』」其云「通治道」之說誠正，其實保功臣之計獨遠也。夫武臣者，有事則持干戈以衛社稷，無事則訓士卒以嫻技勇。以此為循分供職之常，餘非所當知。而宋太祖之武臣，大都比肩郭氏之朝。忽焉露刃，樂推策太尉為天子。論其始，本無名分可言。欲其後各遵臣軌而無違，束縛之，馳驟之，暴戾恣睢之積習安所得應時遽馴？況乎五代之季，名教塗地，不識經典為何物！當日號為文臣，若范質、陶穀相顧而降階列拜，禪詔立出於袖中，回面易主，視為固然。聖經賢傳之大義，曾未窺其萬一，奚論武臣！人第見太祖以乾德建元，沿襲王衍舊號，謂作相須讀書人，重儒者由是始。太祖知文臣不讀書，所失雖止文字之末，已貽笑於嘗讀書人，況武臣類多獷悍，當夫效命疆場，誠有不可多得。幸而功成，朝廷酬以尊榮安富，亦固其所。而欲敗度、縱敗禮隨在，流露於不自知。漢高祖時，群臣飲酒爭功，拔劍擊柱。唐太宗時，尉遲敬德矜功爭坐，至毆皇叔道宗。非必目無法紀也，儱鄙其性質，意氣所激，率然行之。於此而眷念舊勞，何以申國法？於此而立置重典，何以解寡恩？朝廷情法，幾至兩窮。孰非不讀書之武臣為之耶？書也者，述古先聖王之道，綜齊家、治國、平天下之理。等威之辨，綱常之防，尤反覆稱道而不厭。愚者讀之，則可牖之。使明彊者讀之，則可劑之以柔，曉然於天經地義之不可逃，益惕然於貴極富溢之不可常。父詔兄勉之詳懇，當展卷時，

正不啻聞其聲而提其耳矣。自來帝王保全功臣，首推東漢世祖。夷攷一時佐命，鄧禹幼即受《詩》，馮異通《左氏春秋》、《孫子兵法》，賈複習《尚書》，耿弇少學《詩》、《禮》，祭遵少好經書，史策具詳。凡諸躍馬橫戈之士，罔非經經緯史之儔，故得保茅土，畫雲臺。可知立功而善於終，咸由讀書，以善其始。宋太祖之令武臣讀書，殆以武臣雖不知書於先時，不難補讀於今日。命意所在，顯然矣。厥後范仲淹以《春秋》授狄青，卒成宋代名將，有以也夫！

## 宋太祖久任邊將論

　　宋太祖鑒唐季彊藩據地，爰收方鎮兵權。後之論者，謂雖足以矯尾大之弊，然國以寖弱，故敵至一州則一州破，至一縣則一縣殘。吾謂太祖固見及於此，故變易其制於內地，未嘗不陰寄其權於守邊。即其任邊將者，可以知之矣。以宋之疆域論，靈、夏諸州據於羌戎，燕雲十六州割於契丹。當時號為邊地者，大都在西北一帶。而太祖朝將帥見史策者，李漢超齊州防禦，監關南兵馬，凡十七年；郭進以洺州防禦守西山巡檢，累二十年。賀惟忠守易，李謙溥刺隰，姚內斌知慶，皆十餘年。歷任之久，異於唐之藩鎮幾希。太祖謂：「邊寇內入，非世襲則不克。守世襲，則其子孫久遠家物，勢必愛吝，分外為防，設或叛渙，自可理討；縱其反噬，原陝一帥禦之足矣。況復朝廷恩信不爽，奚自而他？」是太祖之於邊將，自信操縱在掌握中，特與久任，莫非周慮曲防之所寓。以定邊者安內，長守其法而不變，何有後來胡馬之蹂踐中原？且夫江南李唐、南北兩漢、若閩若蜀，隨時命將出師，亦既所向有功，一一芟夷而傾覆之。於此而乘勝兵，賈餘勇，區區虜孽之在趙家土，諒不難掃塵跡而滌腥聞。而乃不納曹翰之策，別為封椿之庫，一若非吾所能，而姑備是說者，是非以幽州之境等諸大渡河外也。太祖久歷兵間，深知謀人國邑，以識地形、得人心為大要。燕雲割自石晉朝，置不過問，水陸之夷險懵如，非若諸僭國所佔踞，案之圖籍，參之覘諜，熟籌戰守進退之方略也。其人淪棄化外已久，積沾染而相雜羌夷之習氣。據傳聞而或苦王法之拘束，其得問起居、望顏色者，邊將耳。果於發號出令之際，曲盡開載布公之道，廣招來者幾何年，樹風聲者幾何年，其暇復攷詢夫險要，參驗夫虛實。萬一行師，道路皆如夙經，具壺簞以迎勞，隨屬不絕。事固非異人任，要亦非不久可得矣。今夫一郡之守、一縣之宰，所統屬猶是編戶小民，止此千里百里之間，所治理不外乎獄市錢穀，而議者猶謂存一官傅舍之見，於一方利弊必不能有興革。所謂循良風績，端由久任而來，況邊將當中

外之交，尤安危繫乎！嗟乎！折氏襲而府州存，繼捧朝而夏州失。宋初之事，任邊將者可以鑒已！〔註1〕

## 寇準退契丹論

宋真宗景德元年，契丹大舉入寇，內外震驚。寇準進親征之策，真宗遂幸澶州，契丹卒請成而退。世咸以契丹之求和，由於宋主之渡河。吾謂準顯以親征者作士氣，實恐以避狄懦人心也。夫契丹乘五代疲薾之際，蹂躪中土，如入無人之境。中朝帝王媚之，則冊立於上。否則囚縶以去。非真契丹之鋒不可犯，勢不可當也。由其冊立者自知取非其有，特借契丹之先聲以暫懾中原之不服

〔註1〕《日知錄》卷九《藩鎮》：

《路史·封建後論》曰：「天下之枉，未足以害理，而矯枉之枉常深。天下之弊，未足以害事，而救弊之弊常大。方至和之二年，范蜀公為諫院，建言：『恩州自皇祐五年秋至去年冬，知州者凡七換。河北諸州大率如是。欲望兵馬練習，安可得也！伏見雄州馬懷德、恩州劉渙、冀州王德恭，皆材勇智慮，可責辦治，乞令久任。』然事勢非昔，今不從其大，而徒舉三二州為之，以一簀障江河，猶無益也。請以昔者河東之折、靈武之李，與夫馮暉、楊重勳之事言之。馮暉，節度靈武，而重勳世有新秦，藩屏西北。他日暉卒，太祖乃徙其子馮翊，而以近鎮付重勳。於是二方始費朝廷經略。折、李二姓，自五代來，世有其地，二寇畏之。太祖於是俾其世襲，每謂邊寇內入，非世襲不克。守世襲，則其子孫久遠家物，勢必愛客，分外為防，設或叛渙，自可理討；縱其反噬，原陝一帥禦之足矣。況復朝廷恩信不爽，奚自而他？斯則聖人之深謀，有國之極算，固非流俗淺近者之所知也。厥後議臣遽以世襲不便，折氏則以河東之功，姑令仍世，而李氏遂移陝西，因茲遂失靈夏。國之與郡，其事固相懸矣。議者以太祖之懲五季，而解諸將兵權，為封建之不可復。愚竊以為不然。夫太祖之不封建，特不隆封建之名，而封建之實固已默圖而陰用之矣。李漢超齊州防禦監關南兵馬，凡十七年，敵人不敢窺邊。郭進以洺州防禦守西山巡檢，累二十年。賀惟忠守易，李謙溥刺隰，姚內斌知慶，皆十餘載。韓令坤鎮常山，馬仁瑀守瀛，王彥升居原，趙贊處延，董遵誨屯環，武守琪戌晉，何繼筠牧棣，若張美之守滄、景，咸累其任。管榷之得，賈易之權，悉以畀之。又使得自誘募驍通，以為爪牙，軍中之改俱以便宜從事。是以二十年間，無西北之虞。深機密策，蓋使人由之而不知爾。胡為議者不原其故，遂以兵為天子之兵，郡不得而有之。故自寶元、康定，以中國勢力而不能亢一偏方之元昊；靖康寇難，長驅百舍，進搗梁師，蕩然無有藩籬之限，卒之橫潰，莫或支持。由今日言之，奚啻冬水之冰齒。嗚呼！欲治之君不世出，而大臣者每病本務之下知，此予所以每咎徵、普，以為唐室、我朝之不封建，皆鄭公，韓王之不知以帝王之道責難其主，而為是尋常苟且之治也。」

《黃氏日抄》曰：「太祖時，不過用李漢超輩，使自為之守，而邊烽之警不接於廟堂。三代以來，待戎翟之得未有如我太祖者也。不使守封疆者久任世襲，而欲身制萬里，如在目睫，天下無是理也。」

耳。觀於周世宗收復三關,契丹既未能抗拒於前,又未聞興師以報。況宋自太祖、太宗以來,削平區宇,整飭武備,聲靈又甚赫濯乎!史言契丹從遊騎深、祁間,準識其狙我。宋已窺見其隱,預為之備。〔註2〕此時突圍瀛洲,分犯貝魏,果令傾國南下,侵新造之宋,彼既客則事既判乎勞佚矣,攻多方則兵適形其單薄矣。當時宋之石保吉、王超、高瓊輩,勳臣宿將,豈不足以當一戰?富弼告契丹:「澶淵之役,章聖皇帝若從諸臣之請,北兵無得脫者。」事後之語,或近鋪張。而布置之嚴密,攻戰之餘裕,契丹之眾雖盛,恐未必操必勝之算也。特恐王欽若、陳堯叟遷都之說見從,將軍車駕之行甫動於內,而將士之心必懈於外。即以軍事委準專決,欲收拾已渙之人心,以抗禦方張之寇敵。幸而阻其南下,而河以北恐非復趙家乾淨土矣。準之請幸澶淵,隱示三軍,以萬乘之主必不輕於臨戎,可以決寇之無能為,而拒敵之心益壯。翊戴所奉而致不安其居當有恥國之竟無人而忠義之憤益激決以親征方可退卻夫契丹特以不親征之不敢信契丹之必退耳契丹勝則進,敗則退,此事勢之必然。真宗北巡在十一月。是年「三月,威虜軍守將破契丹於長城口,追北過陽山,斬獲甚眾。閏月〔註3〕,契丹統軍撻覽攻威虜,順安軍,三路都部署擊敗之,斬偏將,獲其輜重。高繼祖率兵擊敗契丹數萬騎於岢嵐軍」。其他若「北平砦、威虜軍合兵大破契丹」矣,「保、莫州、威虜、岢嵐軍及北平砦皆擊敗契丹矣」。〔註4〕其時真宗尚未出也。即謂帝次澶州,而薄城之敵騎擊斬太半,可見士卒之益用命。然而契丹攻瀛洲者,知州李延渥率兵敗之;逼冀州者,知州王嶼擊走之。真宗未嘗駐其城也。可見準之退契丹,非以君上為孤注也。

## 讀《宋史·富弼文彥博傳》書後

攷《宋史》,富弼、文彥博於至和初同日入相,士大夫皆以得人為慶,則同負重望於當時。《傳》言弼居相位,百官任職,而一再使北,有以折服虜廷。則治內治外,各有成績。彥博綜理庶務,雖精練少年有不逮,而王則之反,彥博至旬日平之。則揆文奮武,無施不可。讀本傳所記述弼與彥博之相業,俱卓有可稱。案:《弼傳》謂其「為相,守典故,行故事,而傅以公議,無容

---

〔註2〕《宋史》卷二百八十一《寇準傳》:「是時,契丹內寇,縱遊騎掠深、祁間,小不利輒引去,徜徉無鬥意。準曰:『是狙我也。請練師命將,簡驍銳據要害以備之。』是冬,契丹果大入。」

〔註3〕按:此係閏九月。

〔註4〕《宋史》卷七《真宗本紀二》。

心於其間」。吾謂「傅公議」而「無容心」一語，彥博差為近是。彥博之進昭
文館大學士也，唐介劾其在蜀日以奇錦結宮掖，因之登用。介雖貶，而彥博
亦罷。厥後，吳中復乞召還唐介。彥博因言：「介頃為御史，言臣事多中臣病，
其間雖有風聞之誤，然當時責之太深，請如中覆奏。」時以彥博為厚德。因
臺官之疏請，彥博助為解釋，夫非不參恩怨之成見歟？弼以范仲淹之薦而進，
仲淹以爭廢后謫外，弼疏言宜還仲淹，此猶可謂秉正論也。《聞見錄》：「弼再
使契丹，以口傳之詞與國書不同，馳還奏，言政府欲置諸死地。呂夷簡謂：
『恐是誤，當令改定。』晏殊亦謂：『夷簡決不肯為此，誠恐誤爾。』弼即怒，
謂：『晏殊姦邪，黨夷簡。』」案《殊傳》：為相務進賢才。弼亦與進用之中，
又不獨為殊女夫，然猶謂恐敗國事也。韓琦、歐陽修歷事累朝，綜計生平施
設，粹然無愧安社稷臣。《名臣言行錄》：弼在中書，與琦論及宰相起復視事
之非。後詔起弼於居母憂時，即引韓言為辭。自此二人稍稍有隙。〔註5〕光
獻皇后之撤簾，弼怪韓琦不關報，有「魏公欲致弼於族滅之地」之語。歐陽
修議追尊濮王，弼言歐公讀書知禮法，所以為此舉者，忘仁宗，累主上，欺
韓公，又見英宗面奏云云。自此遂與魏公、韓公絕。〔註6〕夫即此兩端論，

〔註5〕《五朝名臣言行錄》卷十：
　　《龍川志》云：「富鄭公、韓魏公同在中書。鄭公母老矣，一日語及故事宰相
　　有起復視事者。魏公曰：『此非朝廷盛事。』已而鄭公居母憂，朝廷屢詔起之，
　　上章三辭貼黃，言：『臣在中書日，嘗與韓琦言之，決不當起。』魏公歎曰：
　　『吾但以實言之，不料以為怨。』自此二人稍稍有隙。」
〔註6〕《五朝名臣言行錄》卷十：
　　英宗即位之初，感疾，不能視朝，大臣請光獻大后垂簾，權同聽政。后辭之，
　　不獲，乃從。英宗才康復，后已下手書復辟。魏公奏：臺諫有章疏，請太后早
　　還政。后聞之遽起。魏公急令儀鸞司徹簾，后猶未轉御屏，尚見其衣也。時富
　　韓公為樞密相，怪魏公不關報徹簾事，有「韓魏公欲致弼於族滅之地」之語。
　　歐陽公為參政，首議追尊濮安懿王，富公曰：「歐陽公讀書知禮法，所以為此
　　舉者，忘仁宗，累主上，欺韓公耳。」富公因辭執政例遷官，疏言甚危，三日
　　不報。見英宗，面奏曰：「仁宗之立陛下，皇太后之功也。陛下未報皇太后大
　　功，先錄臣之小勞，非仁宗之意也。方仁宗之世，宗屬與陛下親相等者尚多，
　　必以陛下為子者，以陛下孝德彰聞也。今皇太后謂臣與胡宿、吳奎等曰：『無
　　夫婦人無所告。』至不忍聞，臣竊痛之，豈仁宗之所望於陛下者哉？」以笏指
　　御床曰：「非陛下有孝德，孰可居此？」英宗俯躬曰：「不敢。」富公求去益堅，
　　遂出判河陽，自此與魏公、歐陽公絕。
　　按：文末注「《聞見錄》」，見《聞見錄》卷三。（上海古籍出版社2012年版，
　　第19頁）其中，「無夫婦人無所告」與「至不忍聞」之間』又「訴。其言」三
　　字。

韓、歐初非出於自私自便，以為身家計。故當時公議未嘗見非。弼因而絕不
與通，近於逞一時之氣衿，輕棄道義舊交，安得謂未嘗容心？以視彥博有間
矣。大抵弼秉性近於激直，彥博處事濟以權變。觀其鞫黃德和之獄，亟先具
案，以拒他御史翻獄之謀。禁卒誣告都虞候謀變，彥博必俟劉沆判狀尾而行
誅卒。異時沆擅斬告反者之讒，即以其判塞其口。《聞見錄》：彥博留守北京，
傲慢如李稷，先以揚言者俾警惕，繼於客次間以挫抑。卞急之汪輔之，屢以
白公事者示簡率，復以藏御批者示含容。〔註7〕縱未必中無成見，要無乖於
公。是公非南豐雜識，仁宗嘗謂彥博有才，然瞻大。弼前在政府，今復來，
恐多顧慮。繼而彥博果不能謹畏。後因郭申錫、李偁爭塞河事，彥博意有所
左右，上由此罷之。弼亦竟以多顧慮少所建明。知臣莫如君，洵為富與文之
定評。蓋一則晚年而信直道之難容，一則晚年而尚思以才自見也。作史者以
二人相伯仲，編其傳於同卷。因參取二人事蹟見他書者，牽連書之於後。

## 崔公度《感山賦》書後

　　《宋史・崔公度傳》：「歐陽修得所作《感山賦》，以示韓琦，琦上之英宗，
即付史館。」是此賦甚見重於時。案：孫君孚《談圃》：「崔公度作《大行山賦》，
以大行山近時忌，改作《感山賦》。」王應麟《通鑑地理通釋》略撮所賦大行
形勢，及據險者之因利乘便，以備觀覽。《困學紀聞》引賦言「以皇祐之版書，

---

　　另，「自此遂與魏公、韓公絕」，「韓公」當作「歐陽公」之誤。

〔註7〕邵伯溫《邵氏聞見錄》卷十（上海古籍出版社2012年版，第56～57頁）：
　　韓魏公留守北京，李稷以國子博士為漕，頗慢公。公不為較，待之甚禮。俄潞
　　公代魏公為留守，未至，揚言云：「李稷之父絢，我門下士也。聞稷敢慢魏公，
　　必以父死失教至此。吾視稷猶子也，果不悛，將庭訓之！」公至北京，李稷謁
　　見，坐客次，久之，公著道服出，語之曰：「而父，吾客也，只八拜。」稷不
　　獲已，如數拜之。
　　文潞公判北京，有汪輔之者新除運判，為人褊急。初入謁，潞公方坐廳事閱謁，
　　置按上不問。入宅，久之乃出，輔之已不堪。既見，公禮之甚簡，謂曰：「家
　　人須令沐髮，忘見，運判勿訝。」輔之沮甚。舊例：監司至之三日，府必作會，
　　公故罷之。輔之移文定日檢按府庫，通判以次白公，公不答。是日，公家宴，
　　內外事並不許通。輔之坐都廳，吏白侍郎中家宴，匙鑰不可請。輔之怒，破架
　　閣庫鎖，亦無從檢按也。密劾潞公不治。神宗批輔之所上奏付潞公，有云「侍
　　中舊德，故煩臥護北門，細務不必勞心。輔之小臣，敢爾無禮，將別有處置」
　　之語。潞公得之不言。一日，會監司曰：「老謬無治狀，幸諸君寬之。」監司
　　皆愧謝，因出御批以示輔之。輔之皇恐逃歸，託按郡以出。未幾，輔之罷。嗚
　　呼！神宗眷遇大臣、沮抑小人如此，可謂聖矣！

較景德之圖錄，雖增田三十四萬餘畝，反減賦七十一萬餘斛」。似見當日之徒變成法，卒亦有名無實。嘗反覆公度此賦，敷陳詳盡，灑灑幾及萬言，推原其所由興感，尤在「宣帝處先零金城，武帝倚元海并州」數語。攷宋自契丹通和，大行當中外壤接處，深慮灌瓜爭桑之啟釁，爰舉一山而統加封禁。山中所有生殖，向本為國家之儲藏，民間之收採，所謂取無盡而用不竭。概任其枯朽埋沒於絕壑深岩，孰敢從而過問？將上與下材器所資消磨，正復何限！是天險既其諸人，並地利仍棄諸地，此則望大行之巍峙如故，不禁感不絕於心者。傳言公度惟知媚附王安石。蓋值安石當國時，安石議行青苗法，欲以罔民利者裕國用。究之府庫之絲粟無補，而閭閻之元氣已傷。詎知天地自然之利，滋生蘊積於名山大澤，如大行之供人求取，隸在版圖者，當復不知凡幾。而乃委置不顧，徒知苛責於小民，恐得亦不必償失。案：燕雲十六州為漢唐來所世守，宋乃任其淪棄為異域，何有於一大行山！以歲幣博苟安，歷年帑項之耗費更復不計其數，又何有於大行山之所生殖！觀於晁景迂、陳君舉等歷陳課稅，增重剝取於民者無所遺，何豢養夫敵者無所惜歟？雖然，後世焉或生財者，不知長養撙節之自有其道，而舉正供之積累、小民之物力嘗試於不可必得之地，而消歸於無何有。撰之賦，所謂「阜財得阜民之法，治山得治國之風」者，適與相反矣。賦末以得人為言，蓋知攘除以嚴中外之防，即安定以規富庶之本也。有感於感山一賦，爰書數行於後云。

## 宋興士大夫之學名節自范文正公議論文章自歐陽子道學自周子論

自來士大夫習尚之壞，莫甚於唐僖、懿以後。陵夷以及五代，馮道歷事四姓十君，或稱其和光同塵。鄭五歇後語，世且傳誦放效。安所知名節？安所有議論文章？撰諸古今共由之道、聖賢相傳之學，正不啻背而馳。宋初，范質、王溥儼然與佐命功臣列，求其風流文采，殊亦無可表見。迨真、仁朝，名臣碩儒踵接。王旦、寇準等非無勳業詞章之可道，孫覺、胡瑗亦各通經授徒。而《宋史·范文正公傳》：「感激論天下事，奮不顧身，一時士大夫矯厲尚風節，自仲淹倡之。」〔註8〕《歐陽子傳》：「宋興且百年，文章體裁猶仍五季餘習。士因陋就簡，論卑氣弱。自歐陽子起而力振之，遂以補蘇舜元、舜欽、柳開、穆修所未逮。」〔註9〕《周子傳》：「周敦頤出於舂陵，得聖賢

〔註8〕《宋史》卷三百十四。
〔註9〕《宋史》卷三百十九。

不傳之學。」〔註10〕兩程、張、邵得有師承，直接孔孟，授受心傳。觀此而知澆漓之積習數百年日下而未艾者，即一二人挽回之而自有餘也。風氣之轉移，一二人力行以倡始於前者，即士大夫相率而取法恐後也。且就三公本傳論之，於范公則云「汎愛樂善，士多出其門下」，是未嘗以名節自高；於歐陽子則云「學者求見，所與言未嘗及文章」，初不以議論文章自足；於周子則記其為主簿，為司理參軍，更不以道學自任而不屑就。然則士大夫之所舉以推重三公者，在三公初何嘗居之不疑。且夫上十事而對天章之問，通六經而尤推《易》學之精，文正之議論文章不必遜於歐陽，道學不必異於周子也。以不知羞恥激高若訥，其詳論大道似韓退之。歐陽子於名節謹嚴猶之文正，於道學研究猶之周子也。王逵之悍，趙抃之惑，臨之甚威而不稍貶；太極之圖，通書之作，言之有物而罔弗該。周子於名節不亞文正之有守，議論文章不亞歐陽之能文也。顧論其學修，三公誠難分軒輊。而論其關係一端，要亦有開先。如范文正名節之卓著，不獨同方之韓、富欽佩，即褊狹如呂夷簡，始異者亦感而終同矣。歐陽子議論文章之宏深，不獨師善之蘇、曾與遊，即剛愎如王安石，指授者亦相與降心矣。周子道學之正大，不獨親炙之二程服從，即攻訐如洛蜀黨，醜正者亦未敢誚公矣。讀史者每以士大夫之名節文章未有如趙宋之盛，大率由於所學之純且正，故道學門目特創，前所未有，抑亦思宋士大夫名節之學一范文正之學，議論文章之學一歐陽子之學，道學之學一周子之學。三公倡之在一時，而學者馴至於無窮。吁！承流極之衰而返世風於古，若范、歐陽、周子者，洵應時而出已。

## 明置茶課司以通西番論

明至中葉，蒙古偪處西北，倭夷肆擾東南。古所謂柔遠之經，蓋無足道。不則已開馬市以羈縻蒙古，而倭夷入犯，實啟釁於市舶司，則外侮莫非自取。而河、湟、洮、岷間之西番，獨能制之，使不擾邊，以置有茶課司，即市易之中寓駕馭也。《明史》：「西番即西羌，族種最多，散處川、陝、雲南徼外，為中國患尤劇。」〔註11〕漢、唐、宋代相經營，叛服靡常，有未易撫定者。在明代則無事效職貢，捍牧圉，有事亦備徵調，如協討安定、曲先，具見史策。夫孰非夙有以通之歟？其置茶課司以通之者，據《食貨志》：「番人嗜乳酪，不得

〔註10〕《宋史》卷四百二十七。
〔註11〕《明史》卷三百三十《西域傳二・西番諸衛》。

茶，則困以病。」勢不能不仰賴中土之茶。攷茶之有課，始於唐而延於宋，猶是稅民間以裨國用。宋神宗時，王韶言西人頗以善馬至邊。馬，中國所利。而敵所嗜惟茶。今茶乏，無從上市，是坐而失利。詔趣水陸各運茶赴河西市馬。茶馬之令肇於此。明之置茶課司，殆取於此。明制：「有官茶，有商茶，皆儲邊易馬。」諸產茶地設茶課司，定稅額。陝西二萬六千斤有奇，四川一百萬斤。設茶馬司於秦、洮、河、雅諸州。自碉門、黎、雅抵朵甘、烏思藏，行茶之地五千餘里。山後歸德諸州，西方諸部落，無不以馬售者。洪武時，「定上馬一匹，給茶百二十斤，中七十斤，駒五十斤」。〔註12〕永樂中，又增茶斤，以廣招來。此通西番之大概。《西番諸衛傳》：「明初更鈔後，西番馬至者少。命中官趙成齎羅綺綾絹並巴茶往河州市之。」蓋非示以彼中所未有與彼族所急需，則我之所欲得於彼恐亦未能如取如攜也。《食貨志》：「碉門、永寧、筠、連所產茶，名曰剪刀粗葉，惟西番用之，而商販未嘗出境。四川茶鹽都轉連使言：『宜別立茶局，徵其稅，易紅纓、氆衫、米布、椒、蠟以資國用。』」則茶所易之番物，類皆備不時之需，又不獨馬匹為中土所希。即以馬論，摘山之產，易充廄之良，彼得茶不足為我害，我得馬適足為國利，輕重得失昭然。據《志》所云，剪刀粗葉在中國不啻棄物，在西番一例通行，則無用者莫非有用，況銀錢更不致外耗歟？夫茶課行自前代，明乃變通焉，用以安邊，蓋有以識西番之情，斯有以制西番之命。使明盡如通西番者處外蕃，食用之微，何莫非駕馭所在哉？

## 明棄河套論

自來幅員之廣，無過於元。明祖代元，撫方夏，舉漠南山北諸路所統及西域數十國悉棄之。說者以所棄塞外要荒，勉強羈縻，必至鞭長莫及。厥後宣宗棄交阯，世宗棄哈密，獨謂本非中國所有。若成祖以大寧衛畀兀良哈，宣宗移開平衛於獨石口，則所棄者舊在版圖。然非孤遠之城，即不毛之地，迫於不得已而棄之。獨無解於棄河套也。案：《明史・王越傳》：「河套者，周朔方、秦河南地，土沃，豐水草。東距山西偏頭關，西距寧夏，可二千里。三面阻河，北拊榆林之背。唐三受降城在河外，故內地。明初，阻河為守，延綏亦無事。」〔註13〕據此，秦漢及唐咸就河套地以界中外，明初猶守其舊而固邊防。魏源

〔註12〕《明史》卷八十《食貨志四・茶法》。
〔註13〕卷一百七十一。

《綏服蒙古記》：「河套東西北三面皆距河，東西袤〔註14〕二千里，南北廣八九百里，首尾或五六百里，或三四百里。有花、馬二鹽池，地宜馬駝。有麥垛山鐵可為兵，河柳可為笴。」是地利足以資扼控，物產足以給軍用。而陝西、寧夏、延綏諸鎮或掎角於左右，或援應於後路，又何慮荒遠難守者？且明於河套亦何嘗不知為要地？初設東勝二衛相聯絡，成祖調二衛於永平、遵化而墟其地，早計及他族之易種於茲。翁萬達言弘〔註15〕治前每歲搜套，則明雖棄為甌脫，要不令敵得安居。余子俊、楊一清各陳寇在套之患。明人籌措河套，與河套之形勝類能洞悉利害，其棄之也，或亦無可如何。當曾銑之議覆河套也，請以銳卒六萬，益以山東鎗手二千，當春夏交，攜五十日餉，直搗寇巢。翁萬達議寇盤據河套，「畜牧生養，譬之為家，成業久矣，欲一舉復之，毋乃不易？」歷陳當日事勢，終以「橫挑強寇，以事非常」為言。〔註16〕萬達久任疆寄，夙推將材，斷非蓄縮不任事而為此說。似經理河套，談何容易。吾謂萬達之議，即使洞合機宜，所論河套情形，亦在淪棄已久之後。洵如云云，而易地以觀，寇竊踞之而明未易復，則明不棄之，而寇又何能為？攷《明史》，正統十四年，額森寇寧夏，留千餘騎於其中，然尚未為所佔據。天順間，阿勒楚爾潛來居之。又有伽嘉色楞竊入套。王越等往剿，屢勝，卒未驅逐。伽嘉色楞又糾元裔們都居套稱汗。其始不敢久駐者，猶疑明不終棄之也。其繼經剿不去者，逆知明意在棄之也。然猶歷十餘年之久。糾別部之眾，經營布置之已密，河北遂不啻其固有矣。夫明代西北邊患，不啻無歲不聞。然河套未經寇據。所擾者，宣、大、榆、綏近邊等處。世宗二十九年，俺答犯及畿甸，京師戒嚴。寇之得以去來自如，果誰階之厲哉？嗟乎！甘心棄地，不過苟偷旦夕之安，孰知逼處焉而愈不相安。明之後先棄地，可鑒已。其棄河套，尤可慨已。

　　　　尚能切定明與河套立言，不致漫無界限。自記。

## 王文成論

　　文成為明代名臣，建勳業，闡理學，備詳史策。吾何間然？然猶有惜者。惜其有去明代積弊之機而未之行也。明代積弊，莫甚於任用宦官。始則王振，幾危宗社稷；繼有劉瑾，傾陷正人，狡詐更出振上。文成龍場之謫，亦以忤瑾

〔註14〕按：「袤」，魏源《聖武記》卷三《外藩·國朝綏服蒙古記一》（《魏源全集》第
　　　　3冊，嶽麓書社2011年版，第104頁）作「袤」。
〔註15〕「弘」，底本作「宏」。
〔註16〕《明史》卷一百九十八《翁萬達傳》。

故。則瑾之盜弄威福，與凡宦官之挾持顛倒朝局者，夫人而知之。文成目擊其奸恣，身受其沮抑，平日所學何事，區區處置之方必熟籌於胸中，不逢機會，誠歎息痛恨於無可如何。文成之平宸濠也，盡得諸近侍與濠交通狀。當時據實入告，鑒已著之逆跡，設將來之防範，洵不再來之時，不可失之機也。或謂宵小互相援係，公雖陳說於廷，豈無主持於內？安見謀之必行？然人即甚愚，斷未有知人之圖己而尚昵之者；人即甚庸，疏於謀身，未有不為子孫計久長者。吾觀武宗因張永數言，立置劉瑾重典。言聽計從之瑾猶且毫無顧惜，其他可知。較諸漢、唐末造之主似勝一籌。公乘機建白，清一時君側之奸，弭後來閹黨之禍，堂堂正正，莫便於此。乃於論功時，先與張永、谷大用輩定謀，竄入宦官姓名，以悅武宗。昔商鞅因景監見，趙良寒心。公豈未之知耶？抑以安社稷為悅之大，臣必以容悅為先務耶？卒至功高不賞，宦官之把持益固，武宗有豹房之變。厥後魏忠賢踵起，以迄明亡。使早有揆機務、議治體之大臣，殺其勢於方盛，嚴其禁於將來，倘或不至於此。此讀史者於文成功名之際，不能無幾微之歎焉。文成之功名猶有憾者，文成之學術實未純也。雖然，如文成者，明臣中又安可多得哉！

## 王新建微時留意塞外山川形勢論

明土木之變，異於宋靖康之辱幾希。自天順復辟後，歷成化、弘〔註17〕治，上下晏安，從未聞議灑宿恥。求其規地利以致天誅者，獨王新建耳。據新建本傳：「年十五，訪客居庸、山海關。時闞出塞，縱觀山川形勝。」〔註18〕是新建於塞外山川形勢隨在留意，尚在微時。夫制勝之要，在得形勢。形勢所爭，不外山川。於時邊警屢告，與其有寇而禦諸內地，邊氓之騷抑已甚，何如無事而備之塞外，山川之控扼攸關。然則所縱觀為塞外之形勢，所深慮仍中朝之邊防也。就居庸、山海關論之。《唐書·地理志》：媯州媯川郡懷戎縣，媯水貫其中。北九十里有長城，東南五十里有居庸塞。是唐時已以居庸為塞垣。由居庸而東，曰古北口，亦曰虎北，即古所謂右北平。再折而東而南，屬之臨榆，曰山海關。出居庸關而西，越八達嶺、坌道、懷來縣土木堡，踰保安雞鳴驛，至宣鎮。明唐龍謂「宣府，大同藩籬也。居庸，長城門戶也」。藩籬密斯門戶固，形勢瞭然。而成化七年，史書「乩加思蘭入居河套，與阿羅出合」，自是

---

〔註17〕「弘」，底本作「宏」。
〔註18〕《明史》卷一百九十五。

竝邊之宣、大、延、綏等處備禦不遑。繼且入犯潮河川。陳建《建都論》:「自潮河川、古北口一日可至城下。」則塞外之形勢,朝臣率不能知,任寇據為巢穴;關內之形勢,寇且具知之,而敢於馳驅。新建以為欲固邊防,必先制之於塞外。欲爭地利,不外度其山川。得之傳聞,不如得之親歷有憑也;求之圖籍,不如求之耳目尤實也。觀其陳邊務八事,首言蓄材,終以嚴守,於山川形勢獨從略者,蓄材本得人之謂,斷無不明乎形勢;嚴守即守此形勢,備塞要領,八條括之。蓋留意有年,見之確而知之明,特於應詔一發之。異日平南中群盜,剿斷藤叛猺以及縛獻孽藩,類皆先立勝地,無不所向成功。其於塞外情形,猶且思患預防,則中國山川孰險孰夷之別、可戰可守之方,安有不洞若指掌者?所惜經濟略見,讒構中傷,夙昔留意所在,曾未及布置其一二,當亦新建微時所未及料矣。《傳·贊》:「明世文臣用兵制勝,未有如新建者。」乃摧折衷年,未竟其用,疆事日壞,有以哉!

## 袁襄愍論

袁襄愍經理遼左,事蹟具著《明史》本傳。而《烈皇小識》、《幸存錄》、《明季北略》等書所記大相徑庭。論者謂前明朋黨之風,至崇禎朝益熾。當時門戶之見,固不若後來攻巖之為可憑也。廷臣功罪之爭,尤當合敵國論列以參觀也。天啟、崇禎間,邊事益棘。襄愍補苴破敗,頗能勉彊支持,詎可謂毫無材略?同時任邊寄,若孫承宗、熊廷弼一二人外,如襄愍者亦罕。攷明臣之罪襄愍者,曰引敵脅和,曰專戮大帥。案:《傳》言我朝設間,謂崇煥密有成約,陰縱所獲宦官去,言諸明,襄愍果見疑。〔註19〕所謂專戮,謂誅毛文龍。案:《傳》言「潘士聞劾文龍糜餉殺降,董茂忠請撤文龍」。〔註20〕《熊廷弼傳》:毛文龍鎮江之捷,廷弼以當日目為奇功,乃奇禍。〔註21〕則欲去文龍者,不獨

〔註19〕《明史》卷二百五十九《袁崇煥傳》:「會我大清設間,謂崇煥密有成約,令所獲宦官知之,陰縱使去。其人奔告於帝,帝信之不疑。」

〔註20〕《明史》卷二百五十九《袁崇煥傳》:「顧文龍所居東江,形勢雖足牽制,其人本無大略,往輒敗衄,而歲糜餉無算;且惟務廣招商賈,販易禁物,名濟朝鮮,實闌出塞,無事則囂參販布為業,有事亦罕得其用。工科給事中潘士聞劾文龍糜餉殺降,尚寶卿董茂忠請撤文龍,治兵關、寧。」

〔註21〕《明史》卷二百五十九《熊廷弼傳》:「毛文龍鎮江之捷,化貞自謂發蹤奇功。廷弼言:『三方兵力未集,文龍發之太早,致敵恨遼人,屠戮四衛軍民殆盡,灰東山之心,寒朝鮮之膽,奪河西之氣,亂三方並進之謀,誤屬國聯絡之算,目為奇功,乃奇禍耳!』」

襄愍。以之二事定罪當否，已備論於前人。嘗反覆襄愍本傳，竊歎其銳於任事，卒致罔終者，莫非中於輕率之一心。襄愍以超擢僉事，監關外軍，不數年而任督師。與滿桂不協，請移之他鎮，朝廷即召桂還。與王之臣不相能，即召還之臣而罷經略。奏請戶部轉軍，工部給器械，吏部用人，兵部調兵選將，帝立敕四部臣如其言。以視廷弼為經略，內而隱制於張鶴鳴，外而牽掣於王化貞，排擠不得行其志者懸殊。《傳》言「我朝舉兵所向，諸明將罔敢議戰守，議戰守自崇煥始」。其他則復高第棄地也，號寧錦大捷也。襄愍自許制全遼有餘計，自天啟二年至崇禎二年，官遼不可謂不久，言聽計從，倚任不可謂不重，而前言未之能驗者，吾謂其於兵事視之太易也。當廣寧師潰後，襄愍單騎出關，閱形勢，歸言「予我軍馬錢糧，我一人足守此」，非真疆事為不足為，殆言此以聳朝聽，與五年復遼之對自云「聊以是相慰」者正同。即如毛文龍誅後，仍令其子承祚若陳繼盛鎮東江。《傳》言「島弁失主帥，心漸攜，益不可用，致有叛去者」。其始驟於行法，其後授不擇人。舉事率爾，此尤顯然。迨後聞警入衛，《磯聲紀》〔註22〕謂「躬統馬步二萬有奇。所歷撫寧、永平諸城，皆留兵守」。夫千里行師，速戰以求倖勝，本為兵家所忌，況兵兵以分而力愈弱，恐非勝算。《紀》又述襄愍疏「臣兵幸而詣薊，斷不使敵過薊西一步」〔註23〕，更無可解於輕敵矣。然則明之誅襄愍，誠不必當其罪；而明帝之疑而無所惜，抑亦襄愍之言之不足信哉！

## 論於清端治行得力所在

於清端由縣令起家，洊至總督，治行卓卓，尤以清操著。戰盜安民諸政績，大概見於山奏牘及政書中，迥非尋常疆吏所能希。竊嘗即事功之顯默，揣其得力所由，則在任羅城。夫能處世人所不能耐之境，然後無不可處之境；能為幹吏所不暇為之事，然後無不可任之事。即當艱險，處以從容，所遭變故，藉之磨煉，本澹泊之素，分別利弊所在，徐為地方興革，操縱定諸己，毀譽聽諸人。任無論難易，位無論高下，總不參一毫自私自便之心。觀公與荊雪濤書，敘其甫之羅城，子身萬里，夜臥枕刀，唐詩下酒。至此尚復有生人之趣而料理民事

〔註22〕按：程更生《漩聲紀》（載嶺南遺書本《袁督師事蹟》。未見此語。）另，《明史·袁崇煥傳》：「文龍既死，甫逾三月，我大清兵數十萬分道入龍井關、大安口。崇煥聞，即督大壽、可剛等入衛。以十一月十日抵薊州，所歷撫寧、永平、遷安、豐潤、玉田諸城，皆留兵守。」
〔註23〕見程更生《漩聲紀》。

哉？且居民六家，外此悉猺獞狑狼矣。武陽岡則三年必剿治矣。危險萬端，從何措置？不特風塵俗吏束手以俟來代也。公乃相地因時，風俗與變，夫豈徼幸成乎？想公於三年中，一張弛思，久遠可行；一條教務，斟酌盡善。審情偽之不同，出意計所未及，一事無敢忽，片刻無敢疏，殆所謂動心忍性時歟？戴東原撰公傳，云：任合州，處置土著流民，相安無事。不思羅城悍獷之民猺尚且感使親睦，環集問安如骨肉，矧在敬官長、奉法令之地乎！任黃州同知，搜捕汉湖幽壑各盜窟，無俾易種。不見羅城傷命無蹤之盜情，猶必緝獲而寘重典乎？至東山之役，彊寇外逼，奸民與應，公或剿或撫，即時敉定。洵見公保靖之經濟。然於時巡撫許以便宜，兵弁供其指麾。當在羅城，剿捕柳城西鄉土匪，鄰縣不聞援助，隨從並無舊僕，所督者鄉民練兵，而積年盜魁亦復俯首而乞恩也。至兼圻而治彌廣，高位而行愈潔，日後之勳名，皆身經之已事。由州牧而歷總督，自合州以及畿輔，無往而非縣令任之羅城視之也。孟子言「當大任者，必先苦其心志，勞其筋骨」，公於羅城亦可謂苦且勞矣。

卷二十終

# 青學齋集卷二十一

新陽汪之昌

## 《西夏紀事本末》第九卷書後

　　《東坡志林·戰國任俠》篇謂七國所以不遽亡秦，所以速亡，由於士之失職與否。未嘗不以其言為過。及觀《西夏紀事本末》第九篇，曰「華州二憾」，東坡殆有見於斯乎？二憾謂張元、吳昊，嘗構西夏以擾宋者。李氏之竊踞西夏，初非藉張、吳為謀主。即張、吳導西夏入寇，後仍歸於和。所謂二憾，似亦無足重輕。案：西夏地纔數千里，而寶元、康定又宋全盛時，加以韓、范諸公夙饒文武方略，剿撫經營，廑而後定，則張、吳誠未足以病宋，宋未始不以張、吳而重困也。此篇敘張、吳事蹟頗詳。於張曰「累舉進士不第」，於吳曰「久困場屋」，是二人固所謂讀書之士者。夫士有寂處蓬蓽，甚或藜藿不充，有以鉅金重幣相招延而兀不為動，何莫非為士者之常？要不可以概責諸人。人以宋代內外官職之多，將相賓從之盛，張、吳設廁身其末，在國家何有？於此區區，居卑官而餉微糈，有以贍身家者，何至於背鄉井而干重典？張、吳之罪不勝誅，而使張、吳大慟而遁者，誰為為之也？世之操進退人之權者，樹黨援，廣衣鉢，博好士名，抑塞磊落之士絕不留意，且有明知其困阸，即籲訴而若罔聞見，或引嫌而聽其浮沉，隱以釀國家大憂，如篇中所錄張、吳之構西夏，亦可鑒已。夫敵國外患，何世無之？士之若張、吳者，所在多有，烏可令之失職哉？

## 唐《奉天錄》攷證

　　《奉天錄》四卷，唐趙元一撰。自序起自建中四祀孟冬涇原叛命，終興元元年孟秋皇帝再復神都。蓋以記德宗幸奉天時事，名書之義具斯。《唐書·藝

文志》亦見箸錄，宋以後諸薄錄家間及是書。案：《唐志》別有徐岱《奉天記》、崔光庭《德宗幸奉天錄》，大抵與元一書體例相近。而司馬溫公撰《通鑒攷異》，引《奉天記》者凡八條，引《幸奉天錄》者凡九條，元一此錄獨未之及，殊有可疑。或謂德宗君德庸下，幸而規復舊物，實賴陸宣公之帷幄運籌。一時光輔之謀酋，發見於敕疏，莫不中事機而收人心。蘇文忠《乞校正宣公奏議箚子》備言之。此錄絕無所稱，則紀載未覈其實。戡定朱泚之難，自以李晟為功首。「天生李晟，以為社稷。」當時之褒許灼然。渾瑊雖戰績卓著，材略實遠遜於晟，史文記敘可徵。此錄雖亦稱晟，而盛推瑊，持論未可謂平。且如朱滔自號冀，而此錄乃以為燕，則僭偽之名號不符。嗣滕王湛然從玄〔註1〕宗入蜀，在天寶十五載，遠在德宗幸奉天之前。此錄以為預建中是役，則時日之先後亦歧。盧杞貶新洲司馬，此錄曰貶夷司馬，則地名亦復混淆。此皆鑿鑿見諸《唐書》，以之參互攷訂元一所錄之非實。即謂傳聞容有異詞，其為不足憑信奚待言，修史者不之採，固宜。

雖然，嘗反覆此錄，亦有可以訂正史誤者。攷《朱泚傳》：「渾瑊伏兵漠谷，引數十騎跳攻長安，泚大驚，踣楊前。瑊引卻，李日月尾追，欲〔註2〕伏鬭。」《傳》明言「攻長安」，而漠谷與長安遠隔。此錄謂「渾公先以數十騎從西門出，埋於漠谷之隔。公自將數十騎從東門而出，直抵朱泚營壘。泚驚，不覺墜楊」云云，觀「抵朱泚營壘」之文，則時朱泚攻奉天，非渾瑊攻長安，故得埋伏漠谷。此證之地勢而可知者。《李希烈傳》：「劉洽率軍十餘萬戰白塔，不利，洽引還，卒桓〔註3〕少清攬轡曰：『公小不利遽北，奈何？』洽不聽，夜入宋州。」此錄記「劉洽大會諸軍，決戰於汴水之陽、白塔之地，賊益生兵，我師不利，夜後抽軍，各不相救，劉公宵迷，縱騎奔於敵營。去賊稍近，步卒桓少清謂劉公曰：『僕射萬里長城，國家天柱，今少不利，蹤騎奔敵，恐非計。』逼劉公而控其轡。劉公謂少清曰：『若審爾者，終不相負。假我戎器。』少清授以戎器，遂控轡迴，三更達於宋州」。臚敘戰事較備。蓋洽敗後，夜奔失道，反向賊營，少清疑其將死敵，故控之使還。觀洽、少清相與語，情事顯然。即此兩端，足糾補《唐書》之疏漏。俾見《奉天錄》者，毋僅以唐人說部等視也。

---

〔註1〕「玄」，底本作「元」。
〔註2〕「欲」，《新唐書》卷二百二十五中《逆臣列傳中‧朱泚傳》作「遇」。
〔註3〕「桓」，《新唐書》卷二百二十五中《逆臣列傳中‧李希烈》作「柏」。

## 通道於九夷八蠻論

《魯語》：「昔武王克商，通道於九夷百蠻。」《古文尚書・旅獒》作「遂通道於九夷八蠻」。孔《疏》引「韋昭《魯語注》：『通道，譯使懷柔之。』是王家遣使通彼，彼聞命來獻也」。是九夷八蠻，其道皆素不相通，有待使者之通之。案：《白虎通・四夷之樂論》：「東方為九夷，南方為八蠻。」引《曾子問》「九夷、八蠻、六戎、五狄，百姓之難至者」之文。「難至」，即以道之未通。《〈周官・職方氏〉注》：「鄭司農云：『東方曰夷，南方曰蠻。』」《疏》引《鄭志》答趙商問：「九貉即九夷，在東方；八蠻在南方。」然則九夷為東方之國，八蠻為南方之國，自古相傳無異說。攷周武王自豐都鎬京，以九州大勢言，正在西而偏近於北，與東九夷、南八蠻相去絕遠，所謂風馬牛不相及者。後世號為天下共主，於異域請貢請內屬，往往閉關謝絕，勿與通。論者侈為盛舉。則於未通道之夷若蠻，特遣人以通其道，得毋勤遠略而喜開邊？《爾雅》：「九夷、八狄、七戎、六蠻，謂之四海。」四海違於四荒，而武王時之九夷八蠻別以東若南者，均非近在九州以內。《職方》：「正東曰青州，正南曰荊州。」夷之在青州者為萊夷，蠻之在荊州者為荊蠻。《禹貢》「萊夷」作「牧」。釋作「牧」者，謂以畜牧為事，即《周官・大宰》之「牧養蕃鳥獸」。萊在虞夏已通中國，《商頌》「奮伐荊楚」，亦當商世，而在周前。奉職貢，行師旅，初非周時始通往來。《王制疏》：「東方謂之夷者，其類有九，依東夷。九種：一曰玄〔註4〕菟，二曰樂浪，三曰高驪，四曰滿飾，五曰鳧臾，六曰索家，七曰東屠，八曰倭人，九曰天鄙。南方曰蠻者，其類有八。李巡注《爾雅》云：一曰天竺，二曰咳首，三曰僬僥，四曰跂踵，五曰穿胸，六曰儋耳，七曰狗軹，八曰旁春。」是九夷、八蠻罔不歷歷可稽。道之云遠，設非使人相通，烏從區分其種類？吾觀「職方氏掌天下之圖，以掌天下之地，統夷蠻閩貉戎狄之人民」，又云「辨九州之國」，是「天下之圖」非止國於九州者。「懷方氏掌來遠方之民」，言「遠方」，可見無乎不包。「合方氏掌達天下之道路」，此又見通道者之設有專官。通道固亦懷柔之經也。夫豈拓土地、求珍奇云爾哉？

> 《外傳》「百蠻」，《古文尚書》「八蠻」，雖同一與「九夷」對舉，而百則見其數之多，八蠻當有定所，此其區別處。此作未及從此洗發，亦一大病。自記。

〔註4〕「玄」，底本作「元」。

## 讀《國語》

　　注《國語》者，以韋宏嗣為最古，而以黃蕘圃刻本為最善。董增齡撰《國語正義》，凡諸家釋《國語》之說，搜採尤備。近讀《尚書·旅獒》，孔《疏》有「韋昭曰：『通道，譯使懷柔之』」，當為《魯語》「通道於九夷百蠻」注文，而今韋《注》無之，是今所傳韋《注》非完書。夫以《國語》言，即董氏《正義》旁稽博覽，不可謂不勤。《尚書》為《十三經》之一，治《國語》者斷無不讀之理，而此注獨見遺者，大都以《旅獒》乃晚出古文，不足信。殊不思晚出經傳假名安國，而《疏》則作自穎達。穎達在唐初所見各書，即非漢儒原本，亦必六朝油素，諸所引據，必當時治經家傳習，不得以經傳之偽，並《疏》謂為不足觀也。余聞見陋狹，而適得此韋《注》於孔《疏》中，而韋《注》之散見於他書，恐不止此。李次白孝廉《春秋賈服注輯述》、宋于庭《孟子劉熙注》咸稱精博，余於兩家所輯外，各又得若干條，可見訓釋古書固不易言，即網羅散佚亦豈易易哉！

## 書《國語》後

　　《史記·太史公自序》：「左丘失明，厥有《國語》。」似撰《國語》者即作《左傳》之左丘明。《漢書·藝文志》：「《國語》二十一篇。」注：「左丘明著。」與《史記》同。篇數亦與今本合。讀《國語》者謂敘述率與《左氏傳》不符為疑，則猶《新序》、《說苑》同出劉向手而說多歧。即如《左氏傳》成十六年：「苗賁皇曰：『請分良以擊其左右，而三軍萃於王族〔註5〕。』」襄二六年：聲子述「苗賁皇曰：『吾乃四萃於其王族』」，又「塞井夷竈」二語。成十六年《傳》屬之士匄，襄二十六年《傳》則屬之苗賁皇。本書所敘，前後容有出入，況又各自為書。嘗綜二十一篇大要而論，大都與禮典相參證。即諸短章，無非嘉言懿行居多。《魯語》「海鳥」篇，《禮記·祭法》採之。《晉語》「趙文子與叔向遊於九京」，亦見《禮記·檀弓》。固不待言。「穆王征犬戎」篇約舉藩服遠近之差，諸侯朝見之期。「厲王虐」篇「使公卿至烈士獻詩」云云，與左史倚相臚舉「在輿有旅賁之規」諸語，具見古昔之求言。「宣王不藉千畝」篇，耕藉之典可稽。「賜晉文公命」篇，錫命之典略備。「單襄公聘宋」篇所採，為國家用民力柔遠人之規制。「景王鑄大錢」、「鑄無射」二篇，則又作幣制樂之微旨斯存。「文公在翟」篇司空季子「同姓為兄弟」之說，「鄭桓公為司徒」

---

〔註5〕「族」，《左傳》作「卒」。

篇史伯「八姓」之對，則皆分別氏姓，最有關係。隨會聘周之論殽烝，「子期祀平王」篇之論祀牲、饗賓、祀神之品物貴賤，正復差殊。「文公問胥臣」、「莊王使士亹」二篇，可參《大戴・保傳》之記也。「趙文子冠而歷見晉廷諸臣」，是即《禮經》「見賓」之謂也。「吳王爭長潢池」篇，藉見春秋軍制之變也。若《齊語》一篇，皆《管子・小匡》篇之詞，採摭具有所本。董增齡《正義序》：「說者謂《越語》下卷措詞紀年咸與他篇不合，疑非《國語》本文。」吾謂即出《漢志》兵權謀之《范蠡》二篇，抑亦古書之僅存者。然則《國語》一書，其犖犖大者，洵可備禮家之參訂。寓記事於記言，《漢志》列諸《春秋》家，吾謂兼有子家之長已。

## 《元聖武親征錄》攷證

《皇元聖武親征錄》一卷，無撰人名氏，紀錄元太祖及太宗時事。就書中所署甲子計之，始於壬戌，當金章宗泰和二年，迄於辛丑，先後都四十年。攷《元史・太祖紀》：「至元三年，追諡烈祖神元皇帝、太祖追諡聖武皇帝。」而「神元」、「聖武」之號已見是書，當為至元以後人所作。其稱睿宗以太上皇，亦一明證。然紀太宗事而以太上皇稱其弟，措詞尤無倫次，不止塞拙已也。以「聖武親征」署其書，則於開國武功尤宜，條舉件繫，昭示後來。況有元起自朔方，力徵經營，武功非無可言。平金取夏兩役，實為肇基，王跡攸關，而乃序述寥寥。史言太祖用兵如神，滅國四十，綜其數而未詳其名，則以異代追述前代，事蹟容或無徵。作此書者，身值世祖之世，去元初曾幾何時，滅國至四十之多，所謂奇勳偉績，自當傳播世人耳目間。既有意於撰箸，何難訪求翔實，用備一朝文獻。錄中於四十國名未能悉數，則紀載殊多缺略矣。乙部家每謂秉筆者之潦草，無過於明人所為《元史》二百十卷之書。兩次編纂，合計纔一年許，期限誠為迫促，遂至帝紀補鈔吏牘，列傳全錄碑誌。其尤人所指目者，一人或一再立傳，而元勳反無姓名。揆闕舛錯之由，大要在修史諸人不諳翻譯，沿訛襲謬，無怪其然。嘗反覆是書，求其可以補正《元史》者誠希。然如所云「王孤部」，即「汪古部」。「耶律楚材賜名吾圖撒合里」，此則作「兀相撒兀」。外此若「暗都剌蠻之」即「奧魯合剌合蠻」，「博羅渾那顏之」即「博爾忽闍」，「拜之」即「沈白」，當時譯語異同，亦備治《元史》者攷證之資。案：《元史・察罕傳》：「元世撰有《拖布赤顏》一書。譯言《聖武開天記》，以紀開國武功。」當修《太祖實錄》時，廷臣請之而不肯出。迨修《經世大典》，再請之，而仍

不肯出。創造之事蹟卒歸於無聞。迄今討論元事者，咸以《秘史》為最完善。若《西遊記》、《西征記》所紀，雖止一時一地，要皆目擊身經，可與《元史》相參驗。若此書者，亦其次也。

## 《列女傳》言息夫人殉節辨

《左傳》載息媯事，後人每悲其遇。一死艱難，據為口實。吾觀劉向《列女傳》所述，則息夫人固殉節者也。《傳》謂：「楚伐息，破之，虜其君，使守門。納息夫人於宮。楚王出遊，夫人遂出見息君，曰：『人生要一死而已，何至自苦？妾無須臾而忘君，終不以身更貳醮。生離於地上，豈如死歸於地下？』乃作詩曰：『穀則異室，死則同穴。謂予不信，有如皦日。』遂自殺。息君亦自殺。」與《左傳》絕異。向為楚元王孫。元王受《詩》浮丘伯。向所據依，蓋本《魯詩》。

嘗就《大車》之詩論之。《序》以為「刺周大夫」。然「謂予不信，有如皦日」明是誓言，與《左傳》「有如白水」、「有如河」句法一例。指為夫人之誓詞，義較為妥洽。且詩首云「大車檻檻」。《小雅》「無將大車」，毛《傳》：「大車，小人所將」，則為賤者之車可知。《說文》：「檻，櫳也。一曰圈」；「柙，檻也。所以臧虎兕也。」《廣雅》：「欄、檻、籠、棬，牢也。」蓋閑獸者曰檻，所以囚皋人者亦曰檻，以車閑獸則曰檻車。《釋名》：「檻車，上施檻欄以格猛獸之車也。」囚人之車亦同此稱。《後漢書・鄧騭傳》：「檻車徵詣廷尉。」注云：「以版四周為檻，無所見。」古制容亦與同。然則《詩》云「檻檻」，殆賦息君被虜時情形，或乘賤者之車入楚，四周皆檻，故重言以寓傷感。大車既為息君所乘之車，則毳衣當即指息君之服。或以息之爵侯，毳衣似不甚稱。案：《周禮・司服》：「子男之服，自毳冕而下，如侯伯之服。」例以上得兼下，下不得僭上。息為侯爵，則鷩冕下之毳冕、希冕、玄〔註6〕冕，其君皆得服之。或息君被虜時，適服毳冕，未可知也。一再云「豈不爾思」，正

與《傳》所謂「無須臾而忘君」語合。「畏子」之「子」，必指楚子。末章云云，尤與「生離於地上」二語吻合。是則稽攷《詩》義，息夫人之殉節無可疑者。《左傳》所載，或息君宮中別有媯其人者，或傳聞異辭。要之，《風》詩經聖人手定，據賢傳何如信聖經也。

---

〔註6〕「玄」，底本作「元」。

## 《列女傳》書後

《列女傳》，漢劉向撰。據《漢書·向傳》言「凡八篇」，據《藝文志》「傳七篇，頌一篇，圖一篇」，《隋·經籍志》及《崇文總目》皆稱「《列女傳》十五篇」，已與班不合。蘇頌、王回、蔡驥各以己意編次，則篇次迥非舊第。曾鞏以陳嬰母及東漢以來十六事乃後人所屬入，則此本亦非盡向撰。案：《尚書》一經，出自聖人手定。而百篇之序，今古文前後每有不同。晚出各篇錯雜於二十八篇之間，而二十八篇之真古文自在。以例《列女傳》，向所撰之八篇猶是矣。最可異者，曾鞏《列女傳序》以「傳稱《詩·芣苢》、《柏舟》、《大車》之類，與今序《詩》者之說尤乖異」。攷《漢書·藝文志》，齊、魯、韓三家《詩》俱立於學官，《毛氏詩》最後出，而齊、魯、韓三家《詩》自魏晉至唐，後先亡佚，《毛詩》僅存。鞏所云「今序《詩》者之說」，當指《毛詩》言。攷《漢書·向傳》：「家世治《魯詩》。」《禮記·坊記》注定姜之詩，《釋文》：「此是《魯詩》。《毛詩》為『莊姜』。」可見詩家立說互異。然則治《魯詩》之向，其撰此《傳》，自當據所治之經為文，何可以《毛詩》之說強繩歟？且《魯詩》久佚，不可稽，而幸賴《列女傳》以存一二，治《詩》者正宜據此以推求。是則《列女傳》一書，不獨子政氏之遺文可重，抑亦《魯詩》家之遺說攸繫已。

## 補《南唐書·藝文志》

五代時，十國並稱，而宋人撰《南唐書》者兩家，非以文采風流異於並時諸國哉？然所撰《南唐書》，於史家表志獨略。近見顧櫰三《補〈五代史·藝文志〉》一書，搜輯頗廣。其序言「南唐跨有江淮，鳩集墳典，後主開宏文館，置《詩》、《易》博士，於秦淮設國子監，後復置廬山國學，所統州縣亦往往立學」。極言南唐之好文。序云：「開寶九年，平江南，命太子洗馬呂龜祥就金陵籍圖書，得書十餘萬卷，分配三館及學士舍人院。其書校讎精審，編帙完具，與他國書不同。而趙元考家藏有澄心堂書三千卷，上有建業文房之印。」即此見收藏藝文，在同時諸國中，固必以南唐為巨擘。當夫國勢完盛，曾否撰有薄錄不可知。顧《序》以「《崇文總目》及《宋史》所載，無從區別為五代諸國所藏之書」。而顧氏《補志》亦不盡注明作者為何國人，則以所補者五代史志，所志者五代時藝文，南唐在所不遺，要亦無取乎偏重。特南唐建國，夙稱盛文史之地，其人頗敦尚乎儒雅，斐然具箸作之材，以視五代若九國，舉動懸殊。

間就顧氏所志藝文確係南唐者別出之，未箸錄者補入之，分別部居，仍顧氏仿前史經史子集例。其諸舛訛漏脫，則俟見者之訂補，姑以補作《南唐書》之未備云爾。

顧《志》：「彭玕嘗募求西京石經，厚賜以金。揚州人為之語曰：『十金易一筆，百金易一經。』」是必揚州備有石經，玕遣使募求，故州人有此語。而揚州時屬南唐。馬《書》：「魯崇範九經子史，世藏於家。」爰以開成石刻本十二經冠首。

《周易》九卷　《尚書》十三卷　《毛詩》二十卷　《周禮》十二卷　《儀禮》十七卷　《禮記》二十卷　《春秋左氏傳》三十卷　《公羊傳》十二卷　《穀梁傳》十二卷　《論語》十卷　《孝經》一卷　《爾雅》三卷據顧志補。　《春秋纂例》十卷據《崇文總目》補。《宋史·藝文志》作「《三傳纂要》二十卷」。

右經部

顧《志》，史部別出霸史。案：南唐即史家所謂偏霸者，故不復分別。

《三朝革命錄》三卷，徐廣撰據錢侗《崇文總目補遺》引《輿地碑目》補。　《元類》一卷，沈汾撰據《崇文總目》補。提要有南唐沈汾《續仙傳》。　《楊吳氏本紀》六卷，陳濬撰　《揖讓錄七》卷，陳濬撰陸書《高越傳》：「陳濬修吳史未成。」　《揖讓錄》七卷，陳岳撰　《中朝故事》二卷，尉遲偓撰　《大唐補記》三卷，程匡撰《通攷》作「程匡柔」。　《南唐開基志》十卷，王顏撰　《吳錄》二十卷，徐鉉、高遠、喬舜、潘佑等撰　《烈祖實錄》二十卷，高遠撰　《元宗實錄》十卷，高遠撰　《江南錄》十卷，徐鉉、湯悅撰　《南唐近事》三卷，鄭仁實撰據《宋史》補。　《江表志》二卷，鄭文寶撰據《宋史》補。顧《志》：「一卷，鄭龍衮撰。」　《南亳近事》一卷，鄭文寶撰據《宋史》補。　《唐春秋》三十卷，郭昭慶撰　《江南別錄》，陳彭年撰據《十國春秋》補。　《唐紀》四十卷，陳彭年撰據《十國春秋》補。　《史稿雜箸》一百卷，高遠撰　《古今語要》十二卷，喬舜撰《宋史》列史鈔類，據補。

右史部

《江南制集》七卷，閩王審知傳，陳致雍撰　《商文珪從軍槀》二十卷　《軍書》十卷，王紹顏撰　《諫奏集》七卷，張易撰　《諫書》八十卷，張易撰據《玉海》補。　《大唐直臣諫奏》七卷，張易編據《崇文總目》補。

右表狀類

《刑律統類》十卷，姜雯嗣撰　《江南刪定條》三十卷　《昇元格令條》八十條　《周載齊職儀》據《十國春秋·徐鍇傳》「後主嘗得《周載齊職儀》」補。　《玉璽記》一卷，鄭文寶撰據《宋史》補。　《郊望論》，周彬撰據《十國春秋》補。

右格令儀注類

《古樂府》據《十國春秋·徐鍇傳》注「江南時，吳淑校理古樂府」云云「可見有此書矣」補。　《霓裳譜》一卷，後主周后撰　《小胡笳十九拍》一卷，蔡翼撰據《崇文總目》補。　《琴調》一卷，蔡翼撰據《崇文總目》補。　《南唐二主詞》一卷　《陽春詞》一卷，馮延巳撰

右聲樂類

《說文解字繫傳》四十卷，徐鍇撰　《說文解字韻譜》十卷，徐鍇撰　《通輯五音》一千卷，徐鍇撰　《續古闕文》一卷，孫晟撰　《說文五義》三卷，吳淑撰

右小學類

《中正曆經》一卷，陳承勳撰　《中正曆立成》九卷　《保大齊政曆》三卷

右曆算類

《格言》五卷　《格言後述》三卷，韓熙載撰　《質論》一卷，徐鉉撰　《理訓》十卷，宋齊邱撰　《法語》二十卷，劉鶚撰　《通論》五卷，劉鶚撰據《崇文總目》補。　《治書》五十篇，郭昭慶撰　《經國治民論》二卷，郭昭慶撰

右儒家類

《三家老子音義》一卷，徐鉉撰　《新增玉管照神經》十卷，宋齊邱撰顧《志》：「《玉管照神局》」，不著作者，疑即此。　《靈城精義》二卷，何溥撰提要術數類。　《天華經》三卷，宋齊邱撰　《問政先生聶君傳》一卷，徐鍇撰　《太玄〔註7〕經注》三卷，張易撰　《譚子化書》六卷，譚峭撰　《續仙傳》三卷，沈汾撰據《四庫提要》補。　《練師傳》一卷，吳淑撰據《崇文總目》補。

右道家類

《異僧記》一卷，吳淑撰據《宋史》補。　《舍利塔記》一卷，高越撰　《揚

---

〔註7〕「玄」，底本作「元」。

州孝先寺碑》，殷崇義撰據《十國春秋》補。　《論氣正訣》一卷，何溥撰據《十國春秋》補。　《壽春石本金剛經》一卷據《文獻通攷》補，保大五年刻。

《金字心經》一卷，黃保御施

### 右釋氏類

《禁絕》三篇，郭昭慶撰據《十國春秋》本傳云「多天文孫吳之術」補。　《歲時廣記》一百二十卷，徐鍇撰

### 右雜家類

《續傳信方》十卷，王顏撰據《崇文總目》補。　《運曆圖》，龔款撰據彭元瑞《五代史記注・吳世家注》補。　《墨經》一卷，李延珪撰　《墨圖》一卷，李延珪撰　《棋經圖義例》一卷，徐鉉撰　《棋勢》三卷，徐鉉撰　《繫蒙小葉子格》一卷，後主周后撰　《編金葉子格》一卷，後主周后撰　《小葉子例》一卷，後主周后撰　《射書》五卷，徐鉉撰　《射書》十五卷，徐鍇、歐陽陌撰據《崇文總目》補。

### 右技術類

《海外使臣廣記》三卷，章僚撰　《方輿記》一百三十卷，徐鍇撰　《山海經圖》，舒雅撰　《豫章記》三卷，徐廙撰據《崇文總目》補。

### 右輿地類

《雜說》二卷，後主撰　《摭言》二十五卷，何晦撰據《宋史》補。　《廣摭言》十五卷，何晦撰　《癖書》一卷，陳陶撰據《北夢瑣言》補。　《金華子新編》三卷，劉崇遠撰　《南楚新聞》三卷，尉遲樞撰　《江淮異人錄》一卷，吳淑撰　《祕閣閒談》五卷據《十國春秋》補。　《賈氏談錄》一卷，張泊撰據《十國春秋》補。　《稽神錄》六卷，徐鉉撰　《賓朋宴語》一卷，邱旭撰　《報應錄》三卷，王轂撰　《五代登科記》一卷，徐鍇撰　《釣磯立談》二卷，史虛白撰　《文傳》十三卷，宋齊邱撰

### 右小說類

《群書麗藻》一千卷、目錄五十卷，朱遵度撰　《古今語要》十二卷，喬舜封撰《宋志》史鈔類有「喬舜《古今語要》十二卷」，疑一書，已補入史類，載此存疑。　《桂香詩》一卷，喬舜封撰《宋史》作「喬舜」。　《古今國典》一百卷，徐鍇撰　《十九代史目》二卷，舒雅撰　《詩格》一卷，鄭谷、僧齊己、黃捐同輯據《十國春

秋·孫魴傳》「谷避亂江淮」，故錄入之。　《賦苑》二百卷、目一卷，徐鍇撰　《廣類賦》二十五卷，徐鍇撰　《賦選》五卷，徐鍇撰　《唐吳英秀集》七十二卷，江文蔚輯　《桂香賦選》三十卷，江文蔚輯　《江南續又元集》十卷，劉吉編據《崇文總目》補。　《臨沂子觀光集》三卷，王轂編據《崇文總目》補。　《史傳文集》三百卷，毛炳鈔據《十國春秋》補。

## 右總集類

《李後主集》十卷　《集略》七卷、詩一卷　《閣中集》七卷，徐知諤撰據《十國春秋》補。　《應用集》三卷　《陳陶文集》十卷、詩一卷　《江文蔚集》三卷《崇文總目》有「《江翰林賦》三卷」。粵雅堂本作「之蔚」。「之」似「文」，誤。　《金鼇集》一卷，孟賓于撰　《邵拙文集》三百卷　《廬嶽集》一卷，邵拙撰　《四六集》一卷，田霖撰　《殷文圭集》一卷　《冥搜集》二十卷，殷文圭撰　《登龍集》十五卷，殷文圭撰　《筆畊詞》二十卷，殷文圭撰　《鏤冰錄》二十卷，殷文圭撰　《江為集》一卷　《伍喬集》一卷　《王轂集》一卷《崇文總目》:「詩集三卷。」　《孫晟集》五卷　《芸閣集》十卷，郭昭慶撰　《祀元集》三卷，宋齊邱撰　《宋齊邱集》四卷據《崇文總目》補。　《儾謠》十卷，喬舜撰　孫魴詩一卷《崇文總目》三卷。　邱旭詩一卷、賦一卷　《徐鍇集》十五卷　《徐鉉集》三十二卷　《湯悅集》三卷　《滎陽集》二十卷，潘佑撰《崇文總目》:「《潘舍人文集》。」　《李建勳集》二十卷一名《鍾山公集》。《崇文總目》、《十國春秋》:「李建勳自號鍾山公。」　又詩一卷《崇文總目》:「詩二卷。」　《高趙賦》一卷　《儾礙集》十五卷，韓熙載撰　《定居集》二卷，韓熙載撰　《劉洞詩》一卷　《毛炳詩集》一卷　《顏詡詩集》一卷　《沈彬詩集》二卷　《碧雲集》二卷，李中撰《崇文總目》「三卷」。　《陳黯集》三卷《崇文總目》作「文集」。　《釣鼇集》，劉吉撰　鄭谷《雲臺編》三卷　《宜陽外集》一卷　《閒居集》十卷，沈彬撰據《宋史》補。　《鍾山集》一卷，左偓撰據《宋史》補。　《張泊集》五十據《宋史》補。　《鄭文寶集》三十卷據《宋史》補。　《陳彭年文卷》一百卷據《宋史》補。　《襍古文賦》一卷，許洞、徐鉉撰據《宋史》補。　《國風正訣》，鄭谷撰據《宋史》補。　《張泌詩》一卷據《五代詩話》補。　朱存《覽古詩》二百章據《十國春秋》補。　《怨詞》三十篇，胡元龜撰據《十國春秋》補。　孟拱辰《鳳苑集》三卷《崇文總目》三卷。

## 右詩文集類

金石本屬藝文，而顧《志》除蜀石經外，概未箸錄，得毋以所志統五代，

未暇搜輯歟？此志專述南唐，與顧《志》體例微別。而南唐石刻見於《寶刻類編》、《輿地碑記》及《金石萃編》者歷歷可稽，爰除題名及金文佛經，其餘碑記補錄篇末，以備參攷。

中主《四祖塔院疏》　中主《題觀音岩》　劉津《婺源都制置新城記》汪臺府《汪王廟碑記補後》　宋齊邱《鳳台山詩》　潘仁煦《霍邱修羅漢記》韓王知證《重修東林寺記》　《太乙真人廟記》　孟拱辰《多寶塔記》亦見《碑目》，作「佛塔」。　呂延真《重複練塘銘》　又，李華述《復練唐銘》似即《碑目·南唐練胡碑》。　沈彬《方等寺經藏記》　劉日新《丹霞寺新泉記》亦《碑目》，舒州，無撰人。　崔行潛《通智大師碑》　希聲《通智大師塔銘》　宋齊邱《光誦長老碑》　陳覺《簡寂觀新壇記》亦《碑目》，「新建石壇」。　孫某《中興佛窟寺碑》名闕。　《方山寶華寺宮碑》撰人闕。　殷崇□《祈仙觀碑》　張獻《紫陽宮石磬銘》　遊士若《盧古城縣設水陸宴會記》亦《碑目》。　周惟簡述《壽春唐金剛記》　徐鉉《涇縣文宣王廟碑》亦《碑目》，「孔子廟」。　又，《素貞先生棲霞碑》　又，《義興縣興道觀北極殿碑》　又，《張靈官記》亦《碑目》。　又，《義門陳氏書堂記》　又，《延祚觀碑》　又，《峯山廟碑》　又，《紫極宮碑》亦《碑目》。　又，《題名徵君墓詩》　周彥崇《辟支佛大廣現身記》　殷崇乂《張懿公碑》　徐鉉《蔣莊武帝廟碑》《碑目》，「蔣帝」。　陳高《新建漢天師廟碑》　徐吉巢《湖南泰院佛殿功德碑》　韓熙載《清涼寺悟空禪師碑》　又，《金剛藏經殿碑》　朱恂《重修仰山廟記》　徐鍇《文宣王新廟記》　李徵古《李氏書堂記》亦《碑目》，無「李氏」。　徐鉉《南郡太守周將軍廟記》亦《碑目》，《周將軍碑》。　又，《雙溪院高公亭記》亦碑目。　又，《龍門山乾明禪院碑銘》　又，《許真人井銘》亦碑目。　又，《元博大師王君碑》亦《碑目》，「博」作「傅」。　湯悅《慧悟禪師真贊》亦《碑目》，《慧悟師沖照寫真贊》。　殷觀《筠州關城記》　又，《方等寺潘氏重修舍經藏殿記》　馮延巳《盧山開光禪院記》沈濬《簡寂觀碑》　王路《改修簡寂觀齋堂記》　徐憲《簡寂觀修石路碑記》亦《碑目》，作「修立」，無「碑」字。　彭澝《東林寺上方禪師舍利塔記》　王元《題葛公碑陰文》　賈穆《青元觀九天使者功德殿記》　徐鉉《紫陽觀碑》亦《碑目》。　任德元《重建魏夫人仙壇碑》　徐鉉《劍池頌》　僧無業《牛首山祖堂幽棲禪院佛殿記》　僧智憚《匡道禪師碑》　楊弼《彌勒菩薩上生殿記》　契恩《祈澤寺碑》

### 右據《寶刻類編》補

徐鍇《晉右將軍曹橫墓碑》　　《練湖碑》《雲麓漫鈔》：「鎮江府碑記，南唐時立。」
徐鉉《武烈大帝廟碑》　　僧自西《重光院銘》　　僧崇肇《光瑛院瑞象記》　　丁
道宏《招隱院鐘樓記》　　徐鉉《紫極宮殿司命殿記》　　又，《蔣帝廟碑》亦《寶
刻》。　　《追封慶王碑》　　《題陶隱君銘》　　《青元觀殿碑》　　王師簡《下泊官
記》　　徐鉉《元素先生碑》　　又，《唐紫陽觀碑》亦《寶刻》。　　又，《唐許長史
丹井銘》亦《寶刻》。　　又，《故元傅太師王君碑》亦《寶刻》，「傅」作「博」。　　孟拱
辰《開元寺大殿記》　　又，《多寶佛塔記》亦《寶刻》。　　又，《東禪院法華經記》
徐鉉《孔子廟記》《寶刻》「文宣王」。　　徐鍇《歸真觀記》　　《漢洞院保大中碑》
朱鞏《欽道觀記》　　徐鉉《紫極宮碑》亦《寶刻》。　　徐鍇《康濟廟記》　　邊鎬
《唐能仁寺菩薩記》　　葉密《雙溪觀記》　　徐憲《簡寂觀修立石路記》亦《寶
刻》。　　宋渙《靈溪觀碑》　　韓熙載《真風觀碑》　　徐鉉《白雲廟石刻》　　李徵
《古書堂記》亦《寶刻》。　　後主《報恩院寺額》　　湯悅《慧悟禪師沖照寫真讚》
亦《寶刻》。　　陳覺《簡寂觀新建石壇記》亦《寶刻》。　　徐鉉《廣化院碑》　　韓熙
載《龍沙章江院碑》　　陳用寬《寶雲寺錢鑄菩薩記》　　徐鉉《重建昭德觀碑記》
《保大十年新建筠州碑》　　徐鉉《上真觀記》　　徐鉉《張靈官記》亦《寶刻》。
薛良《吉祥院記》　　韓熙載《元寂禪師塔碑》　　徐鍇《朱陵觀碑》　　先主《讀
書齋石刻》　　張翊《禾山大舜二妃廟碑》　　又，《紫陽觀新興佛碑》　　徐鍇《白
鶴觀碑》　　袁愉《修崇福寺碑》及《食堂記》　　後主《重陽詩》　　徐鍇《施造
石磬銘》　　徐鍇《景德觀記》　　徐鉉《天慶觀記》　　韓熙載《盱江亭記》　　《保
大重修巢湖太姥廟記》　　《舒州丹霞寺新泉記》亦《寶刻》。　　李宗《開元寺碑
陰記》　　玉繩謹案：此據《輿地碑記目》補，惟《碑目》凡四卷，今僅剌取一卷有半，蓋未
成之槁，或下半佚去也。此篇及《〈隋書・經籍志〉校補》皆應重加釐訂，俟好事者為之。

卷二十一終

# 青學齋集卷二十二

新陽汪之昌

## 擬《皇清職貢圖》後恭跋

皇朝威德誕敷，版圖式廓，收臺灣於海外，拓回疆於西陲，尤為前代所不能。指名之地，輒視為隔絕而不通。至若輸賮獻琛，無遠弗屆。所謂史不絕書，府無虛月者，在斯矣。乾隆十六年，敕撰《皇清職貢圖》，以朝鮮以下諸外藩為首，其餘諸藩、諸蠻各隨所隸之省為次，坿近伊犁之哈薩克、布魯特、烏什、巴達克山、安集延諸部落，都共三百餘種，逐一繪畫分圖繫說，計七卷，告成於乾隆二十二年。至土爾扈特全部自俄羅斯來歸，愛烏罕、霍罕、啟齊玉蘇、烏爾根齊諸部，雲南整欠、景海諸土目，或奉表入覲，或乞情內坿，則在乾隆二十八年以後，又為續圖一卷。諸圖各繪其男女之狀，部長屬眾衣冠之別，性情習俗、服食好尚，無不詳哉言之。〔註1〕竊嘗一再展覽，仰見繪圖之意，非

---

〔註1〕《四庫全書總目》卷七十一《史部二十七‧地理類四》：
《皇清職貢圖》九卷，乾隆十六年奉敕撰。以朝鮮以下諸外藩為首，其餘諸藩諸蠻，各以所隸之省為次。會聖武遠揚，戡定西域，拓地二萬餘里。河源月窟之外，梯航鱗集，琛贐旅來。乃增繪伊犁、哈薩克、布魯特、烏什、巴達克山、安集延諸部，共為三百餘種。分圖繫說，共為七卷，告成於乾隆二十二年。迨乾隆二十八年以後，愛烏罕、霍罕、啟齊玉蘇、烏爾根齊諸部，咸奉表入覲，土爾扈特全部自俄羅斯來歸，雲南整欠、景海諸土目又相繼內附，乃廣為《續圖》一卷。每圖各繪其男女之狀，及其部長屬眾衣冠之別。凡性情習俗，服食好尚，固不具載。考《南史》載梁武帝使裴子野撰《方國使圖》，廣述懷來之盛，自荒服至海表凡二十國。張彥遠《歷代名畫記》載梁元帝有《職貢圖》。史繩祖《學齋佔畢》引李公麟云：「元帝鎮荊州，作《職貢圖》，狀其形而識其土俗，凡三十餘國。」其為數較今所繪不及十分之一。至《山海經》所載諸國，多出虛撰，概不足憑。《漢書‧西域傳》以下，史家所述，多出傳聞。核以道

徒以奉職効貢示裔夷之奔走偕來也。昔漢武之通西域，得其要領，而終為屏藩。賈誼之策匈奴，進五表三餌之說，是皆洞悉裔夷之情形。斯駕馭驅遣，自有操之不爽之券。其人而習於柔弱歟，則設法以保護之。其人而習為狡悍歟，必用威以懾伏之。招攜懷遠之略，一展卷而罔不瞭然。近五大洲諸國各有信使往來，皇朝亦遣臣工擇要駐紮各國土以察形勢，豈無箸作之選，臚述見聞，匯為卷帙？然而託之空言，不無文而多飾，何如箸之繪事，尤為實而可憑。柔遠人為近來急務。凡遊歷異域，當仿此圖而各抒所見，以備採擇。事不必與《職貢圖》相符，而義則與《職貢圖》相輔。恭跋圖後以俟之。

## 《儀顧堂題跋》卷四《新刻五代會要》跋

聚珍本《五代會要》凡錯簡二，皆連而為一。其一，第十六卷「祠部」門「僧尼籍帳內無名」下「今臣檢點」至「年月日同者」四百餘字，乃「禮部」門後唐天成三年和凝奏，上接「未曾團奏」，下接「否委無虛謬」句。「者」字則後人所妄增也。舊鈔本不誤。卷二十一「選事下」「周廣順三年五月敕三選」五百餘字，乃「選限」門周顯德五年吏部流內銓狀，上接「南曹十月內」，下接「畢三月三十日」云云。「功」字則後人所妄增也。鈔本誤同，惟《冊府元龜》六百三十四引不誤。上年，蘇州書局重刻《五代會要》，陳辰田明經從余借鈔本校訂，卷十六之誤已據鈔本改正，惟二十一之誤尚仍其舊，他日當遺書明經改刻數頁，俾成完璧。鈔本卷首王溥結銜，卷末校勘官宋璋銜名，文寬夫、施元之兩跋，皆聚珍本所無，今本刻坿於後，善矣。惟王溥題名仍照聚珍本式，學者不得見宋本舊式，為可惜也。〔註2〕

## 擬《幸魯盛典》後恭跋

康熙二十三年，聖祖臨幸闕里，親祀禮成。於時襲封衍聖公孔毓圻既忻盛

里山川，亦往往失實。又不及今之所繪，或奉贄貢篚，親睹其人；或仗鉞乘軺，實經其地。允攝提合雒以來所未睹之隆軌。然伏讀御題長律，方以保泰承庥，殷殷諮儆，此景命所以重申，天聲所以益播也。自今以往，占風驗海而至者，當又不知其凡幾。珥筆之臣，且翹佇新圖之更續矣。謹案，此書及《西域圖志》，皆以紀盛德昭宣，無遠弗屆，為亙古之所未有。《西域圖志》恭錄於都會郡縣類中，此則恭錄於外紀者，西域雖本外國，而列成開屯，築城建邑，已同內地之一省。入於都會郡縣，所以著闢地之廣，彰聖武也。職貢諸方，多古來聲教所不及，重譯所未通。入於外紀，所以著格被之遠，表聖化也。

〔註2〕按：此文即陸心源《儀顧堂題跋》卷四《新刻五代會要跋》，不知何以刻入此集。

典之躬逢，匪止一家之光寵，為前古所未有，宜昭示於來茲。二十四年，疏請編纂。二十七年，成書十八卷進呈。卷幅所限，未免漏略。聖祖指示原書應須改正，凡二十八條。臣工詩文，歌功頌德，亦有應遴選錄入者。毓圻等遵即復加釐訂，綜事蹟為二十卷，藝文為二十卷，都四十卷，刊刻奏進，即今頌行之書也。案：《史記·孔子世家》：「高皇帝過魯，以太牢祠孔子。」為後來帝王祠祀之始。然而循習之久，遣廷臣齎祝版奉祀者於廟，致齋者在宮，而當時臣僚、孔氏後裔方且侈為盛事，或為紀述者。聖祖之祀禮廟也，躬行九拜禮以致虔，諭留曲柄繖以示後，御製續頌鴻篇勒石，廟庭重建，爰給帑金，一一臚列。毓圻本諸親見親聞，勒成巨編，事不必出自同時而會其全，究其歸要，由於幸魯大典而來，是蓋承天語諄諄，體例精密，故翔實倍於其他官書者。伏讀本書，備哉燦爛，正不啻諷誦《虞書》而想見東巡柴望之隆儀已。謹恭跋於後云。

## 擬《南巡盛典》後恭跋

是書乾隆三十五年大學士管兩江總督高晉等恭撰，上進疏稱書成於庚寅之冬，故所載以乙酉為斷。嘗觀史策所紀前代之君，千乘萬騎，焜煌道路，大抵玩物華而恣遊覽，命乘輿而事播遷。或親統六師亦以討頑梗而臨行陣；或幸際太平，則又慕神仙而侈封禪。揆諸省方問民，古所謂巡狩之誼，遠矣。謹案：聖祖眷顧東南，巡幸者六。高宗舉南巡之典，為乾隆十六年。辛未二十二年再舉，二十七年三舉，三十年四舉，四十五年五舉，四十九年六舉。六龍時御，上符聖祖。據高晉疏，以乙酉為斷，則成書在鑾輿四巡後。書中於海塘防築、湖河疏蓄敘述尤詳，伏想親臨指授，俾大小臣工奉之以行，歷億萬世之久而是賴。夏諺所云「一遊一豫」者，方茲褊已。其諸課耕桑，隆典祀，卹庶獄，勵官方，振文教，飭武備，鉅典彰彰，門分部繫，鰲然秩然。至於名區勝蹟，則以睿藻品題，亦各依類列入焉。書分一百二十卷，一再伏讀，神遊目想，如在瞻就間。謹跋數語，以坿壤歌、衢頌之誼云爾。

## 擬《皇朝禮器圖式》後恭跋

自來一代之興，必有一代之制作。禮其尤要者也。微之以釋回增美，顯之在製器利用，蓋以器示禮之隆殺，必有圖為器之型模。《隋志》：「《三禮圖》九卷，漢鄭玄〔註3〕箸。」繼之者，若阮諶，若聶崇義，為尤著。說者謂諸家追

---

〔註3〕「玄」，底本作「元」。

述古制，揣摩形似，大都約據傳注之文。然憑臆測其制度，或至失真，何如依形繪諸簡冊，俾知分別也。謹案：乾隆二十四年，敕撰《皇朝禮器圖式》。三十一年，命廷臣重加校補，定為二十八卷。凡分六類：一曰祭器，二曰儀器，三曰冠服，四曰樂器，五曰鹵簿，六曰武備。每器皆列圖於右，繫說於左。器之質則有金玉璣貝錦段之殊也，器之度則有廣狹長短圍徑之異也，器之制則有刻鏤繪畫組繡之別也。某器備某用，某器供某物，罔不縷析條分，案圖可識已。前年，江蘇書局重刻《大清通禮》一書，嘗與校錄。竊見《通禮》於貴賤等差節目先後，率見諸所用之器，惟載器物之名數，陳設之方隅，而器之形式從略。謹案《四庫全書提要》，《通禮》於乾隆元年奉敕撰，越二十一年告成。《禮器圖式》則於二十四年奉敕。即此撰書之年，本相續次，可見兩書之用實相表裏。《通禮》所以統寰宇而示有遵循，《圖式》所以見分刌之不容踰越焉。至於儀器、武備並歸禮器之義，《四庫全書提要》已詳辨之。〔註4〕謹就所見，恭跋下方。

## 俞理初《地丁原始》書後

俞理初此篇〔註5〕就所見官書及邸報，自順治初至嘉慶十七年丁口數案年臚列，具見戶口之蕃衍。恭錄康熙五十一年二月聖祖「嗣後所生人丁，免其加增錢糧」之詔，五十二年聖祖「但據康熙五十年丁冊定為常額，續生人丁，永不加賦」之詔，暨恭錄雍正四年世祖諭「丁糧派於各地糧內，以雍正

〔註4〕 《四庫全書總目》卷八十二《史部三十八·政書類二》：
　　　《欽定皇朝禮器圖式》二十八卷乾隆二十四年奉敕撰。乾隆三十一年又命廷臣重加校補，勒為此編。凡分六類，一曰《祭器》，二曰《儀器》，三曰《冠服》，四曰《樂器》，五曰《鹵簿》，六曰《武備》。每器皆列圖於右，繫說於左。詳其廣狹長短圍徑之度，金玉璣貝錦段之質，刻鏤繪畫組繡之制，以及品數之多寡，章採之等差，無不縷悉條分，一一臚載。考《禮圖》世稱治始鄭玄，而鄭志不載，蓋傳其學者為之也。阮諶以後，踵而作者凡五家。聶崇義匯合為一，而諸本盡佚。然諸家追述古制，大抵皆約略傳注之文，揣摩形似，多不免於失真。是編所述，則皆昭代典章，事事得諸目驗。故毫　畢肖，分寸刂無訛。聖世鴻規，燦然明備。其中《儀器》、《武備》二類，舊皆別自為書。今乃列之於禮器，與古例稍殊。然周代視祲、保章、馮相所職皆天象，而隸於《春官》。禮有五目，軍禮居三，而所謂「前朱雀而後玄武，左青龍而右白虎，招搖在上，急繕其怒」者，戰陣之令，乃載於《曲禮》。蓋禮者理也，其義至大，其所包者亦至廣。故凡有制而不可越者，皆謂之禮。《周官》所述皆政典，而兼得《周禮》之名，蓋由於此。今以儀器、武備並歸禮器，正三代之古義，未可以不類疑也。若夫酌古宜今之精意，奉天法祖之鴻規，具見御製序文之中。尤萬世臣民所宜遵道遵路者矣。

〔註5〕 《癸巳類稿》卷十二，《俞正燮全集》第582～587頁。

五年為始」，自是而地丁箸為定令。篇末：「自丁歸地，而賦額不虧，吏民不擾，熙皥之盛，皆康熙五十年聖恩所留。」又云：「士人見古書談丁賦者，多谿刻愁苦之詞，求之時事，而不見其跡，不知古人何為作此語。」殆有見於滋生者習為無賦之丁，幾無解於前代丁賦之累，特原其始以曉之。吾觀「續生人丁，不加賦」定於康熙五十二年，而丁糧歸地始自雍正五年，其間相去十餘年。理初謂始「或數十百丁承納一丁，其故絕者；或一丁承一二十丁；或無其戶，勢難完納」。自丁糧均入地畝，實惠乃普遍無遺，抑何勤恤民隱之周且至歟！且夫則壤成賦，已見《禹貢》；夫布口算，備列《周官》。天下以戶口為重，丁賦為惟正之供，秦、漢以下不必言，三代亦何獨不然？況加以平時之休養生息，育此滋生之丁中黃小，律諸古來之更賦訾算，藉以待軍國不時所取資，在民亦知為分所應爾，斷不存永不加賦之想也。且前代弊政，我朝罔不革除。山西之樂籍，江蘇之丐戶，浙江之惰民，若九姓漁戶，概已灑削舊貫，與齊民同列甲戶，既得重覩天日，當無慮其脫漏版籍。明以私恨重困一方之民，同一畝收而苛徵數倍，本朝隨方而量與減免。彼既得蘇積困，安有不願輸此薄賦？至於普免天下錢糧，尤為曠古所未聞。從可知民間之日用飲食，朝廷咸代為之籌。即此以康熙五十年丁數為額，但取給用，而無取贏餘。理初氏排比成篇，俾生此世者知幸際寬大之朝，毋以為經國之常也。嗟乎！近以經費支絀，暫設釐卡，以濟時艱，容有效暑雨祁寒之怨諮者，殊不思自康熙五十年來，列祖列宗之藏富於民，有未可以數計者矣。因書此於《地丁原始》之後。

> 凡題涉本朝事，既不宜妄肆翻騰，又不可引喻不類。依題敷衍，勢必索無生氣。一味揄揚，直是脫題文字。此作頗免諸失。自記。

## 漢人書敘

伶玄《飛燕外傳自序》。《漢魏叢書》。　偽。

馬融《書序》。《書·泰誓》序《疏》。

班固《離騷序》。　又，《贊序》。

衛宏《古文官書序》。不全。

孔通《春秋左氏傳義詁序》。《孔叢子·連叢上》。

應劭《風俗通義序》。

許慎《說文解字敘》。　又，《後敘》。

王隆《漢官篇解詁敍》。《百官志一》注。

王逸《楚詞章句敍》。

趙岐《三輔決錄序》。本傳注。

又，《孟子題辭》。　又，《孟子篇敍》。

趙爽《周髀算經序》。

荀悅《漢紀序》。　又，目錄。

何休《公羊經傳義解詁序》。

鄭康成《周易敍》。《世說·文學》篇《注》:「《周易兼義》。」

又，《尚書大傳敍》。

又，《詩譜敍》。

又，《孝經注敍》。不全。

又，《論語敍》。不全。

劉熙《釋名序》。

高誘《呂氏春秋序》。

又，《淮南子序》。

仲長統《尹文子序》。疑。

## 輯劉光祿敍錄題詞

乾隆朝敕撰《四庫全書提要》，凡作書者姓名事蹟，所撰書體例大旨，與夫異同是非，條舉件繫於行間，俾讀者於已讀書尤易得其要領，即未見書，不難想見其大概，洵為不可無之書，亦不可不讀之書。論者謂本自漢劉向氏之敍錄。攷《漢書·藝文志》:「向校一書已，輒條其篇目，撮其指意，錄而奏之。」是經向讎勘各書，類有敍錄一篇。案班氏《藝文》一志，取諸《七錄》。即今世所流傳書名，具有可稽，而所載敍錄，或文字誤脫，或首尾不具，且有疑出後來依託，是未盡亡之書抑又不盡見其敍錄。然即僅存之敍錄，已可略得其體例。目錄家奉為準則，固宜。近年朝臣有編纂《四庫書提要》之請，蓋溯撰提要之時，迄今已歷六朝，古書之續得，近人之箸作，未經採錄於《四庫》中，種部亦復殊別，逐部分提其要，雖有例可依，而以數行綜括全書，俾覽者開卷瞭然，則固無踰於劉向氏之敍錄矣。爰鈔撮為此編，並以向子歆《上山海經表》坿於後，以見一家之學焉。

## 《世說新語注》引書目錄

經

| | |
|---|---|
| 《禮記》 | 《孝經》 |
| 《論語》 | 《包氏論語》 |
| 孔安國《論語注》 | 《春秋傳》 |
| 《韓詩外傳》 | 王廙注《繫辭》 |
| 《孟子》 | 《詩經》 |
| 《尚書》孔安國《注》 | 《爾雅》 |
| 王弼《易注》 | 馬融注《論語》 |
| 《論語》鄭玄《注》 | 《周禮》 |
| 《詩》鄭玄《注》 | 殷中軍孫安國《易象論》 |
| 《禮記》鄭玄《注》 | 杜預《左傳注》 |
| 《春秋公羊傳》 | |

經類

| | |
|---|---|
| 《五經要義》 | 《五經通議》 |
| 《春秋攷異郵》 | 《易乾鑿度》 |

史

| | |
|---|---|
| 《史記》 | 《漢書》 |
| 謝承《後漢書》 | 袁宏《漢紀》 |
| 《續漢書》 | 薛瑩《後漢書》亦單稱《漢書》。 |
| 張璠《漢紀》 | 《晉陽秋》 |
| 《續晉陽秋》 | 《魏書》 |
| 《魏志》 | 《魏略》 |
| 王隱《晉書》 | 虞預《晉書》 |
| 《魏氏春秋》 | 朱鳳《晉書》 |
| 《中興書》 | 鄧粲《晉紀》 |
| 徐廣《晉紀》 | 《蜀志》 |
| 朱鳳《晉紀》似《晉書》之誤。 | 《東觀漢記》 |
| 《趙書》 | 劉謙之《晉紀》 |
| 《宋書》 | 環濟《吳紀》 |

《吳錄》　　　　　　　　　沈約《晉書》

《漢晉春秋》　　　　　　　干寶《晉紀》

曹嘉之《晉紀》　　　　　　　　《吳書》

《吳志》　　　　　　　　　車頻《秦書》

《晉後略》　　　　　　　　　　《晉書》

謝沈《漢書》　　　　　　　韋昭《漢書注》

## 史類

《汝南先賢傳》　　　　　　　《海內先賢傳》

《典略》　　　　　　　　　　《先賢行狀》

《晉諸公贊》　　　　　　　蕭廣漢《孝子傳》

《名士傳》　　　　　　　　　《晉百官名》

《文士傳》　　　　　　　　　《楚國先賢傳》

《永嘉流人名》　　　　　　　《文字志》

《晉安帝紀》　　　　　　　周祗《隆安紀》

鄭緝《孝子傳》　　　　　　　《帝王世紀》

《華陽國志》　　　　　　　　《古史考》

《魏末傳》　　　　　　　　　《列仙傳》

《竹林七賢論》　　　　　　　《晉惠帝起居注》

《八王故事》　　　　　　　高逸《沙門傳》

《戰國策》　　　　　　　　　《晉中興士人書》

《征西僚屬名》　　　　　　徐廣《歷紀》

《高士傳》　　　　　　　　　《庾亮西僚屬名》

劉子政《列仙傳》　　　　　　《漢武故事》

《名德沙門題目》　　　　　　《齊王官屬名》

《會稽後賢紀》　　　　　　嵇康《高士傳》

《江表傳》　　　　　　　　　《明帝東宮僚屬名》

《吳越春秋》　　　　　　　　《高坐傳》

《江左名士傳》　　　　　　　《大司馬僚屬名》

《泰元起居注》　　　　　　　《英雄記》

《逸士傳》　　　　　　《會稽後賢記》〔註6〕

《大司馬官屬名》〔註7〕　皇甫謐《高士傳》

梁祚《魏國統》

## 地志

《三秦記》　　　　　　《漢南紀》

《襄陽記》　　　　荀綽《冀州記》

《冀州記》　　　　　　《丹陽記》

《揚州記》　　　　　　《南徐州記》

《太康地記》　　　　　《吳興記》

盛弘之《荆州記》　　　　《會稽土地記》

《會稽郡記》　　　　張資《涼州記》

《西河舊事》　　　　　《東陽記》

荀綽《兗州記》　　　　　《錢唐縣記》

《陳留志》　　　　　　《會稽記》

《兗州記》　　　　　　《豫章舊志》

遠法師《盧山記》　　　　《會稽典錄》

## 譜牒

《陳氏譜》　　　　　　《華嶠譜敘》

《周氏譜》　　　　　　《王氏譜》

《謝氏譜》　　　　　　《吳氏譜》

《晉世譜》　　　　　　《摯氏世本》

《孔氏譜》　　　　　　《陶氏敘》

《顧凱之為父傳》　　　　《羊氏譜》

《謝車騎家傳》　　　　　《袁氏家傳》

《謝女譜》　　　　　　《許氏譜》

《桓氏譜》　　　　　　《馮氏譜》

《殷氏譜》　　　　　　《袁氏世紀》

《陸氏譜》　　　　　　《裴氏家傳》

〔註6〕按：疑即前舉之《會稽後賢紀》。

〔註7〕按：疑即前舉之《大司馬僚屬名》。

| | |
|---|---|
| 《顧氏譜》 | 《庾氏譜》 |
| 《諸葛氏譜》 | 《劉氏譜》 |
| 《傅氏譜》 | 《李氏家傳》 |
| 《褚氏家傳》 | 《虞氏譜》 |
| 《衛氏譜》 | 《魏氏譜》 |
| 《曹氏譜》 | 《王氏世家》 |
| 《溫氏譜》 | 《李氏譜》 |
| 《顧愷之家傳》 | 《索氏譜》 |

## 諸子

| | |
|---|---|
| 《傅子》 | 《說苑》 |
| 賈誼《新書》 | 《莊子》 |
| 《家語》 | 《周髀》 |
| 《呂氏春秋》 | 王弼《老子注》 |
| 劉向《別錄》 | 《牟子》 |
| 《孔叢子》 | 《墨子》 |
| 《莊子》郭子玄《注》 | 王隱論揚雄《太玄經》 |
| 《孫子兵法》 | 杜篤《新書》 |
| 《阮子》阮武箸，十八篇。 | 《異苑》 |
| 《老子》 | 《揚子》 |

## 道釋經論

| | |
|---|---|
| 《塔寺記》 | 《涅槃經》 |
| 《大智度論》 | 夏侯玄《道德論》 |
| 阮籍《道德論》 | 《浮屠經》 |
| 《維摩詰經》 | 《法華經》 |
| 《釋氏辨空經》 | 《釋氏經》 |
| 僧肇注《維摩詰經》 | 《出經敘》 |
| 遠法師《阿毗曇敘》 | |

## 雜文

| | |
|---|---|
| 《嵇康集敘》 | 《文章敘錄》 |
| 嵇紹《趙志敘》 | 嚴尤《三將敘》 |

《蔡洪集敍》　　　　　　法暢箸《人物論》

傅咸《羽扇序》　　　　　　庾闡《從征詩》

　　《羊秉敍》　　　　　　　《遂初賦敍》

　　《魏武遺令》　　　　王洵《遊嚴陵瀨詩敍》

孫綽《道壹贊》　　　　　檀道濟《謝重論》

潘岳《秋興賦敍》　　　　　《山公啟事》亦作「山濤」。

孫統《虞存誄》　　　　　馬融《自敍》

嵇康《聲無哀樂論》　　　嵇叔夜《養生論》

歐陽堅右《言盡意論》　　　《成實論》

向子期《郭子玄逍遙義》　支氏《逍遙論》

支道林《集妙觀章》　　　張野《遠法師銘》

阮籍《勸進文》　　　　　左思《蜀都賦》

劉伶《酒德頌》　　　　　　《夏侯湛集敍》

　　《夏侯湛補亡詩》　　潘岳《家風詩》

　　《孫楚集》　　　　　　《庾子嵩意賦》

東阿王詩　　　　　　　郭景純詩

庾闡《揚都賦》　　　　孫興公《庾公誄》

　　《習鑿齒集》　　　王敬仁《賢人論》

孫興公《天台賦》　　　謝安《簡文諡議》

謝萬《八賢論》　　　　袁宏《北征賦》

袁宏《東征賦》　　　　顧長康《筆賦》

嵇康《琴賦》　　　　　桓玄《王孝伯誄》

顧愷之《書贊》　　　　束皙《餅賦》

顧愷之《畫贊》　　　　蔡洪《與刺史周濬書》

謝鯤《元化論序》　　　顧愷之《夷甫畫贊》

孫綽《與庾亮箋》　　　桓溫《平洛表》

孫綽《法汰贊》　　　　孫綽《為劉惔諫敍》

潘岳《別王堪詩》　　　蔣濟《萬機論》

石崇《金谷詩敍》　　　　《劉瑾集敍》

　　《何晏五言詩》　　　葛洪《富民塘頌》

　　《陸邁碑》　　　　　遠法師《遊山記》

| 孫綽《庾亮碑》 | 王珣《法師墓下詩》 |
|---|---|

### 雜著

| 《李康家戒》 | 《世語》郭頒。 |
|---|---|
| 《相馬經》 | 《語林》裴榮撰。亦名《裴子》。 |
| 《琴操》 | 《秦丞相寒食散論》 |
| 《婦人集》 | 《伏滔集》 |
| 《支公書》 | 邱淵之《文章錄》 |
| 宋明帝《文章志》 | 邱淵之《新集錄》 |
| 《殷羨言行》 | 《范汪棊品》 |
| 摯虞《文章志》 | 《文章敘錄》 |
| 《識書》 | 《神農書》 |
| 顧愷之《晉文章記》 | 《續文章志》 |
| 《文章傳》 | 邱淵之《文章敘》 |
| 《孔氏志怪》 | 《風俗通》 |
| 《論衡》 | 《靈鬼志》 |
| 《孫盛雜語》 | 《虞預書》疑即《晉書》。 |
| 《姚信士緯》 | 《離騷》 |
| 《續文章志》 | 《幽明錄》 |
| 《搜神記》 | |

### 舊說

許叔重說商容《德行》篇「陳仲舉」條。 皇甫謐說許由《言語》篇「邊文禮」條。
張晏說胥靡又「禰衡」條。 舊說又「蔡洪」條蛇珠。
韓氏說和璧同上。

### 別傳

| 《郭泰別傳》 | 《陳寔傳》 |
|---|---|
| 《荀氏家傳》 | 《王祥世家》 |
| 《嵇康別傳》 | 《郗鑒別傳》 |
| 《王乂別傳》 | 《丞相別傳》 |
| 《桓彝別傳》 | 《阮光祿別傳》 |
| 《劉尹別傳》 | 《范宣別傳》 |

《王獻之別傳》　　　　　《桓玄別傳》

《王莽別傳》　　　　　　《孔融別傳》

《司馬徽別傳》　　　　　《向秀別傳》

《陸機別傳》　　　　　　《顧和別傳》

《王含別傳》　　　　　　《高坐別傳》

《佛圖澄別傳》　　　　　《孫放別傳》

《庾翼別傳》　　　　　　《桓溫別傳》

《王長史別傳》　　　　　《王中郎別傳》

《謝超別傳》　　　　　　《王胡之別傳》

《孝文王傳》　　　　　　《王司徒傳》

《鍾雅別傳》　　　　　　《陸玩別傳》

《范泰別傳》　　　　　　《江惇傳》

《殷浩別傳》　　　　　　《王瑨別傳》

《鄭玄別傳》　　　　　　《王弼別傳》

《荀粲別傳》　　　　　　《管輅傳》

《向秀傳》　　　　　　　《王敦別傳》

《謝鯤別傳》　　　　　　《傅玠別傳》

《王述別傳》　　　　　　《支法師傳》

《謝玄別傳》　　　　　　《安法師傳》

《東方朔傳》　　　　　　《樊英別傳》

《左思別傳》　　　　　　《郭璞別傳》

《諸葛恢別傳》　　　　　《周顗別傳》

《孔愉別傳》　　　　　　《蔡司徒別傳》

《王彪之別傳》　　　　　《陶侃別傳》

《羅府君別傳》　　　　　《祖約別傳》

《阮孚別傳》　　　　　　《羊曼別傳》

《王劭王薈別傳》　　　　《謝車騎傳》

《石勒傳》　　　　　　　《王舒傳》

《邴原別傳》　　　　　　《王澄別傳》

《王遂別傳》　　　　　　《王濛別傳》

| | |
|---|---|
| 《劉惔別傳》 | 《虞光祿傳》 |
| 《東方朔別傳》 | 《賀循別傳》 |
| 《桓沖別傳》 | 《潘岳別傳》 |
| 《阮裕別傳》 | 《安和上傳》 |
| 《王彬別傳》 | 《孟嘉別傳》 |
| 《陸雲別傳》 | 《趙吳郡行狀》 |
| 《卞壺別傳》 | 《徐江州本事》 |
| 《支遁別傳》 | 《郗愔別傳》 |
| 《陳逵別傳》 | 《支遁傳》 |
| 《管輅別傳》 | 《羅含別傳》 |
| 《桓豁別傳》 | 《周處別傳》 |

## 唐以前逸史篇目攷

　　史家言史官肇自黃帝，《春秋》家言孔子求周史記，得百二十國寶書。是史書由來已古，且國別有史，特孔子所得止斯。《孟子》以《晉乘》、《楚檮杌》與《魯春秋》並稱，《墨子》歷數《百國春秋》、《周春秋》、《燕春秋》、《宋春秋》、《齊春秋》，《韓非子》亦引《桃左春秋》。以「春秋」署其書，大都主於記事，體近於史，而名已繁多。洎司馬遷作《史記》，班固謂其「據《左氏》、《國語》，采《世本》、《戰國策》，述《楚漢春秋》」。遷所據依以作史者，僅此數書，可見漢初舊史已多散逸，或由於嬴秦一炬。自漢以來，作者踵接，初不俟夫朝命，亦不必出自官修，或家學之相傳，或史才之夙擅。其篇目之數，猶著錄於兩《唐·藝文志》。唐以後史家志藝文，亦復斷代，唐以前各史不可見，而並不可知。除今通行之《史記》，迄《隋書》外，惟荀、袁兩家前後《漢紀》尚屬唐以前舊本，其他非後來重輯，即晚出依託。然則史之作於唐以前而逸於唐以後正復何限。雖然，其全書雖逸，其篇目未盡佚，固有可攷而知者。《隋書·經籍志》、劉知幾《史通》所載，類多後世所稱為逸史，而篇卷題目鑿然，具備足證唐人及見其書。至於遺文斷句，見各書之徵引，若裴松之注《三國志》、梁劉孝標《世說新語注》，皆在唐以前，正諸史流傳盛行時，互相稱述固宜。章懷太子注《後漢書》，李善注《文選》，或證傳述之同異，或釋取義之由來，撮舉不過大概，莫非本之原文。《北堂書鈔》、《藝文類聚》、《初學記》、《白六帖》等書散隸諸史文於各類，在當時

備詞章之用，要皆信而有徵。宋初所撰《太平御覽》，搜採廣博，關涉唐以前史頗多，可見時尚未逸，儼然案籍可稽玖。近人所刊《古逸叢書》，有《史略》一書，臚箸唐以前逸史，條別其分卷若干綦詳，間亦節引遺文。又，殘本《珣玉集》，存者僅止二卷，而所引《春秋後語》、王隱《晉書》、王智深《晉紀》、張緬《晉史鈔》諸篇，亦皆唐以前逸史也。案：唐以前逸史，若《東觀漢記》，近已備輯成編。而《史略》有《鄧禹傳序》、《吳漢傳序》，可補搜採所遺。姚之駰《後漢書補逸》，於《東觀漢記》外，若謝承《後漢書》四卷、薛瑩《後漢書》、張璠《後漢紀》、華嶠《後漢書》、謝沈《後漢書》、袁山松《後漢書》各一卷，司馬彪《續漢書》四卷，竊謂宜倣《東觀漢記》之例，參以姚氏《補逸》之體，凡唐以前史，其逸見於他書者，一一搜集，明知不能規復舊章，要可想見其面目。至於零文單句，各隨時代以合分。若僅有其目者，則總輯為一編，以希異時之續獲，將唐以前各史已逸者不致於全逸，未逸者不至於再逸，其篇目庶幾班班可考哉！

## 書《藏書訓略》後

《購書》、《鑒書》兩篇，持論精審，不獨藏書者不可不知，即讀書者何可不知。雖然，祁公此說猶就歐陽公所謂有力之彊者而言。世間不乏有志讀書而困於家計、限於僻處，求通行本而不可見，又安所謂購之鑒之？嘗代為書不可得之時，約舉最要之目。

夫書莫重乎經史，人盡知之。正經凡十三，正史凡廿四，統有全部，在寒士亦殊未易。吾謂《十三經》中，《毛詩》、《三禮》、《公羊春秋》為不可少，次則《孟子》，以諸經注者漢儒，師法傳授，經學正宗。即數經而精研貫通，外此各經不難旁推引申。史則《史記》、《兩漢書》為要。時勢雖有異同，而三代法制一變不可復，漢實為之樞紐。則後來之事變，兩漢其端倪。然則能通三史，不啻已涉全史矣。篇中謂漢唐以前殘文斷簡皆當收羅，非善讀者不能作此語。吾謂本朝乾嘉時諸老先生攷論經史著作，咸足增長識見，尤宜留意。欲別四部流派，則近人所撰《書目答問》其概也。欲擷四部精華，則《四庫全書提要》具備也。凡此各書，不過二萬錢足矣。雅有此癖，兼歷其境，撮舉其至簡至易，以質同嗜。迫於不得已，非敢吐棄一切也。閱《藏書訓略》一過，因書所見於後。

## 國朝各官書館局開撤始末領纂職名及規制義例舉略

國朝文治光昭，私家著述流別粲然。各館局撰輯之官書，大都闡理要，彰治術，尤為不可少之作。即《四庫全書總目》所箸錄，一書自有一書之體裁。鄉邑儒生限於見聞，安能徧觀盡識？而窺覽所及，略可條陳。志藝文者，每以聖經冠四部。然則數國朝官書，當首《周易折衷》。康熙五十四年書成，御序「越二寒暑」，則開館在五十二年。領纂各官，總裁一員外，若御前校對、南書房校對、分修、武英殿校對、繕寫、在館校對繕寫、監造各職名。《書經傳說會纂》、《詩經傳說會纂》，館均開於康熙末。《書經會纂》成於雍正八年，《詩經會纂》成於雍正五年，領纂官若總裁、若南書房校對、若在館分修校對、若校刊，員數多寡不盡同，而職名無不同。《春秋傳說會纂》，康熙三十八年開館，較各經為先。康熙六十年進書，計始末歷年亦久，而領纂官一總裁、南書房校對十員、在館分修校對三十一員、校刊一員而已。《三禮》館開於乾隆十三年，領纂官自監理二親王外，有總裁，有副總裁，有提調，有纂修，有收掌，有監造，各職名。逮乾隆十九年，先後成書。此諸書之規制義例，《四庫全書總目》條列詳明矣。竊計官書中自以《明史》為最要。攷康熙十八年詔修《明史》，並召試彭孫遹等五十人入館纂修，則館已前設。雍正二年，詔諸臣續蕆其事，則尚未竣工。據進書表署乾隆四年，有排輯十五年之內。合之領纂等職名，親王監理外，總裁、纂修、提調、收掌、繕寫、校封、監造，通一百四十四員。以歲月之寬，加之眾長之集，規模沿史家成法，而歷志則增圖式，藝文專志明代，七卿增創一表，義例盡善一代之史，遠邁前代。所修而合歷代諸史以為書者，則有《御批歷代通鑑輯覽》，起黃帝，迄明代，數千年之事蹟釐如。是書敕撰於乾隆三十二年，表進於明年正月，卷首先列監理、校刊、監造、校對各職名，復列正總裁、副總裁、提調、收掌、纂修、校對、總校各職名，規制似有徵別者。繕書以釐正字體為第一義，《康熙字典》其書也。康熙四十九年敕撰，五閱歲而成書。古今形體之辨，方言聲氣之殊，分別部居，而尋省尤便。領纂職名，首總閱官，次纂修官，殿以纂修兼校刊官。條列古今各書義例，則《四庫全書總目提要》，於乾隆三十七年開館，乾隆四十七年成書。而領纂職名，自正總裁至監造官，大小通三百六十餘員，規制之美備，詳見卷首恭錄之《諭旨》。精益求精，以例各官書，非徒鉅篇充美觀矣。夫國朝官書，誠悉數難終，而之數書已具

大凡。要之纂寫在京朝則曰館，在各行省則曰局、館。若局以纂書而開，即以成書而撤，此其大略已。

　　盧紹弓《麗景校書圖記》〔註8〕關涉國朝纂修故事，以篇幅已嫌冗長，故姑置之。自記。

卷二十二終

〔註8〕《抱經堂文集》卷第二十五《麗景校書圖記》（辛未）：

　　乾隆丁卯之夏，天子居圓明園，命選翰林十人、中書十人，校錄唐李善所注《昭明文選》，以備清燕之覽。於是即張相國園而開館焉。麗景者，園之軒名也。厥構宏敞，通流環繞，匯於軒前而成池。池多植荷，時方花，架木為橋，通南北道。橋之南，山徑廻複，樹木蓊雜，園故名也園，康熙時明相國之所築也。後獻諸朝，賜文學近臣退直居之，園之勝尚未能遍觀也。所選二十人者，校書軒中，上命大官具食，尚方給筆劄，頻遣中貴人攜瓜果及荷囊香佩諸物，分賜諸臣。上所賜唯瓜果為非常賜，非大臣及親近者不易得，而今成以小臣拜賜。且記事月餘，賜凡四五，斯亦遇之至榮者已。前輩錢赤岸先生性慎密而多聞識，襃然為中書領袖，選與茲事。文弨時亦從諸君子後，移席近先生。先生校勘精審，孜孜不倦，然諸人或各行其意。先是中使宣上旨云：爾等俱是有學人，若書內誤處，皆當改正。而大臣恐或蹈妄改之咎，又私相戒約，非灼知其誤，萬不可輕改。以故明達之人，多務更正，慎重之士，憚於改為。予因知事無大小，總其成者為要也。大官年高事繁，必不能復究心於文墨之事，安得如先生者，合眾長而折衷之歟？書成，又錄《考證》二冊進呈，上命分置各卷之後，並書校寫者銜名。其冬，又召諸臣入乾清門，至懋勤殿，令各鈐小印識之，上自為之序。其書已裝潢成帙矣，書之前貌聖容焉。先是進呈之日，又人賜紗葛各二端，文弨欲為文記之，尚未成也。今先生榮君恩，寫之為圖，以文弨之亦與其事也，屬為記。嘗考古者有寫書之官，校讎之司，其事曠而弗舉，於今乃復見之，禮意加優渥焉。先生適當其盛，將之以勤恪，訛則正，疑則闕，不牽於異同之論，可不謂賢乎？自是役後，有謂細事不足煩聖慮者，於是凡有校寫，皆開局於武英殿，大臣監理之外饔供其食，書成請旨賞賚而已，文弨亦一再與焉。回思昔日與先生在軒中散衣帶時，水風清暑，花香襲人，珍賜頻仍，中使絡繹，此景何可多得。況四五年來，此二十人中，已有化為異物者，其仕於四方及歸其鄉者又有之。今先生又將歸矣，撫卷之下，不勝悵然。他日從先生於明湖之濱，縱談舊事，再出此圖，其感歎又將若何也。因具錄其姓名於左：翰林十人：王錦〔改外〕、王居正〔休致〕、朱佩蓮〔丁憂〕、湯大紳〔休致〕、王際華〔丁憂〕、歐陽正煥、蔣元益、徐開厚〔故〕、許葵〔改外〕、馮秉彝〔告假〕，後又益一人曰溫敏。中書十人：張敬業、劉大佑〔故〕、祝維誥、眭朝棟、程燾、龐廷驥〔告假〕、金燾毛永燮，先生名在培，與文弨共為十人。收掌則待詔吳自高也。乾隆辛未除夕前一日書。

# 青學齋集卷二十三

新陽汪之昌

## 書《新語》後

　　陸賈撰《新語》，具詳馬、班書《賈傳》中，《藝文志》箸錄於儒家。案：自戰國時橫議蜂起，儒術幾為天下裂，論者謂漢武表章《六經》，儒術漸近於古，爰開一代崇儒之規模。吾謂漢高過魯，以太牢祠孔子，實為後來崇儒肇基；而漢高之崇儒，當以稱說《詩》、《書》者朝夕於左右。考漢高初起時，與共周旋者，微論販繒屠狗徒所不知，刀筆吏所未習，即義士如張蒼，緒正者律曆，叔孫通號儒者，進言罔非大獪壯士；獨賈以行仁義、法先王為言，見於此十二篇中者，陳說古事，每引經文以證成其義，於《春秋》、《論語》見采尤多，殆以《春秋經》孔子所筆削，《論語》記孔子之言行。凡為儒者，準繩在斯。案：王充《論衡·本性》篇引陸賈曰：「天地生人也，以禮義之性。人能察己所以受命則順，順謂之道。」今《新語》並無此文，似非完書。考《藝文志》，《陸賈》二十三篇，殆統賈之論述計之，《新語》則定箸為十二篇。《論衡》所引，安知非在《新語》外十一篇中？考《意林》引《新語》八條，其見《〈文選〉注》五條，雖或與此本微別，大致無甚懸殊，是唐人所見《新語》，即此十二篇本矣。夫漢初箸述，流傳完本，於今殊罕，其為儒家者流尤罕，況賈撰斯書，尚在漢武表章《六經》之先，守先王之道，以待後學，不可謂非有志之士矣。此本篇數，揆之馬、班兩家，亦復相符，爰書數語於後。

## 《賈子新書》書後

　　盧文弨《賈誼新書序》：「《漢·藝文志》儒家載《賈誼》五十八篇，今世

－375－

所行本其目祇有五十六，然《過秦》有三篇，而唯載上下兩篇。又《禮容語》，宋本分上下兩篇，而本複不分。故視《漢志》所載缺其二篇。然則今本《賈子》非即《漢志》箸錄之本，況後人不無坿合分析其間。」攷賈誼當漢文朝，漢文號稱有道主，論者以用誼不卒為憾。案：《漢書‧誼傳》謂諸法令所更定及列侯就國，其說皆誼發之。又謂上納誼言，養臣下有節。是後大臣有罪皆自殺，不受刑，是漢文采用誼言，播為國典矣。班氏敘梁捍吳楚及淮南四子之敗，一一明列其功，而以五餌三表為疏。然秦穆用之以霸西戎，中行說亦以戒匈奴，則亦確有成效。所謂經國體遠，《新書》中具載其文。竊歎經濟之必本於經術也。《經典序錄》敘《左氏傳》云：「荀卿授陽武張蒼，蒼授洛陽賈誼。」是誼為荀氏再傳弟子。荀卿受《詩》根牟子，為卜氏子五傳弟子，故尤長於禮。吾觀《新書‧傅職》、《保傅》、《連語》、《輔佐》、《胎教》、《戴德》採之禮篇，載在《曲禮》，莫非以傳授有自。《禮》篇、《君道》篇說《詩‧騶虞》、《鴛鴦》、《靈臺》、《皇矣》、《旱麓》均非毛義。於時三家之學未立，其為先秦經師遺說無疑。其述《左氏》事，《禮容》篇「叔孫昭子」一條，《先醒》篇「宋昭公出亡而復位」，「虢君出走，其御進酒食」及「枕土而死」，《耳痺》篇「子胥荷籠而自投於江」，《諭誠》篇「楚昭王以當房之德復國」，今《左氏傳》並無其文。《審微》篇「晉文公請隧」、「叔孫於奚救孫桓子」，《春秋》篇「衛懿公好鶴亡國」，《先醒》篇「楚莊王與晉人戰於兩棠，會諸侯於漢陽，申天子之禁」，皆與《左氏傳》異同，尤足見其廣徵博引，異於株守一先生之說者。綜全書言，《過秦》三篇，史家取之，可知深切事勢。自《數寧》至《輔佐》三十篇，皆陳政事，班氏往往採其語入傳。若志中自《春秋》至《君道》皆國中失之事，自《官人》至《大政》皆通論修政上下，皆重言，《容經》以下則皆古禮逸篇，與其義分篇次弟釐然，各有理緒可尋，殆就見聞所得箸諸篇，籍以俟異日敷陳，未可以馬、班有所未載，強生純駁淺深之別也。此依盧本重刻，凡與各本異同，奚箸行間，宜讀賈子書者咸推為善本也夫。

## 書桓寬《鹽鐵論》後

桓寬撰《鹽鐵論》六十篇，書末《雜論》一篇，述朱子伯之言，記賢良文學等六十餘人，而雅量重劉子雍與祝生，於桑弘〔註1〕羊、車千秋深致不滿之詞，作書本旨具斯矣。案：《漢書》傳贊謂始元監鐵，當時頗有其議文。至宣

---

〔註1〕「弘」，底本作「宏」。

帝時，次公推衍增廣條目，箸數萬言，成一家之法。是漢時已重其書。近張敦仁撰《鹽鐵論攷證》，臚舉其關涉經義，若《毀學》篇之包邱子，即《漢書·楚元王傳》受《詩》之浮邱；《備胡》篇「《春秋》譏諸侯之後」，即《春秋》襄五年戍陳、十年戍鄭虎牢，公羊家「刺諸侯戍人後至」之義。《取下》篇：「是以有履畝之稅，《碩鼠》之詩作也。」合「履畝」、《碩鼠》為竝時事，當出三家詩序。《詔聖》篇：「《甫刑》制獄」。制獄者，哀矜折獄也，乃《今文尚書》說。竝引《論語》「片言可以折獄者」。《釋文》：「魯讀『折』為『制』。」正與之合。攷證各條，誠可見西漢經師詁訓之大略。

　　吾謂讀其反覆詰難之辭，尤可見漢世之行鹽鐵榷酤，其始不過以濟一時國用之不足，勢迫於不得不然，上以不得已而創舉之，下亦深諒上之不得已而群應之。其惟命是從者，初不盡關懾伏於刑威也。顧以有事而行，即當以訖事而罷。此書所敘賢良文學與御史大夫極論利病，榷酤得罷，而鹽鐵如故，以《鹽鐵論》為名，殆亦惜論之未盡採納歟？歷觀國家當師旅飢饉之會，府藏空乏，謀國者非必務財用，而長國家一時急，而相求不能不取盈於常供之外。建議之始，何嘗不謂事已即，仍舊貫，斷不致以權宜者閻閻於無窮。詎知利之所在，後雖明知其非，夫且奉行為成法，鹽鐵其顯然已。然則為國計富彊者，慎毋以論所云「德廣可坿遠，稼穡可富國」為迂闊而不切於事情，別自取法於每況愈下，甚以銖積寸累所入欲取償於杳不可必之舉，有未見為利權可操者。則讀寬此論，不獨可以識經義，抑亦可以識時務哉！

## 《新序》書後

　　《漢書·藝文志》儒家：「劉向所序六十七篇。」注：「《新序》、《說苑》、《世說》、《列女傳》、《頌圖》也。」是《新序》在六十七篇中。《向傳》：「採傳記行事箸《新序》、《說苑》，凡五十篇。」所謂「五十篇」，通《新序》、《說苑》兩書計之。《隋書·經籍志》：「《新序》三十卷、錄一卷。」始析《新序》一書篇目若干，自是隋時傳本如斯。《唐書·藝文志》，《新序》篇目與《隋志》同。而曾鞏《校書序》云「今可見者十篇」，蓋就所校殘闕之本言。《崇文總目》云：「所載皆戰國秦漢間事。」案：本書十篇，《雜事》居首，述舜耕稼陶漁。外若《刺奢》篇「桀作瑤臺，紂為鹿臺」，《節士》篇述伯成子高在堯舜禹時事，繼以「桀為酒池，紂作炮烙之刑」，皆唐虞三代間事。其他亦春秋時事居多。《崇文總目》云云，亦非其實。高似孫《子略》謂「先秦古書甫脫

燼劫，一入向筆，採擷不遺。至其正紀網，迪教化，辨邪正，黜異端，以為漢規監者，盡在此書。」攷開卷引舜事，證以孔子「孝悌之至，通於神明，光於四海」之文；竝引孔子居闕黨、仕魯國諸事，以為「其身正，不令而行」之證。《刺奢》篇「宋子罕告荊士尹池」條，以「修之於廟堂之上而折衝於千里之外」，孔子之語為「折衷」。「晉宣子觴魯獻子」條特引孔子所云「孟獻子之富可著於《春秋》」；《節士》篇「齊攻魯，求岑鼎」條引孔子云「大車無輗，小車無軏，其何以行之哉」，又明見《論語》。是向撰《新序》，大致闡明聖訓，俾見此書者無惑於他歧。且綜全書而論，自首篇至第九篇率稱舉唐虞以迄戰國時事，其第十篇則始漢高之入咸陽，終主父偃之削宗室，莫非當代故實，意在鑒戒甚明。近嚴可均撰《全漢文》，編目《新序》佚文散見諸書者，凡五十二條，皆不見於今所傳十卷中。然則所佚之二十篇雖不可知，其零章斷句固尚存一二哉！

### 《新序》雜證所引書以西京為限斷。

《雜事第一》

《孟子·公孫丑》篇：「大舜有大焉，善與人同，樂取於人以為善，自耕稼陶漁以至為帝，無非取於人者。」

《韓非子·難一》：「歷山之農者侵畔，舜往耕焉，朞年甽畝正。河濱之漁者爭坻，舜往漁焉，朞年而讓長。東夷之陶者器苦窳，舜往陶焉，朞年而器牢。」

《尚書·堯典》篇：「父頑母嚚象傲，克諧以孝。」

《孟子·萬章》篇：「父母使舜完廩，捐階，瞽瞍焚廩。使浚井，出，從而揜之。象曰：『謨蓋都君咸我績。』」

又：「舜往於田，號泣於旻天。」

又，《告子》篇：「孔子曰：『舜其至孝矣，五十而慕。』」

《大戴禮·五帝德》篇：「帝舜為天下主。」又曰：「舉賢而天下平，南撫交阯、大、教、鮮支、渠搜、氐、羌、北山戎、發、息慎、東長夷、島夷、羽民。」

《尚書·益稷》篇：「百獸率舞。」又：「鳳凰來儀。」《大戴禮·易本命》篇：「有毛之蟲三百六十，而麒麟為之長。」

《孝經·應感》篇：「孝悌之至，通於神明，光於四海。」

《荀子·儒效》篇：「仲尼將為司寇，沈猶氏不敢朝飲其羊，公慎氏出其妻，慎潰氏踰境而徙，魯之粥牛馬者不豫賈，必蚤正以待之者也。居於闕黨，

闕黨之子弟罔不必分有親者取多，孝悌以化之也。」

《春秋左氏》定元年傳：「葬昭公於墓道南，孔子之為司寇也，溝而合諸墓。」

《史記・孔子世家》：「定公以孔子為中都宰，由中都宰為司空，由司空為大司寇。」

《春秋》定十二年：「叔孫州仇帥師墮郈，季孫斯仲、孫何忌帥師墮費。」

《左氏傳》：「仲由為季氏宰，將墮三都。於是叔孫氏墮郈。季氏將墮費，公山不狃、叔孫輒帥費人以襲。魯公與三子入於季氏之宮，登武子之臺。費人攻之，弗克入。及公側，仲尼命申句須、樂頎下伐之。費人北，國人追之，敗諸姑蔑。二子奔齊，遂墮費。」

又，定十年：「齊人來歸鄆讙之田。」《左氏傳》：「公會齊侯於祝其，實夾谷。孔丘相。將盟，齊人加於載書曰：『齊師出竟而不以甲車三百乘從我者，有如此盟。』孔丘使茲無還揖對曰：『而不反我汶陽之田，吾以共命者亦如之。』」

《論語・子路》篇：「子曰：『共身正，不令而行。』」

《列女傳・孫叔敖母篇》：「楚令尹孫叔敖之母也。叔敖為嬰兒之時，出遊，見兩頭蛇，殺而埋之，歸見其母而泣焉。母問其故。對曰：『吾聞見兩頭蛇者死。今者出遊見之。』其母曰：『蛇今安在？』對曰：『吾恐他人復見之，殺而埋之矣。』其母曰：『汝不死矣。夫有陰德者，陽報之。德勝不祥，仁除百禍。天之處高而聽卑。《書》不云乎？皇天無親，惟德是輔。爾嘿矣，必興於楚。』及叔敖長，為令尹。」

《尚書・益稷》篇：「娶於塗山。」

《國語》「獻公卜伐驪戎」篇：「昔夏桀伐有施，有施人以妹喜女焉。妹喜有寵，於是乎與伊尹比而亡夏。殷辛伐有蘇，有蘇氏以妲己女焉。妲己有寵，於是乎與膠鬲比而亡殷。周幽王伐有褒，有褒人以褒姒女焉。褒姒有寵，生伯服。於是乎與虢石甫比，逐太子宜咎而立伯服，太子奔申，申人、繒人召西戎以伐周，周於是乎亡。」

《呂氏春秋・本味》篇：「湯請取婦為婚，有侁氏喜，以伊尹為媵送女。」《史記》：「殷阿衡欲奸湯而無由，乃為有莘氏媵臣。」《詩・大雅》：「摯仲氏任，自彼殷商，來嫁于周。」又曰：「太任有身，生此文王。」又曰：「有命自天，命此文王。于周于京，纘女維莘。長子維行，篤生武王。」《毛傳》：「莘，大姒國也。」

　　《韓詩外傳》二:「楚莊王聽朝罷晏,樊姬下堂而迎之,曰:『何罷之晏也?得無饑倦乎?』莊王曰:『今日德忠賢之言,不知饑倦也。』樊姬曰:『王之所謂忠賢者,諸侯之客歟?中國之士歟?』莊王曰:『則沈令尹也。』《列女傳》亦作「虞邱子」,與此同。樊姬掩口而笑。王曰:『姬之所笑,何也?』姬曰:『妾得於王尚湯沐,執巾櫛,振衽席,十有一年矣。然妾未嘗不遣人之梁鄭之間,求美人而進之於王也。與妾同列者十人,賢於妾者二人。妾豈不願擅王之寵哉?不敢私願蔽眾美,欲王之多見則娛。今沈令尹相楚數年矣,未嘗見進賢而退不肖也,又焉得為忠賢乎?』莊王旦朝,以樊姬之言告沈令尹,令尹避席而進孫叔敖。叔敖治楚三年而楚國霸。楚史援筆而書之於策曰:『楚之霸,樊姬之力也。』」

　　《大戴禮·保傅》篇:「衛靈公之時,蘧伯玉賢而不用,迷子瑕不肖而任事。原注:「彌」當聲誤為「迷」。史鰌患之,數言蘧伯玉賢而不聽。病且死,謂其子曰:『我即死,治喪於北堂。吾生不能進蘧伯玉而退迷子瑕,是不能正君者,死不當成禮,而置尸於北堂,於吾足矣。』靈公往弔,問其故,其子以父言聞。靈公造然失容,曰:『吾失矣。』立召蘧伯玉而貴之,召迷子瑕而退之,徙喪於堂,成禮而後去。衛國以治,史鰌之力也。」

　　《論語·衛靈公》篇:「子曰:『直哉史魚!邦有道如矢,邦無道如矢。』」

　　《春秋左氏》襄三年傳:「祁奚請老,晉侯問嗣焉。稱解狐,其讎也。將立之而卒。又問焉,對曰:『赤也可。』於是使祁午為中軍尉,羊舌赤佐之。君子謂祁奚於是能舉善矣,稱其讎不為諂,立其子不為比,舉其偏不為黨。《商書》曰:『無偏無黨,王道蕩蕩。』其祁奚之謂矣。解狐得舉,祁午得位,伯華得官,建一官而三物成,能舉善也。夫唯善,故能舉其類。《詩》曰:『惟其有之,是以似之。』祁奚有焉。」

　　《呂覽·長見》篇:「荊文王曰:『莧譆數犯我以義,違我以禮,與處則不安,曠之而不穀得焉。不以吾身爵之,後世有聖人,將以非不穀。於是爵之五大夫。申侯伯善持養吾意,吾所欲則先我為之,與處則安,曠之而不穀喪焉。不以吾身遠之,後世有聖人,將以非不穀。於是送而行之。』」莧譆,《說苑·君道》作「筦饒」。

　　《論語·泰伯》篇:「曾子曰:『鳥之將死,其鳴也哀。人之將死,其言也善。』」

　　又,《里仁》篇:「子曰:『朝聞道,夕可死矣。』」

《呂覽・驕恣》篇:「魏武侯謀事而當,攘臂疾言於延,曰:『大夫之慮莫如寡人矣。』立有間,再三言。李悝進曰:『昔者楚莊謀事而當有大功,退朝而有憂色。左右曰:王有大功,退朝而有憂色,敢問其說。王曰:仲虺有言,不穀說之。曰諸侯之德,能自為取師者王,能自取友者存,其所擇而莫如己者亡。今以不穀之不肖也,臣之謀又莫吾及也,我其亡乎?曰:此霸王之所憂也,而君獨伐之,其可乎?』武侯曰:『善。』」

《春秋左氏》襄十四年傳:「師曠侍於晉侯。晉侯曰:『衛人出其君,不亦甚乎?』對曰:『或者其君實甚。良君將賞善而刑淫,養民如子,蓋之如天,容之如地。民奉其君,愛之如父母,仰之如日月,敬之如神明,畏之如雷霆,其可出乎?夫君,神之主也,民之望也。若困民之主,匱神乏祀,百姓絕望,社稷無主,將安用之?弗去何為?天生民而立之君,使司牧之,勿使失性。有君而為之貳,使師保之,勿使過度。是故天子有公,諸侯有卿,卿置側室,大夫有貳宗,士有朋友,庶人、工、商、皂、隸、牧、圉皆有親暱,以相輔佐也,善則賞之,過則匡之,患則救之,失則革之。自王以下,各有父兄子弟,以補察其政。史為書,瞽為詩,工誦箴諫,大夫規誨,士傳言,庶人謗,商旅於市,百工獻藝。故《夏書》曰:遒人以木鐸徇於路,官師相規,工執藝事以諫。正月孟春,於是乎有之,諫失常也。天之愛民甚矣,豈其使一人肆於民上,以從其淫而棄天地之性?必不然矣。』」

《說苑・尊賢》篇:「晉文侯行地登隧,大夫皆扶之,隨會不扶。文侯曰:『會夫為人臣而忍其君者,其罪奚如?』對曰:『其罪重死。』文侯曰:『何謂重死?』對曰:『身死,妻子為戮焉。』隨會曰:『君奚獨問為人臣忍其君,而不問為人君而忍其臣者邪?』文侯曰:『為人君而忍其臣者,其罪何如?』隨會對曰:『為人君而忍其臣者,智士不為謀,辨士不為言,仁人不為行,勇士不為死。』文侯援綏下車,辭大夫曰:『寡人有腰髀之病,願大夫勿罪也。』」

《韓詩外傳》七:「趙簡子有臣曰周舍,立於門下三日三夜。簡子使問之,曰:『子欲見寡人何事?』周舍對曰:『願為諤諤之臣,墨筆操牘,從君之過,而日有記也,月有成也,歲有效也。』簡子居則與之居,出則與之出。居無幾何,而周舍死,簡子如喪子。後與諸大夫飲於洪波之臺,酒酣,簡子泣涕,諸大夫皆出走,曰:『臣有罪而不自知。』簡子曰:『大夫皆無罪。昔者,吾有周舍,有言曰:千羊之皮不如一狐之腋,眾人諾諾不如一士之諤諤。昔者,商紂默默而亡,武王諤諤而昌。今自周舍之死,吾未聞吾過也。吾亡無日矣!是以

寡人泣也。』」

《呂覽・自知》篇：「魏文侯燕飲，皆令諸大夫論己。或言君之智也。至於任座，任座曰：『君，不肖君也。得中山不以封君之弟而以封君之子，是以知君之不肖也。』文侯不說，知於顏色，任座趨而出。次及翟黃，翟黃曰：『君，賢君也。臣聞其主賢者，其臣之言直。今者任座之言直，是以知君之賢也。』文侯喜曰：『可反歟？』翟黃對曰：『奚為不可？臣聞忠臣畢其忠而不敢遠其死，座殆尚在於門。』翟黃往視之，任座在於門，以君令召之。任座入，文侯下階而迎之，終座以為上客。」

「中行寅將亡」條未見。

「秦欲伐楚」條未見。

《韓詩外傳》八：「晉平公使范昭觀齊國之政，景公錫之宴。晏子在前。范昭趨曰：『願君之倅樽以為壽。』景公顧左右曰：『酌寡人樽獻之客。』晏子對曰：『徹去樽。』范昭不說，起舞，顧太師曰：『子為我奏成周之樂，願舞。』太師對曰：『盲臣不習。』范昭起，出門。景公謂晏子曰：『夫晉，天下大國也。使范昭來觀齊國之政。今子怒大國之使者，將奈何？』晏子曰：『范昭之為人也，非陋而不知禮也。是欲試吾君，嬰故不從。』於是景公召太師而問之，曰：『范昭使子奏成周之樂，何故不調？』對如晏子。於是范昭歸報平公曰：『齊未可併也。吾試其君，晏子知之；吾犯其樂，太師知之。』孔子聞之，曰：『善乎晏子，不出俎豆之間，折衝千里。《詩》曰：實右序有周，薄言震之，莫不震疊。』」

《韓詩外傳》六：「晉平公遊於河而樂，曰：『安得賢士與之樂此也？』船人盍胥跪而對曰：『主君亦不好士耳。夫珠出於江海，玉出於崑山，無足而至者，猶主君之好也。士有足而不至者，蓋主君無好士之意耳，無患乎無士也。』平公曰：『吾食客門左千人，門右千人。朝食不足，夕收市賦。暮食不足，朝收市賦。吾可謂不好士乎？』盍胥對曰：『夫鴻鵠一舉千里，所恃者六翮爾。背上之毛，腹下之毳，益一把飛不為加高，損一把飛不為加下。今君之食客，門左門右各千人，亦有翮在其中矣，將皆背上之毛、腹下之毳耶？』」

「宋玉《對楚王問》」未見，惟《文選》錄之。

## 《說苑》書後

《說苑》二十卷，劉向撰，《隋》、《唐志》卷數同。曾鞏序：「《崇文總目》

存五篇，餘皆無。從士大夫間得之者十有五篇，與舊為二十篇。」似此書已佚而復完。晁公武《讀書志》：「劉向《說苑》以《君道》、《臣術》、《建本》、《立節》、《貴德》、《復恩》、《政理》、《尊賢》、《正諫》、《法誡》、《善說》、《奉使》、《權謀》、《至公》、《指武》、《談叢》、《雜言》、《辨物》、《修文》為目，陽嘉四年上之，闕第二十卷。曾子固所得之二十篇，正是析十九卷作《修文》上下篇。」是曾子固所謂二十篇，於原書實止十九篇。攷今本《說苑》，第十為題《敬慎》，與《讀書志》稱《法誡》者不同；《修文》篇後有《反質》篇。陸游《渭南集》記李德芻之言，謂「得高麗所進之本，補成完書」。案：《全漢文》編目錄，《說苑》佚文之見各書徵引者凡二十四條，則此二十篇之《說苑》仍未可信為向之原本。葉大慶《攷古質疑》歷舉其孔子稱趙襄子賞晉陽之功、晏子使吳見夫差、晉昭公時戰邲各事，時代均不相接，尤可異者，介子推、舟之僑竝載其龍蛇之歌。黃朝英《緗素雜記》謂「固桑對晉平公論養士」，據「固桑」，《新序》作「舟人古乘」；「晉平公」作「趙簡子」。「楚文爵筦饒」，據《新序》，「文王」作「共王」，「筦饒」作「筦蘇」。一人所作，而名號迴別。案：曾鞏謂「此向採傳記百家所載行事之跡，以為此書。奏之，欲以為法戒。古書容多傳聞異辭，在向要必各有據」。觀於《邶風·燕燕》詩，鄭君箋詩則作者莊姜，《坊記注》則作者定姜，詁經不嫌並存異義。況此書之主在規戒，俾見者會其義理，人名時代固在所後矣。以書例論，或述往事，證以古經，則《韓詩外傳》之體也；或舉經文，而下己意申解之，與《春秋繁露》之體相近。自是西京時製作無疑。吾謂此書之尤足寶重者，《漢書·藝文志》儒家有《河間獻王》八篇，《隋志》已不箸錄，而《說苑》載有四條，略見賢王立論純正，端緒尚可推尋。然則《說苑》即非向奏上原書，而古來嘉言懿行固異於稗官雜家已。

## 《法言》書後

班孟堅志藝文，以揚雄氏書入儒家。《雄傳》又臚列所箸書名，《法言》其一，而十三篇之序目獨詳載於傳末。舉其要，曰象《論語》。嘗就十三篇反復，如《吾子》篇「如其富，如其富」，《淵騫》篇「如其寢，如其寢」，即《論語》「如其仁，如其仁」句法；《學行》篇「大人之學也為道，小人之學也為利」，《淵騫》篇「君子絕德，小人絕力」，即《論語》「君子喻於義，小人喻於利」諸章句法；《吾子》篇「戶哉戶哉」，《重黎》篇「蓋哉」，即《論語》「觚哉」句法。此其措詞之顯然者。《學行》篇「顏氏子之樂，請問屢空之內」，所以申

明《論語》「回也不改其樂」及「回也其庶乎」之義;《先知》篇「齊得夷吾而霸。仲尼曰:『小器。』請問大器」云云,則釋《論語》「管仲之器,小之義也」。是雄作《法言》,以發揮《論語》一經。吾觀以《學行》冠十三篇之首,取法《論語》之開端於學。而其間稱說堯舜以及三代賢聖之君,固與《論語》相表裏。即如《重黎》、《淵騫》篇中歷論漢代名人,何莫非《論語》論列春秋時孔文子、子產等,俾知其人者,兼以論其世歟?吾謂《法言》以《孝至》終篇,言「寧神莫大於四表之歡心」,正本《孝經》「合萬國之心以事先王」之義,則又取法於《孝經》矣。然則《法言》一書,意殆專效法夫孔氏之遺書。曾鞏有言:「學者知折衷於聖人,而能純於道德之美者,揚雄氏而止耳。」為此說者,其有得於揚雄氏之本已。

## 《漢學商兌》書後

此書桐城方東樹撰,意主毀漢學。名「商兌」者,取《兌》卦九四爻辭。案:王弼《注》:「商,商量裁制之謂也。三為佞說,將近至尊,故四以剛德裁而隔之。」東樹以名其書,不滿於漢學顯然。然其於漢儒,一則曰「實有保殘守缺之功」,再則曰「實有訓詁名物之益」,似亦非懵無知識。何於漢學又目為邪說詖辭,令為所毀之。顧亭林諸公見之,恐不值一哂也。姑依所分三帙而論。

其首篇溯畔道罔說之原。夫道者何?聖人之道而已。漢儒鄭康成嘗云:「聖人之道在方策。」故為漢學者,於聖人所贊之《易》,不敢疑其《繫辭》。聖人未傳之《書》,未嘗為之詁訓。聖人已訂之《詩》,不敢云去取,未嘗重行刪削也。即《禮記》特聖門諸子所述微言大義,其中《大學》一篇,未敢謂次第譌亂,各執一定本以糾紛者。是漢學之說經,斤斤守聖人之道而不敢稍軼。謂之畔道,可乎?

其次辨依坿經義小學,譏漢學不知心學。案:「人心惟危」四語,漢經師所讀書無之,不為闡釋,正漢學不敢依坿處。且《墨子》為《孟子》所斥,東樹以敘《墨子》之汪容甫為非。《荀子》論性,宋儒以為背孟子之四語,見《荀子》書,何又等之天經地義?非以依坿《古文尚書》邪?訓詁義理相表裏。非訓詁,則經義何自明?《周禮》以六書教國子,教萬民,是小學當知非漢學一家言,本三代遺法。蓋由粗及精,亦下學上達之一。《詩》:「毋教猱升木。」《箋》:「以喻人之心皆有仁義,教之則進也。」《中庸》:「天命之謂性。」《注》:「《孝經說》曰:『性者,生之質。』」《禮運》:「故人者,其天地之德,陰陽之

交，鬼神之會，五行之秀氣也。」《注》：「言人兼此氣，性純也。」「故人者，天地之心也，五行之端也，食味別聲被色而生者也。」《注》：「此言兼氣性之效也。」是漢儒何嘗不言義理？論性且兼論氣，宋儒所知，漢儒早已及之。

　　末篇總論，詆誣唐宋儒。先羅舉漢學諸君箸作，原書具在，莫不義據埤鑿，補遺訂誤，或攷典禮之精微，或審聲音而剖別，但期合於經旨，未嘗斷以年代。最不信者，《古文尚書》，宋朱子亦疑之。東樹又以顧、江、戴、段諸公韻學不出陸法言範圍，是漢學家且遵信唐宋儒先。惟陳摶《易圖》、胡安國《春秋傳》，詆之者不獨漢學，安得謂誣？特漢學去從不雜，不若東樹之於漢學一概抹倒也。攷鄭注「商兌，隱度也」，吾謂東樹云云，真妄度君子之心已。

卷二十三終

# 青學齋集卷二十四

新陽汪之昌

## 漢律逸文〔註1〕

《書·微子》疏：「漢魏以箸律皆曰：敢盜郊祀宗廟之物無多少，皆死。」

《周官·司寇·誓民》注：「誓以犯田之罰。誓曰：無干車，無自後射。」《疏》：「此據漢田律而言。《士師注》：『野有田律。』」

「以邦成弊之。」《注》：「鄭司農云：『謂若今決事比。』」《疏》：「若今律，其有斷事皆依舊事斷之。其無條，取比類以決之。故云『決事比』。《晉志》：『漢時決事，集為令甲以下三百餘篇。』」

「殺之無罪。」《注》：「若今時無故入人室宅廬舍，上人車船，牽引人慾犯法者，其時格殺之，無罪。」《疏》：「舉漢賊律而言。」

〔註1〕 周會蕾《中國近代法制史學史研究》第四章《斷代法制史研究》之「漢代法制研究」（上海人民出版社2013年版，第206頁）：
漢律的考證方面。漢律在南北朝時期已經散佚，因此學界自南宋時便出現了漢律的輯佚工作，至清代則到達一個巔峰，薛允升的《漢律輯存》、汪之昌的《漢律逸文》、孫傳鳳的《集漢律逸文》、杜貴墀的《漢律輯證》、張鵬一的《漢律類纂》、沈家本的《漢律摭遺》是其中最為著名的代表作。囿於筆者所截取的時間段落，張鵬一和沈家本的著述才屬於本書論述的範圍。發展至1919年，程樹德撰《漢律考》一書代表了民國時期漢律考證的最高水平。
另，張舜徽《清人文集別錄》卷二十二著錄胡元儀《始誦經室文錄》，稱：「惟《集漢律逸文》、《六朝造像記考》兩篇，徵實不誣，最為經意之作。」（華中師範大學出版社2004年版，第567頁）
唐文治《陳君善餘墓誌銘》：「輯《司馬法逸文》、《漢律逸文疏證》、《補三國志儒林傳》。」（王桐蓀、胡邦彥、馮俊森等選注《唐文治文選》，上海交通大學出版社2005年版，第313頁）

「詔刑罰法，處其所應否。」《注》：「如今律家所署法。」

《司刺》：「三宥。」《注》：「若今律，過失殺人，不坐死。」

「三赦。」《注》：「若今時律令，年未滿八歲、八十以上，非手殺人，他皆不坐。」

《庶氏注》：「賦律曰：敢蠱人反教令者，棄市。」

《大胥注》：「漢大樂律曰：卑者之子不得舞宗廟之酎。除吏二千石到六百石，及關內侯到五大夫子，先取適子，高七尺已上，年十二到年三十，顏色和順，身體修治者，以為舞人。」

《禮記·內則》：「用藙。」《注》：「漢律：會稽獻藙。」

《說文》：「漢律：祠祀，司命。」　「漢律：會稽獻藙一斗。」　「漢律：令簞，小筐也。」　「漢律：能捕豺貙，購百錢。」　「漢律：會稽獻鮚醬三斗。」　「漢律曰：婦告威姑。」　「揚雄以為漢律祠宗廟丹書告。」　「漢律：民不繇貲錢二十二。」　「漢律曰：綺絲數謂之絬，布謂之總，綬組謂之首。」　「漢律曰：暴田莢草。」　「漢律曰：及其門首灑潃。」　「漢律曰：賜衣者，縹表白裏。」　「漢律：名船方長為舳艫。」　「漢律：齊人予妻婢奸曰姘。」　「漢律曰：凡姘變不得侍祠。」亦見《史記·長沙定王世家》注》。

《說文敘》：「尉律學僮十七已上諷籀書九千字，乃得為史，又以八體試之，郡移大史並課最者，以為尚書史書。或不正，輒舉劾之。」

《獨斷》：「乘輿出於律。律曰：敢盜乘輿服御物。」亦見《史記·呂后紀》注》。

《初學記·政理部》「假」條：「漢律：使二千石有予告，有賜告。」亦見《史記·高紀》注》。

《集韻》：「漢律：捕虎，購錢三百。其豿半之。」

《蕭望之傳》：「受所監臧二百五十以上。」《注》：「二百五十已上，當時坐罪之次。」

《匡衡傳》：「監臨盜所主守，值十金以上。」《注》：「十金已上，當時律定罪之次。」

《孔光傳》：「各以法時律令論之。」

《貢禹傳》：「除其租銖之律。」

《薛宣傳》：「律曰：鬭以刃傷人，完為城旦。其賊加一等，與謀者同罪。」

《〈史記·趙奢傳〉注》：「江遂曰：『漢令稱完而不髡曰耐。』」

《後漢‧章紀》：「元和元年詔律云：掠者唯得榜笞立。又令丙箠長短有數。」又：「二年詔：律十二月，立春不以報囚。三年詔：其嬰兒無父母親屬及有子不能養食者，稟給如律。」

《史記‧高紀》注》：「漢律：吏二千石有予告、賜告。予告者，在官有功最，法所當得者也。賜告者，病滿三月當免，天子優賜，復其告，使得帶印綬，將官屬，歸家治疾也。」

又，《〈文紀〉注》：「漢律：三人已上無故群飲，罰金四兩。」又引崔浩《漢律序》。又，《〈漢書‧文紀〉注》。

又，《文紀》：「除收帑諸相坐律令。」

又，《外戚傳》：「容華秩比二千石。」《注》：「漢律：真二千石，俸月二萬。」

又，《〈蕭相國世家〉注》：「律有無害都吏。」又：「律：郡卒史書佐各十人也。」

《夏侯嬰傳〉注》：「律有故乞鞫。」

《周昌傳〉注》：「《諸侯王表》有左官之律。」又，《〈申屠嘉傳〉注》：「律有蹶張士。」亦見《〈張丞相傳〉注》。

《靳歙傳》：「子亭代侯坐事，國人過律。」

《張釋之傳》：「案律：盜宗廟服御物者為奏，奏當棄市。」

《吳王濞傳〉注》：「律：春曰朝，秋曰請。如古諸侯朝聘也。」又：「漢律：卒更有三：踐更、居更、過更也。」又：「天下人皆直戍邊之調三月，亦名為更，律所謂繇戍也。雖丞相子亦在戍邊之調，不可人人自行三月戍。」〔註2〕又：「行者出錢三百入官，官給戍者，是為過更。此漢初因秦法而行之，後改為謫，乃戍邊一歲。」

《魏其傳〉注》：「律諸侯春朝天子曰朝，秋曰請。」又：「律：司空主水及罪人。」

《匈奴傳》：「律：近塞郡皆置尉，百里一人。士史、尉史各二人也。」

《衛大將軍傳〉注》：「律：都軍官長史一人也。」

《秦始皇紀》，《集解》：「如淳曰：『律說：鬼薪作三歲刑。』」

又：「律說：論決為髡鉗，輸邊築長城，晝日伺寇虜，夜暮築長城。城旦，四歲刑。」

---

〔註2〕《史記》卷一百零六《吳王濞列傳》作「三月」，《漢書》卷七《昭帝紀》作「三日」。

《項羽紀》，《集解》：「如淳曰：『律：年二十三傅之。疇官各從其父，疇內學之。高不滿六尺二寸以下為罷癃。』」

又，《文紀》：「如淳曰：『律：四馬高足為傳置，四馬中足為馳置，下足為乘置，一馬二馬為軺置如置。急者乘一馬曰乘也。』」

又，《武紀》，《索隱》：「漢律：皮幣率庶皮方尺，直黃金一斤。」

《傅靳蒯成傳》，《集解》：「律謂勒兵而守曰屯。」

《張釋之傳》，《集解》：「如淳曰：『乙令：蹕先至而犯者，罰金四兩。蹕止行人。』」

《淮南傳》，《集解》：「如淳曰：『律：有罪失官爵稱士五者也。』」又：「漢律所謂廢格。」又：「如淳曰：『律：耐為司寇。耐為鬼薪白粲。耐猶任也。』」

《汲鄭列傳》，《集解》：「如淳曰：『律：太守、都尉、諸侯、內史，史各一人，卒史、書佐各十人。』」

《游俠傳》，《集解》：「律說：卒更踐。更者，居縣中五月乃更也。後從尉律，卒踐更一月，休十一月也。」

《漢書·高紀》注：「金布令曰：『不幸死死所，為檟傳歸，所居縣賜以衣棺也。』」

《惠紀》注：「如淳曰：『律有斗食佐史。』」

又，漢律：人出一筭，筭百二十錢。唯賈人與奴婢倍筭。今使五筭，罪謫之也。

《文紀》注：「如淳曰：『律說：都吏，今督郵是也。閒惠曉事，即為文無害都吏。』」

《群書拾補》：「《風俗通》佚文：『戶律：漢中、巴蜀、廣漢自擇伏日。』」

《呂覽·開春論》高誘《注》：「律：坐父兄沒入為奴。」

《三國·魏志·毛玠傳》：「漢律：罪人妻子沒為奴婢，黥面。漢法所行。」

《陳書·沈洙傳》述漢律云：「述漢律，云：『死罪及除名，罪證明白，考掠已至，而抵隱不服者，處當列上。』杜預注云：『處當，證驗明白之狀，到〔註3〕其抵隱之意。』」

## 《易林》書後

右《易林》一書，《隋書·經籍志》：「《易林》十六卷」，注：「焦贛撰。」

---

〔註3〕「到」，《陳書》卷三十三《儒林列傳·沈洙傳》作「列」。

《唐書·藝文志》:「《焦氏周易林》十六卷」,注:「焦贛撰。」焦贛見《漢書·儒林傳》,即京房從受《易》之焦延壽。然傳不言其撰《易林》,《藝文志》亦未箸錄。後人不無異說。鄭曉《古言》、亭林《日知錄》歷舉《易林》所云,率多焦贛未及見之事,殊有可疑。近徐養原、牟定相據《後漢書·崔駰傳》,定為崔篆箸《易林》六十四篇,即是書。案:宋李石《續博物志》:「後漢崔篆箸《易林》六十四篇,或曰《卦林》,或曰《象林》。」則不始於徐、牟兩家。然鄭、顧所疑,所謂某林似指某事,皆揣摩其詞。攷《東觀漢記》:「永平五年,京師少雨,上御雲臺,呂〔註4〕尚席取卦,以《周易卦林》占之,其繇曰:『蟻封穴戶,大雨將集。』」今《易林·震之蹇》有此二語,可見東京初甚重其書。《後漢書·郎顗傳》:「九日三公。」李賢《注》引焦延壽分卦值日之法。《張衡傳》,李賢《注》又引《焦氏易林》。《儒林傳》:「孔僖拜臨晉令,崔駰以《家林》筮之。」李賢《注》:「崔篆所作《易林》也。」觀《注》於《易林》,分別焦氏、崔氏甚明。且今本《易林》有可定為焦氏之書而非出崔氏者。漢時箸作避帝諱頗嚴,許叔重氏之《說文解字》即其證。攷《後漢書·崔駰傳》敘其祖篆云:「建武初,朝廷多薦言之者。篆自以宗門受莽偽寵,慚愧漢朝,遂辭不仕,箸《周易林》六十四篇。」是崔篆作《易林》當在建武初年。光武帝諱秀,而《易林·需之艮》「垂秀方造」、《夬之晉》「麥秀傷心」則非作於光武時。更始諱元,而《易林·屯之大畜》「錫我元珪」則非作於更始時。蔡邕《獨斷》:「禁中者,門戶有禁。孝元皇后父大司馬、陽平侯名禁,當時避之,故曰省中。」案:《漢書·王莽傳》:「父名曼,禁之次子。」而《易林·坤之否》「結禁毋出」,不避「禁」字。攷崔篆之受莽命到官,實迫於凶燄,豈肯觸犯其祖諱,自取戾而危所生?然則《易林》之為焦贛而與崔篆無涉顯然。論《易林》者,以「長城既立,四夷賓服。交和結好,昭君是福」,即謂《漢書·匈奴傳》「元帝以後宮良家子王檣字昭君賜單于」事。案:《易林·鼎之噬嗑》:「乾侯野中,昭君喪居。」昭君明謂魯昭公。而《萃之臨》:「昭君守國,諸夏蒙德」,此昭君又似取昭明之義。是昭君原不定指漢宮人。正猶《謙之困》云「文君降陟」,《蠱之益》云「文君出獵,姜氏受福」,《復之姤》云「命絕衰周,文君乏祀」,文君為周文王;《咸之既濟》云「文君德義,仁聖致福」,《歸妹之咸》「文君之德,養仁致福」,文君泛言文德之君同。《易林》之「文君」,解者初不以為卓女,「昭君」又何得臆決為明妃?即就明妃言之,據《漢書·元紀》,賜單于待詔

<hr>

〔註4〕「呂」,《東觀漢記》卷七《列傳二·宗室·沛獻王輔》作「召」。

掖庭王嬙為閼氏，在竟寧改元之年。攷《京房傳》：「焦延壽，字贛。贛貧賤，以好學得幸梁王。王共其資用，令極意學。既成，為郡史，察舉補小黃令。贛嘗曰：『得我道以亡身者必京生。』」房以建昭二年上封事棄市，時年四十一。延壽生歷昭、宣、元之世，或猶及見其事。據唐王俞序，謂「延壽富西漢元、成之間」，必有所本。然則《易林》自是焦贛撰，塙有可憑，烏可彊屬之崔篆哉？

# 鬼谷子攷

《史記・蘇秦傳》：「東師事於齊而習之於鬼谷先生。」《張儀傳》：「始嘗與蘇秦俱事鬼谷先生學術。」蘇、張皆戰國說士，為之師必與同時。案：孟子七篇，題曰《孟子》。《離婁》篇：「樂正子曰：『先生何為出此言也？』」蓋由弟子稱之曰先生，由其書言之曰子，則鬼谷先生即所謂鬼谷子者無疑。《丹鉛總錄》謂《漢・藝文志》有《鬼容區》三篇，注云：「即《鬼臾區》。」《郊祀志》：「黃帝得寶鼎，冕侯問於鬼臾區。」注云：「即鬼容區。」「容」、「臾」聲相近，「鬼谷」即「鬼容」者，又字相似而誤也，自以鬼谷子為鬼容區。據《志》注黃帝臣，依託與《封胡》五篇、《風后》十三篇、《力牧》十五篇皆依託黃帝臣者正同。然則謂《鬼容區》一書，或鬼谷子依託，原無不可；謂鬼谷子即鬼容區，不獨時代懸隔，抑亦近於臆斷。《道藏目錄》：「鬼谷子，姓王，名詡，晉平公時人。」或以平公為春秋世，晉侯與蘇、張相去亦遠。案：《春秋》昭十年《左氏傳》「齊欒施來奔」，《公羊傳》「晉欒施來奔」，可證古書「齊」或作「晉」。《史記・齊世家》：「簡公弟驁立，是為平公，在位二十五年。」人習知春秋世之晉平公，罕見春秋後之齊平公。《道藏》或「齊」偶作「晉」，後人以平公故，而以「晉」改「齊」。鬼谷先生殆本齊人，而生平世，故《蘇秦傳》有「東師事」之文。《隋書・經籍志》縱橫家：「《鬼谷子》三卷」，注：「周世隱於鬼谷。」據裴駰《史記集解》：「案《風俗通義》曰：『鬼谷先生，六國縱橫家。』明言六國時人。」《玉海》引《中興書目》：「周時高士，無鄉里族姓名字，以其所隱，自號鬼谷先生。蘇秦、張儀事之」云云，大約即本《隋志》，則鬼谷因地為稱。攷《後漢書・馮衍傳》：「幽張儀於鬼谷」，《注》：「在今洛州洛陽城北。」《史記集解》：「徐廣曰：『潁川陽城有鬼谷。』《索隱》：『扶風池陽，潁川陽城，竝有鬼谷墟。』」《國策地名攷》：「鬼谷先生所居，今河南登封縣，即古陽城縣。」是鬼谷所在，確有可稽。《史記・樗甘列傳》：「樗里子疾

室在昭王廟西，渭南陰鄉樗里，故俗謂之樗里子。」是繫地稱子，實戰國始習為常，亦可為鬼谷子著稱之旁證。《說苑》引「鬼谷子有人之不善而能矯之者，難矣」一語，雖今本所無，而漢時已有《鬼谷子》書顯然。尹知章《鬼谷子序》歷言蘇秦、張傳儀往事鬼谷先生事，正可與《史記》參觀，而其時其地不又班班可攷哉？

## 《呂覽》高注音讀攷

「蟄蟲始振。」《孟春》。　《注》：「蟄讀如《詩·文王之什》。」

本書《音律》篇：「蟄蟲入穴。」《注》：「蟄讀如《詩·文王之什》。」《淮南子·原道》篇：「昆蟲蟄藏。」《注》：「蟄讀什伍之什。」案：蟄、什古音同在七部。《〈詩〉釋文·螽斯》篇》：「蟄蟄，徐音直立反。亦讀如什也。」徐即徐邈。《文王之什》，《大雅》首篇。取諸同部同音，非泛舉也。

「田事既飭。」　《注》：「飭讀作勅。」

本書《音律》篇：「修法飭刑。」《注》：「《制樂》篇『飭其辭令。』《注》：『飭讀如勅。』《季冬》篇：『飭國典。』《注》：『飭讀曰勅。』」案：《漢書·功臣表》：「愛敬飭盡。」《五行志上》：「又飭眾官。」《劉向傳》：「以行脩飭。」各《注》：「飭讀與勅同。」《高后紀》：「匡飭天下。」《武帝紀》：「飭躬齊戒。」《宣帝紀》：「今復飭兵重屯。」各《注》：「飭讀與勅同。」攷《經典釋文》，《易·噬嗑》：「先王以明罰勅法。」注：「《字林》作勅。《漢書·藝文志》作『先王以明罰飭法』。」《史記·五帝本紀》：「信飭百官。」《集解》引徐廣：「飭，古勅字。」《說文·力部》：「飭，致堅也。從人從力，食聲。讀若勅。」《匡謬正俗》八：「飭字從食從力，音與勅同。」

「靁骴。」　《注》：「骴讀水漬物之漬。」

案：「骴」為「胔」之或體。「差」、「此」二字古通。《詩·君子偕老》二章「玼兮玼兮」，三章「瑳兮瑳兮」，毛、鄭二章有注，三章無注。《〈周禮·內司服〉注》引《詩》：「玼兮玼兮，其之翟也。玼兮玼兮，其之展也。」其為一字無疑。《說文》人部引《詩》「屢舞傞傞」，女部引《詩》「屢舞娑娑」，是亦「差」、「此」相通之證。《周禮》：「蜡氏掌除骴。」《注》：「《曲禮》：『四足死者曰漬。』一作『殨』。故書『胔』作『脊』。鄭司農云：『脊讀為漬，謂死人骨也。《月令》曰：『掩骼埋胔。』骨之尚有肉者也。及禽獸之骨皆是。」段氏懋堂《周禮漢讀考》謂《月令》上當有「元謂」二字，蓋司農從故書作「脊」

而易為「瀆」，鄭君從今書作「骴」而釋其義也。《公羊傳》「大瘠」，《禮記注》引作「大瀆」。骴、胔、瀆、殰、脊五字同音，在古音十六部。

「土者扣之。」《本生》。　《注》：「扣讀曰骨。」

《注》：「扣讀曰骨。骨，濁也。」畢氏元校本注：「似衍一『骨』字。」《說文》：「溷，濁也，與汩滑義同。竝音骨。」俞氏樾《平議》謂「扣讀曰骨，當作滑，讀曰骨」。引《誰南子》「混混滑滑」，注「滑讀曰骨」為證。案：曰骨之骨當是搰之壞字。本書《節喪》篇「則狐狸扣之」，《注》：「扣讀曰掘。」《安死》篇：「不可不扣。」《注》：「扣，發也。」《國語·吳語》：「狐狸埋之而狐搰之。」《注》：「搰，發也。」與「扣」義正通。《三國·吳志·吳主傳》引《國語》作「狐掘之」，是又「搰」、「掘」通用之證。則此《注》之「扣讀曰搰」，即彼《注》「扣讀曰掘」矣。

「下為匹夫而不惛。」　《注》：「惛讀憂悶之悶。」

惛，呼昆切。悶，莫困切。古音同在十三部。《後漢書·張衡傳》：「應間不見，是而不惛。」《注》：「惛猶悶也。」《易》曰：「不見是而無悶。」《說文》：「惛，不憭也。」《國策·秦策》：「皆惛於教。」《注》：「惛，不明也。」《莊子》：「悶然而後憂。」《釋文》引李《注》：「惛然不覺貌。」不憭，不明不覺。誼併合。

「尾絕力勯。」《重己》。　《注》：「勯讀曰單。」

「勯」字不見經傳，《說文》亦無。然字從亶得聲。亶、單古音同在十四部。《書·盤庚》篇：「誕告用亶。」《釋文》引馬融本作「單」。《周頌·昊天有成命》篇：「單厥心。」《國語·周語》作「亶厥心。」《史記·曆書》：「端蒙單閼。」《集解》引徐廣：「單閼，一作亶安。」本書《具備》篇「宓子賤治亶父」，《察賢》篇作「單父」。

「衣不燀熱。」　《注》：「燀讀曰單。」

燀，古音在十四部。《說文》火部：「燀，炊也。」引《春秋左氏傳》「燀之以薪」。燀從單而讀曰亶，猶勯從亶而讀曰單也。亶、單音義竝通，說見上條。

「胃充則中大鞔。」　《注》：「鞔讀曰懣。」

《說文》革部：「鞔，履空也。」《急就篇》：「鞔，覆也。」於誼均不近。惟鞔、懣古音同在十四部。

「共為飲食酏醴也。」　《注》：「酏讀如《詩》『虵虵』所言之虵。」

酏有二音。有讀之善切者，見《周禮·醯人》、《禮記·內則》鄭君注，即《說文》引「賈侍中說：『酏為粥清。』」一音移，《〈詩·召南〉釋文》云：「酏，本又作蛇。同音移。」《說文》所云「黍酒」，此之「酏醴」是。「酏酏碩言」，《小雅·巧言》篇，《毛傳》作「蛇」，《注》作「酏」，或本《三家詩》。《隸釋·費鳳別碑》：「君有透酏之節，自公之操。」《隸續·王政碑》亦作「透酏」。

「日醉而飾服。」《貴公》。　《注》：「飾讀曰救。」

救、飾音誼並同。見「田事既飾」條。飾讀救者，即飾讀飾也。《易·雜卦》：「蠱則飾也。」《釋文》：「王肅本作『飾』。」《禮記·樂記》：「復亂以飾歸。」《史記·樂書》「飾」作「飾」。《文選·封禪文》：「祓飾厥文。」《史記》作「校飾」。

「墨者有鉅子腹䵍，居秦。」《去私》。　《注》：「䵍讀曰車笰之笰。」

梁氏玉繩《呂子校補》云：「《御覽》四百二十九引。」注：「䵍讀『大車啍啍』之『啍』也。」與今本異。然從屯聲、從享聲之字，漢讀或通。如鄭君《禮記·中庸》篇《注》，引《詩》「誨爾諄諄」，作「誨爾忳忳」。高氏《淮南·說，林》篇「錞讀頓首之頓」可證。「䵍」字不現經書，惟《禮記·檀弓下》篇有「孺子䵍」，《釋文》音吐孫反，殆即此「䵍」字，若「烌」之作「秌」、「縣」之作「綿」，字形容有左右移易者。

「忍所私以行大義。」　《注》：「忍讀曰仁行之忍也。」

段氏懋堂謂「當作『仁所私以行大義』。高《注》：『仁讀曰忍行之忍也』，文義極明。今本作『忍』，注『忍讀曰仁行之忍也』，則不可通」。《周禮漢讀攷》。

祀於高禖。《仲秋》。　《注》：「郊音與高相近。」

《注》：「《周禮·媒氏》：『仲春合男女，因祭其神於郊，謂之郊禖。』『郊』音與『高』相近，故或言高禖。」攷《鄭志·焦喬答問》：「先契之時，有禖氏祓除之，祀位在南郊，以立鳥至之日祀上帝。娀簡狄吞鳦子之後，後王以為禖官嘉祥，祀之以配帝，謂之高禖。」分郊禖、高禖為二。蔡邕以為「高者，尊也，謂尊高之禖」。盧植以為「居明顯之處，故謂之高」。見《續漢書·禮儀志〉注》。案：高、郊古音同在第二部，音同字例得叚借。《周官·載師》：「近郊之地」、「遠郊之地。」故書「郊」或為「蒿」。杜子春云：「蒿讀為郊。」《春秋左氏傳·文三年》：「取王官及郊。」《史記·秦本紀》「郊」作「鄗」。蒿、鄗竝從高聲。「高」之為「郊」，猶「蒿」與「鄗」之為「郊」也。《〈大雅·生民〉傳》

引《月令》云：「祠於郊禖。」《〈商頌‧玄〔註5〕鳥〉傳》亦云：「祈於郊禖。」

「其土苴以治天下。」《貴生》。　《注》：「苴音同鮓。」

苴從且，鮓從乍，古音同在五部。《大雅‧蕩》篇：「侯作侯祝。」《釋文》：「作，本或作詛。」《說文》艸部：「蒩，酢菜也。」《釋名》：「鮓，菹也。」均以同音同義互為訓也。

以茹魚去蠅。《功名》。　《注》：「茹讀茹船漏之茹。茹，臭也。」

《易‧既濟》：「繻有衣袽。」《釋文》：「袽，子夏作茹，《說文》作絮。《廣雅》：『絮，塞也。』」王《注》：「衣袽所以塞舟漏也。」可為「茹船漏」之證。虞氏以袽為敗衣。敗與臭義近。

「具桛曲。」《季春》。　《注》：「桛讀曰朕。」

或本作「挾曲」。《淮南‧時則》作「撲曲」，高《注》：「撲讀南陽人言山陵同。」案：挾、撲皆桛字形近之誤。桛，架蠶薄之木也。《說文》：「桛，槌之橫者也。」《方言》作「㭘」，云：「槌，宋、魏、陳、楚、江、淮之間謂之植，自關而西謂之槌。其橫，關西曰桛，齊部謂之㭼。」郭璞曰：「槌，懸蠶薄柱也。」朕字，古音在蒸部，讀若澄清之澄。《說文》䠠、塍等十一字並從朕聲。《淮南‧要略》「形埒之朕」與「應」為韻。《兵略》「凡物有朕，唯道無朕」，《文子‧自然》篇「朕」作「勝」。《說文》「塍」字「從久朕聲。或作『凌』，從久夌聲」。是朕、夌古同聲。故《淮南注》「讀南陽人言山陵同」，此云「桛讀曰朕」。

「乃合纍牛。」　《注》：「纍讀如《詩》葛藟之藟。」

此注似有脫訛。經傳中「葛藟」無作「葛纍」者。《釋文》：「藟，本亦作藥。」疑《注》依別本作「藥」，云「讀如《詩》葛藥藥之之藥」，猶「酏」注「讀如《詩》虵虵碩言之虵」。藥從木，纍從系，木、系行草字跡易溷，後人以「藥藥之之」為寫各衍一字，改為「葛纍之纍」，遂不可通。《禮記‧月令》作「累牛」，此作「纍牛」，累、纍本通。《禮記‧樂記》「纍纍乎」，《史記‧樂書》作「累是已」。《淮南‧時則》篇作「纍牛」，高《注》：「纍讀如葛藟之藟。」亦可證此之決不作「葛纍」矣。

　　玉緒案：是書未成，而高《注》已以別紙錄出。先生又欲為《淮南高注音讀攷》、《列子張注音讀攷》，注亦錄出，今並坿於後，冀好學者賡續為之，以竟先生未竟之緒云。

---

〔註5〕「玄」，底本作「元」。

## 坿 《呂氏春秋》高誘《注》

蟄蟲。《注》:「蟄讀如《詩・文王之什》。」　《孟春紀》。田事既飭。《注》:「飭讀作敕。」靁髊。《注》:「髊讀水之漬物之漬。」土者抇之。《注》:「抇讀曰骨。」　《本生》。下為匹夫而不惛。《注》:「昏讀憂悶之悶。」尾絕力勯。《注》:「殫讀曰單。」　《重己》。衣不燀熱。《注》:「燀讀曰亶。」胃充則中大鞔。《注》:「鞔讀曰懣。」其為飲食酏醴也。《注》:「酏讀如《詩》『酏酏碩言』之酏。」日醉而飾服。《注》:「飾讀曰敕。」　《貴公》。墨者有鉅子腹䵍,居秦。《注》:「䵍讀曰車笔之笔。」　《去私》。忍所私以行大義。《注》:「忍讀曰仁行之忍也。」祀於高禖。《注》:「郊音與高相近。」　《仲春紀》。其土苴。《注》:「苴音同鮓。」　《貴生》。以茹魚去蠅。《注》:「茹讀茹船漏之茹字。」　《功名》。具栚曲籧筐。《注》:「栚讀曰朕。」　《季春紀》。乃合纍牛。《注》:「纍讀如《詩》葛纍之纍。」國人儺。《注》:「儺讀《論語》『鄉人儺』同。」輿為敻明。《注》:「敻讀如《詩》云『於嗟敻兮』。」　《盡數》。《詩》曰:「執轡如組。」《注》:「組讀組織之組。」　《先己》。一有所居。《注》:「居讀曰居處之居。居猶壅閉也。」　《圜道》。必蠲絜。《注》:「蠲讀曰圭也。」　《尊師》。從師苦。《注》:「苦讀如鹽會之鹽。」　《誣徒》。必食其跖。《注》:「跖讀如捃摭之摭。」　《用眾》。百螣時起。《注》:「螣讀近殆。」　《孟夏紀》。混混沌沌。《注》:「渾讀如袞冕之袞。沌讀近屯。」　《大樂》。不充則不詹。《注》:「詹讀如澹然無為之澹。」　《適音》。民氣鬱閼而滯著。《注》:「閼讀曰遏止之遏。」　《古樂》。腐草化為蚈。《注》:「蚈,馬蚿也。蚈讀如蹊徑之蹊。」　《季夏紀》。令漁師。《注》:「漁讀若相語之語。」修法飭刑。《注》:「飭讀如敕。」　《音律》。蟄蟲入穴。《注》:「蟄讀如《詩・文王之什》。」抎於漢中。《注》:「抎,墜,音日顛隕之隕。」　《音初》。飭其辭令。《注》:「飭讀如敕。」　《制樂》。有暈珥。《注》:「暈讀為君國子民之君。」　《明理》。有鬼投其陴。《注》:「陴,腳也,音楊子受骭一毛之骭。」坿牆垣。《注》:「坿讀如符。」　《孟秋紀》。所以蘄有道。《注》:「蘄讀曰祈。或作勤。」　《振亂》。窅窅乎。《注》:「窅音窈。」　《論威》。死殙之地矣。《注》:「殙音悶。謂絕氣之悶。」可以勝人之長銚利兵。《注》:「銚讀曰葦苕之苕。」　《簡選》。皆墐其戶。《注》:「墐讀如斤斧之斤。」　《季秋紀》。民多鼽窒。《注》:「鼽讀曰仇怨之仇。」固封璽。《注》:「璽讀曰移徙之徙。」　《孟冬紀》。則狐狸抇之。《注》:「抇讀曰掘。」　《節喪》。涉血盩肝以求之。《注》:「盩,古抽字。」湛饎必潔。《注》:「湛讀斧瀋之瀋。饎讀熾火之熾也。」　《仲冬紀》。非怒王。《注》:「怒讀如強弩之弩。」　《至忠》。曰弘演。《注》:「演讀如胥子之胥。」　《忠廉》。將毃其頭矣。《注》:「毃音殼,擊也。」　《當務》。命漁師始漁。《注》:「漁讀如《論語》之語。」　《季冬紀》。水澤復。《注》:「復或作覆。」飭國典。《注》:「飭讀曰敕。」有侁氏。《注》:

「侊讀曰莘。」　《本味》。伯牙。《注》:「或作雅。」爝以爟火。《注》:「爟讀曰權衡之權。」述蕩之掔。《注》:「掔讀如棬椀之椀。」有凰之丸。《注》:「丸，古卵字。」宰子備矣。《注》:「備當作憊。」　《慎人》。好彼琬琰。《注》:「琬當作婉。」　《慎大》。親郼如夏。《注》:「郼讀如衣。今兗州人謂殷氏皆曰衣。」有內蹂者。《注》:「內蹂或作仇酋。」　《權勳》。就就乎。《注》:「就就讀如由與之與。」　《下賢》。鵠乎。《注》:「鵠讀如浩浩昊天之浩。」而言見詤。《注》:「詤讀誣妄之誣。」　《知接》。投之無郵。《注》:「郵與尤同。」《樂成》。吳楚以此大隆。《注》:「隆當作格。格，鬬也。」　《察微》。居無去車。《注》:「去讀去就之去。」　《審分》。西服壽靡。《注》:「靡亦作麻。」　《任數》。前乎輿謣。《注》:「輿謣或作邪謣。」　《淫辭》。門中有斂陷。《注》:「斂讀曰脅。」　《不屈》。踽焉美。《注》:「踽讀齲齒之齲。」　《應言》。湯嘗約於郼薄矣。《注》:「薄或作亳。」　《具備》。飛兔要褭。《注》:「褭字讀如曲撓之撓。」　《離俗》。而自投於蒼領之淵。《注》:「蒼領或作青領。」乃負石而沈於募水。《注》:「募，水名也。音千伯之伯。」務耕疾庸𢂓。《注》:「𢂓，古耕字。」　《為欲》。犪人。《注》:「犪讀如匍匐之匐。」　《恃君》。許鄙相脈。《注》:「脈字讀如窮穹之穹。」　《觀表》。則不知所為矣。《注》:「為謂相為之為。」　《審為》。重傷之人。《注》:「重讀複重之重。」相與私闀。《注》:「闀讀近鴻，緩氣言之。」　《慎行》。啁噍巢於林。《注》:「啁音超。」　《求人》。帶益三副矣。《注》:「副或作倍。」　《過理》。宋王築為蘗帝。《注》:「蘗當作巘，帝當作臺。蘗輿巘其音同，帝與臺字相似。」祓以爟火。《注》:「爟讀如權衡。」　《贊能》。多詐則巧法令。《注》:「巧讀如巧智之巧。」　《上農》。子能使吾士靖而甽浴士乎。《注》:「士當作土。」　《任地》。又無螟蜮。《注》:「蜮或作螣。兗州謂蜮為螣，音相近也。」營而無獲者。《注》:「獲或作穫。」農夫知其田之易也。《注》:「易讀如易綱之易也。」夬心中央。《注》:「夬或作使。」大本而莖殺。《注》:「殺或作小。」　《審時》。穗鉅而芳奪。《注》:「奪或作奮字。」不噮而香。《注》:「噮讀如餲厭之餲。」鬬米不得恃。《注》:「恃或作待。」使人肌澤。《注》:「肌或作肥。」暑雨未至。《注》:「至或作上。」胕動。《注》:「胕讀如疛。」

卷二十四終

# 青學齋集卷二十五

新陽汪之昌

## 《淮南子‧墜形訓》書後

　　《淮南子》一書出眾賓客手，雜舉經傳百家之說。即如《墜形訓》篇首「墜形之所載」數句，乃節取《山海經‧海外南經》海外三十六國。及諸名川所出，亦約舉《山海經》為文。若「東方之美者，有醫毋閭之珣玗琪」一節，則取《爾雅‧九府》。「凡地形，東西為緯，南北為經」以下，皆取之《大戴記‧易本命》篇。「土有九山，山有九塞」以下，則取之《呂氏春秋‧有始覽》也。其他當亦採輯古人成說，特原書佚久不可知。吾謂《地形訓》一篇不獨述古，近西洋人所為格物之學，已隱括焉而略見端倪。西洋人步算為最精。案：《地形訓》：「禹乃使大章步自東極，至於西極，二億三萬五百里七十五步；使豎亥步自北極，至於南極，二億三萬三千五百里七十五步。」有似乎周行地球。案：大章、豎亥乃推步天象之人，東極、西極即謂日本天之徑。就地形以定其方位也。其云「八紘之氣，是出寒暑，以合八正，必以風雨」，此言寒暑風雨雖頃刻百變，要各有所自來。西洋人風雨有表，寒暑有表，咸與天氣相應，準而歷試不爽，並用以測量地形高下。其云「音有五聲，宮其主；色有五章，黃其主；味有五變，甘其主；味有五材，土其主」，格物家原質之說綜括於數語中。物雖屢變，要必不離其宗。而微及聲、光二學。「鍊土生木，鍊木生火，鍊火生雲，鍊雲生水，鍊水反土，鍊甘生酸，鍊酸生辛，鍊辛生苦，鍊苦生鹹，鍊鹹反甘」，則格物家化學之輾轉不窮，或合而仍可分，或合而無復別。《地形訓》曰「鍊」、曰「生」，亦撮舉其凡。西洋人以製造各物咸備世所需用自矜，中土亦以之相推。案：《地形訓》：「以水和土，以土和火，以火化金，以金治木，木復返土，

－399－

五行相治，所以成器用。」所謂立成器以天下利者，在審乎五行之宜，而器物遂日出，以給生人所求。篇末條別五土所生黃埃、曾會等，頗與礦學近似。當由古今之殊號，加以中外之異稱，幾至於不可解。其歷言「陰陽相薄為雷，激揚為電」，凡物罔不具有陰陽，據此則電學所云雷電一物。又云「電氣隱伏於萬物」者，正未可謂得未曾有矣。尤可異者，《地形訓》歷敘五方人民之形狀及所宜之谷與大獸，西洋人所撰《地球說略》，每繪畫各國人形及植物動物其下，說於數端尤詳，則彼箸書之體例且隱師乎《地形訓》矣。然則西洋人於格物動輒以為心得者，不知古人早已知之，特其說未嘗詳盡，見之者亦漫不加研究耳。讀《淮南子‧地形訓》，略舉以相印證，即書之於篇後。

## 聾者嗺筋攷

《淮南子‧主術訓》：「聾者可令嗺筋，而不可使有聞也。」高誘無注。據《說文》：「筋，肉之力也。從力從肉從竹。竹，物之多筋者」；「力，筋也。象人筋之形。」《釋名》：「筋，靳也。肉中之力，氣之元也，靳固於身形也。」筋之本義為筋力，而經傳所言之筋，大率即《攷工記》六材之一。《禮記‧月令》：「皮革筋。」《夏小正》：「陳筋革。」《爾雅‧釋地》：「有幽都之筋角焉。」郭璞《注》謂「野牛筋角」。本書《地形訓》亦言「北方之美者，有幽都之筋角焉」。《注》：「幽都出好筋角，可以為弓弩。」諸云「筋革」、「筋角」，皆以其有裨於用。「嗺」字不特不見經文，《說文》亦無之。攷《玉篇》：「嗺，喝口也。」《廣韻》：「嗺，送歌。」是「嗺」訓「喝口」，訓「送歌」，施之於「筋」，義不可通。王念孫《讀書雜志》：「『嗺筋』，未詳。《易林‧蒙之離》：『抱關傳言，聾跛摧筋。』」《易林》「摧筋」，而王引以證「嗺筋」者。案：《大雅‧雲漢》篇：「先祖于摧。」鄭《箋》：「摧當為嗺。嗺，嗟也。」似「摧」、「嗺」古通。然「摧」、「嗺」雖可通用，而「嗺，嗟」之訓以釋《淮南》「嗺筋」，恐亦未合。《說文》：「摧，擠也。一曰挏也，一曰折也」；「拉，摧也」；「挫，摧也。」據《說文》，諸摧訓及訓摧各字率與摧傷之義近。《淮南》「聾者可令嗺筋」，準以下句「瘖者可使守圉」，似以嗺筋任之聾者，則嗺筋之義殆即《攷工記》所謂「治筋摩筋」之異名。《攷工記》：「筋欲敝之敝。」《注》：「鄭司農云：『嚼之當孰。』」《疏》：「筋之捶打嚼齧，欲得勞敝，故云『嚼之當孰』。」則古治筋法利用嚼。竊謂《淮南》「嗺筋」之「嗺」當為「嚼」字，嚼、嗺形近易誤。《禮記‧少儀》：「數嚼。」《釋文》：「嚼，本又作噍。」《說文》：「噍，

齧也。從口焦聲。噍，嚼或從爵。」是噍、嚼古本一字。令聾者嚼筋者，《釋名・釋疾病》篇：「聾，籠也，如在蒙籠之內，聽不審也」，是聾者但「聽不審」耳，其齒固無異於人。《國語・晉語》：「聾聵司火。」韋昭《注》：「耳無聞於視則審。」蓋使之司火，取其目之用；令之噍筋，取其齒之用。其義一也。與其引《易林》之文，通「嶉」於「摧」，而義仍不可知，何若攷經師之說，訂「嶉」為「噍」之誤而稿有可憑哉？

偶閱《韓詩外傳》一「莫能以己之皭皭」，《荀子・不苟》篇作「其誰能以己之潐潐」。記之於此。自記。　玉縉謹案：王引《易林》「摧筋」，似通「嶉」於「摧」，而未言摧之義。今案：《說文》手部：「摧，折也。」《孟子・梁惠王》篇：「為長者折枝。」趙《注》：「折枝，案摩折手，節解罷枝也。」然則「摧筋」殆即「折枝」。

## 涔則具擢對攷

《淮南子・說林訓》：「涔則具擢對，旱則脩土龍。」高誘《注》：「擢對，貯水器也。」攷《易・井》卦：「甕敝漏。」《釋文》：「鄭《注》：『甕，停水器也。』」《春秋左氏》襄九年傳：「具水器。」杜《注》：「盆罌之屬。」諸言貯水器，不及擢對。夫器，有古無而今有者，有古有而今無者，亦有古今異名、土俗異號者。且有器猶是器，見諸古書，因聲音之別、文字之訛，即習用之器，幾若無可攷者。高《注》以「貯水器」釋「擢對」，定為器之名，指是器之用，當非臆度。《淮南》書屢言「涔」。《俶真訓》：「牛蹏之涔。」《注》：「涔，潦水也。」《覽冥訓》「旱雲煙火，涔雲水波」對舉，與此以「涔」、「旱」竝言同。涔謂積水無疑。因積水而具貯水之器，與因旱而脩禱雨之具義正相稱。案：今俗挹注水之器有抝杓者，其形圓而底平，容水斗許，有枋突起，而裒上作抝折狀。竊謂即《淮南》之擢對。《說文》新坿字中有抝，於絞切。案：《文選・西都賦》：「乃抝怒而少息。」李善《注》：「抝猶抑也，於六切。」《〈後漢・班固傳〉注》同。是「擢」、「抝」音本近。《漢書》枚叔《上吳王書》：「手可擢而拔。」是擢兼抝折義。古音義竝近之字容相通用。「抝」，《說文》不收。則西漢時安知不以「擢」為「抝」？《說文》丵部：「對，從丵口從寸。」此「對」字本當是「丵」。《說文》：「丵，叢生草也。象丵嶽相竝出也。凡丵之屬皆從丵。讀若浞。」段懋堂《注》：「丵、嶽疊韻字，或作嵳嶽。吳語不經〔註1〕者謂之

---

〔註1〕段《注》「經」下有「見」字。

舉嶽。」據此，「擢舉」與「拗杓」之音正合。今人之罕見舉，習見對，遂疑《淮南》之「擢舉」之「舉」為「對」之脫壞而增成之，以「杯杓」之「杓」當「舉」，殊不思器名擢舉，本以器之柄形為器名，猶鐮以體廉薄得名。其用本取以抴注，其量亦可以容受，以家之所咸有，取之即是，故曰具。以志在得水，凡可以盛水者，即備以貯水。意更明瞭。今人讀「拗」，止「於絞」一音，「擢」止「直角」一音，絕不可通。以杓為擢舉正字，舉為杓奪，又以舉罕見而改為對，高誘釋為「貯水器」者，遂不可攷矣。

偶閱《穆天子傳》第六卷：「佐者承斗。」注：「斗，斟水杓也。似即今所謂拗杓。」是璞時已作「杓」。自記。

## 《淮南子》書後

《淮南子》二十一篇，漢淮南王安撰。《漢書·藝文志》：「《淮南內》二十篇，《淮南外》三十三篇。」《淮南王安傳》：「作為《內書》二十一篇，《外書》甚眾。又有《中篇》八卷，言神仙黃白之術，亦二十餘萬言。」此二十一篇之文，當即《志》所謂「《內篇》」、《傳》所謂「《內書》。」《傳》言「王工文詞，喜賓客」。其撰此書，安知非仿呂不韋彙集賓客以成《呂氏春秋》？作者雜出眾手，各據傳習，故立說不盡軌於一。而篇中動引經文，於《易》若《繆稱訓》「即鹿無虞，惟入于林中」及「亢龍有悔」，於《書》若《主術訓》「《書》曰：『一人有慶，兆民賴之』」，於《詩》若《本經訓》「不敢暴虎，不敢憑河」。人知其一，莫知其他。而《時則訓》與《月令》相出入，而《原道訓》「人生而靜，天之性也」一節亦見《禮記·樂記》，《精神訓》述晏子與崔抒盟、殖華卻莒君賂、子札不以有國為尊、子罕不以玉為富，莫非《春秋傳》文。西京先秦老師廡存，而學者恒守一經。篇中引經而兼釋經義，庸渠知非作書者各述所聞，本專家之業，以箸諸篇，則聖門之微言大義賴以略見大凡。或以多引老莊語為病，則當時崇尚黃老，未免濡染所及。吾觀《主術訓》「其身正，不令而行。其身不正，雖令不從」，《道應訓》「太王居邠，翟人攻之。事之以幣帛珠玉而弗受」，皆孔孟之遺言居多。則此二十篇書實九流之鈐鍵，而二十篇後之《要略訓》隱括二十篇之大旨，則又二十篇之鈐鍵矣。淮南王所箸書，獨此二十一篇完存，抑又可推見所箸之佚不可見者。爰書所語於後云。

# 坿 《淮南子》高誘《注》

柝八極。《注》:「柝讀重門擊柝之柝也。」　《原道》。滑滑。《注》:「滑讀曰骨也。」橫四維。《注》:「橫讀桄車之桄。」甚淖而滒。《注》:「滒讀歌謳之歌。」角觡生也。注:「觡讀曰格。」悗兮。《注》:「悗讀人空頭扣之悗。」)用不屈兮。《注》:「屈讀秋雞無尾屈之屈也。」馮夷大丙之御。《注》:「夷或作遲,丙或作白。」扶搖抮抱。《注》:「抮讀與《左傳》『憾而能抮者』同也。抱讀《詩》『克岐克嶷』之『嶷』也。」勁策利鍛。《注》:「鍛讀炳燭之炳。」乘雲陵霄。《注》:「霄讀消息之消。」上游於霄雿之野。《注》:「霄讀紺。雿讀翟氏之翟。」劉覽偏照。《注》:「劉讀留連之留,非劉氏之劉也。」雖有鉤箴芒鉅。《注》:「鋸,爪也,讀距守之距也。」獸跖實而走。《注》:「跖讀捃摭之摭。」蛟龍水居。《注》:「蛟讀人情性交易之交,緩氣言乃得耳。」窾者主浮。《注》:「窾讀科條之科也。」春風至。《注》:「風或作分合。」昆蟲蟄藏。《注》:「蟄讀什伍之什。」爭處墝埆。《注》:「墝埆讀人相墝椽之墝。」而漁者。《注》:「漁讀告語。」深潭。《注》:「潭讀葛覃之覃。」屟之。《注》:「屟,履也。音展,非展也。」隤陷。《注》:「楚人讀躓為隤。隤者,車承。或言跋躓之躓也。」猶錞之與刃。《注》:「錞,矛戈之錞也,讀若頓。」非謂其底滯而不發。《注》:「底讀曰紙。」鴻洞。《注》:「洞,通也。讀同異之同。」而五味形焉。《注》:「形或作和也。」解際天地。《注》:「解讀解故之解也。」故雖遊於江潯海裔。《注》:「潯讀葛覃之覃也。」雪霜滾灖,浸潭菹蔣。《注》:「滾讀維繩之維。灖讀挍誠之挍。菹讀觚哉之觚也。蔣讀水漿之漿也。」新而不朗。《注》:「朗讀妝南朗陵之朗。」不以慊為悲。《注》:「慊讀僻向慊之慊。」蚑蟯貞蟲。《注》:「蟯讀饒。」蝡動蚑作。《注》:「蚑讀鳥跂步之蚑也。」今人之所以眭然能視。《注》:「眭讀曰桂。」瞥然能聽。《注》:「瞥讀疾營之營。」形體能抗。《注》:「抗讀扣耳之扣。」足蹞趂埳。《注》:「楚人讀躓為蹞。」於連嶁列埒之門。《注》:「連讀陵轟幽州陵陵連之連。嶁讀嶜嶁無松柏之嶁。」而蹞蹈於污壑窆陷之中。《注》:「壑讀赫赫明明之赫。」漠晸於勢利。《注》:「晸讀織絹緻忘晸無間孔之晸也。」霄雿。《注》:「霄讀紺綃之綃。雿,翟氏之翟也。」　《俶真》。摻落。《注》:「摻讀參星之參。」萑葦。《注》:「萑讀曰唯也。葦讀曰扈。」蚑行噲息。《注》:「蚑讀車蚑轍之蚑。噲讀不悅懌外之噲。」汪然平靜。《注》:「汪讀傳矢諸周氏之汪同。」物豈可謂無大揚攉乎?《注》:「攉讀鎬京之鎬。」其兄掩戶。《注》:「掩讀曰奄。」舛馳。《注》:「舛讀舛賣之舛。」形苑。《注》:「苑讀南陽宛。」茫茫沉沉。《注》:「茫讀王莽之莽。沉讀水出沈沈正白之沈。」煬和。《注》:「煬讀供養之養。」相弊撥。《注》:「弊音跋涉之跋。撥讀楚人言殺。」易骭之一毛。《注》:「骭讀開收之開也。」引楯萬物。《注》:「楯讀允恭之允。」設於無垓坫

之宇。《注》:「垓讀人飲食太多以思下垓。坫讀為筦氏有反坫之坫。」陰陽所響。《注》:「響讀以口相籲之籲。」今夫冶工之鑄器。《注》:「鑄讀如唾祝之祝也。」條桙。《注》:「桙讀《詩·頌》『苞有三蘖』同。」彭濞。《注》:「濞，楡莢之濞。」雖鏤金石。《注》:「鏤讀婁數之婁。」蘆苻之厚。《注》:「苻讀麪䴸之䴸也。」通於無圻。《注》:「圻，垠字也。」斬而為犧尊。《注》:「犧讀曰希，猶疏鏤之尊。」鏤之以剞劂。《注》:「剞讀技之技。劂讀《詩》蹶角之蹶也。」夫牛䟸之涔。《注》:「涔讀延祜曷問，急氣閉口言也。」甘瞑於溷瀾之域。《注》:「瀾讀閒放之閒。」被施頗烈。《注》:「被讀光被四表之被也。」施及周室之衰。《注》:「施讀難易之易也。」乃始慲觟離跂。《注》:「慲讀籣籣無逢際之慲。觟，傒徑之傒也。」於淫荒之陂。《注》:「陂或作野。」以覶其易也。《注》:「易讀河間易縣之易。」弗能𦿞。《注》:「𦿞讀倭語之倭。」冬日之不用翣者。《注》:「翣讀䮚鶩食唼喋之唼。」然而不免於儡身。《注》:「儡讀雷同之雷。」不能濫也。《注》:「濫，睔也。或作監。」蜂蠆螫指。《注》:「螫讀解釋之釋。」疇以肥壤。《注》:「壤或作嘹。」洞洞灟灟。《注》:「洞讀挺挏之挏。灟讀以鐵頭斫地之钃。」 《天文》。而贏蛖膲。《注》:「焦讀若物醮炒之醮也。」火上蕁。《注》:「蕁讀葛覃之覃。」本標相應。《注》:「標讀刀末之標。」是謂朏明。《注》:「朏讀若朏諾皋之朏也。」至於連石。《注》:「連讀腐爛之爛。」秋分蔈定。《注》:「蔈讀如《詩》『有貓有虎』之『貓』。古文作秒也。」單閼。《注》:「單讀明揚之揚。」作鄂。《注》:「作讀昨。」困敦。《注》:「困讀群。」玉横。《注》:「横猶光也。横或作彭。」《墬形》。樊桐。《注》:「樊讀如麥飯之飯。」日之所曊。《注》:「曊讀無枝欑之欑也。」乃有八殥。《注》:「殥讀允嗣之允。」曰元澤。《注》:「元讀常山人謂伯為穴之穴。」墟土人大。《注》:「墟讀纑繩之纑。」多力而䫉。《注》:「䫉讀內䫉於中國之䫉，近鼻也。」多旄犀。《注》:「旄讀近綢繆之繆，急氣言乃得之。」其人翕形。《注》:「翕讀脅榦之脅。」其人惷愚。《注》:「惷讀人謂惷然無知之舂，籠口言乃得。」句嬰民。《注》:「句嬰讀為九嬰。」硥魚在其南。《注》:「硥讀如蚌也。」耽耳。《注》:「耽讀褶衣之褶。或作攝。」有娀。《注》:「娀讀如嵩高之嵩。」泥塗淵出樠山。《注》:「樠讀人姓樠氏之樠。」海人生若菌。《注》:「菌讀群下之群。」介潭。《注》:「潭讀譚國之譚。」煖濕。《注》:「煖一讀嘆。」海閭生屈龍。《注》:「屈龍，遊龍，鴻也。《詩》云:『隰有游龍。』言屈字之誤。」其味酸。《注》:「酸之言鑽也。」 《時訓》。爨萁燧火。《注》:「萁讀該備之該也。」具撲曲筥筐。《注》:「撲讀南陽人言山陵同。」乃合犦牛。《注》:「犦讀葛藟之藟。」其兵戟。《注》:「戟或作弩也。」竽篪。《注》:「篪讀池澤之池。」蟋蟀居奧。《注》:「奧或作壁也。」腐草化為蚈。《注》:「蚈讀奚徑之徑也。」乃命漁人。《注》:「漁讀相語之語也。」其樹楝。《注》:

「棟讀練染之練也。」群鳥翔。《注》:「翔或作養。」案鈃鋓。《注》:「鋓讀宦學之宦。」全粹。《注》:「粹讀禍祟之祟。」乃儺以禦秋氣。《注》:「儺讀躁難之難。氣或作兵。」穿竇窖。《注》:「窖讀窖藏人物之窖。」民多鼽窒。《注》:「鼽讀怨愁之仇。」其祀井。《注》:「井或作行。」工事苦慢。《注》:「苦讀鹽會之鹽。」虎始交。《注》:「交讀將校之校。」乃命大酋。《注》:「酋讀酋豪之酋。」湛熾必潔。《注》:「湛讀審釜之審。熾,炊熾火之熾也。」命漁師。《注》:「漁讀《論語》之語。」以為物平。《注》:「平,正,讀評議之評。」歙喁。《注》:「歙讀鴛鴦之鴦也。喁讀《左傳》『嬖人婤姶』之『始』。」 《覽冥》。蠶咡絲。《注》:「咡或作珥。」畫隨灰而月運闕。《注》:「運讀連圍之圍也。」夫陽燧取火於日。《注》:「夫讀大夫之夫。」區冶生。《注》:「區讀歌謳之謳。」而燕雀佼之。《注》:「佼或作詨。」徑躡都廣。《注》:「躡或作絕。」過歸鴈於碣石。《注》:「過讀責過之過。」臥佫佫。《注》:「佫讀虛田之虛。」其行蹎蹎。《注》:「蹎讀填實之填。」下契黃壚。《注》:「壚讀繩纑之纑。」黃雲絡。《注》:「絡讀道路之路。」路無莎蘋。《注》:「莎蘋讀猿猴蹯蹂之蹯。」璧襲無理。《注》:「璧讀辟也。」軖車奉饟。《注》:「軖讀椓拊之拊也。」澤受瀷。《注》:「瀷讀燕人強春言敕同也。」以奔月。《注》:「奔月或作坒肉。」芒艾漠閔,顃濛鴻洞。《注》:「芒讀王莽之莽。艾讀扐滅之扐。閔讀閔子騫之閔。顃讀項羽之項。鴻讀子贛之贛。洞讀同遊之同也。」 《精神》。張歙。《注》:「歙讀脅也。」日中有踆烏。《注》:「踆讀巍蹵之蹵。」薄蝕無光《注》:「薄讀享薄之薄。」則教志勝。《注》:「勝或作遜。」抱德煬和。《注》:「煬讀供養之養。」以遊於天地之樊。《注》:「樊讀麥飯之飯。」芒然。《注》:「芒讀王莽之莽。」渾然而往,逯然而來。《注》:「逯讀綠衣之綠。渾讀大珠揮揮之揮。」契大渾之樸。《注》:「渾讀揮章之揮。」此精神之所以登假於道也。《注》:「假,至也。上至於道也。或作蝦蟇雲氣。」不枅。《注》:「枅讀雞枅。或作刮也。」糫粢之飯。《注》:「糫讀賴恃之賴。粢讀齊衰之齊。」以任重之憂。《注》:「任讀任俠之任。」膈下迫頤。《注》:「膈讀精神歇越無之歇也。」燭營指天。《注》:「燭營讀曰括撮也。」無足利矣。《注》:「利或作私。」仍仍然。《注》:「仍仍或作聆聆。」與守其篅笀。《注》:「篅讀顥項之顥。」得茠越下。《注》:「越讀經無重越之越也。」叩頭。《注》:「叩或作跔。跔讀車軥之軥。」仇由。《注》:「仇讀仇余之仇。」而調於義。《注》:「義或作德也。」 《本經》。其行佻。《注》:「佻讀射佻取不覺之佻。」芒繁紛挐。《注》:「芒讀麥芒之芒。挐讀上谷茹縣之茹。」無所錯其剞劂削鋸。《注》:「剞讀技尺之技。劂讀《詩》蹶角之蹶。削讀綃頭之綃也。」箘露。《注》:「箘讀似綸。露讀南陽人言道路之路。」飛蛩。《注》:「沇州謂之螣。螣讀近,殆緩氣言之。蛩讀《詩》小珙之珙。」戴角出距之獸。《注》:「距讀拒守之拒。」而

蔽也。《注》:「蔽或作察。」鬼夜哭。《注》:「鬼或作兔。」猰貐。《注》:「猰讀車軋履人之軋。貐讀疾除痛之痛。」導壓澗。《注》:「壓讀裏纏之纏。」為琁室瑤臺。《注》:「琁或作璿。瑤或作搖。」牢籠天地。《注》:「牢讀屋雷。楚人謂牢為雷。」張歙。《注》:「歙讀曰脅。」百節莫苑。《注》:「苑讀南陽之宛也。」盤紆刻儼。《注》:「儼讀儼然之儼。」淌遊瀷淢,蔆杼紾抱。《注》:「淌讀平敞之敞。瀷讀燕人強春言救之救。淢讀鬱乎文哉之鬱。杼讀楚言杼。紾讀紾結之紾。抱讀岐嶷之嶷。」以象渦涽。《注》:「渦讀愚戇之愚也。」益樹蓮蔆。《注》:「蓮讀蓮羊魚之蓮也。」甬道相連。《注》:「甬讀踊躍之踴。道讀道路之道也。」下殄地財。《注》:「殄讀曰典也。」金器不鏤。《注》:「鏤讀婁之婁。」冠無觚蠃之理。《注》:「蠃讀指端蠃文之蠃。」衰絰。《注》:「衰讀曰崔杼之崔也。」贅妻。《注》:「或作賃妻。」愚夫惷婦皆有流連之心。《注》:「流連猶闌漫。惷讀近貯益之肚戀,籠口言之也。」令之不行。《注》:「行讀行馬之行。」傒人之子女。《注》:「傒,繫囚之繫,讀若雞。」進諫。《注》:「諫或作謀也。」 《主術》。辪繢。《注》:「辪讀而買辪蓋之辪也。」鄒忌一徽。《注》:「徽讀紛麻繀車之繀也。」而四海之雲湊。《注》:「湊,會也。或作蒸蒸升也。」昆蟲。《注》:「昆蟲或作鬼神。」險阻也。《注》:「阻成作塗。」索鐵歙金。《注》:「歙讀協。」禽之焦門。《注》:「焦或作巢。」是以器械不苦而職事不嫚。《注》:「苦讀鹽嫚捕器。嫚讀慢緩之慢。」枅櫨。《注》:「枅讀曰雞也。」劋毛。《注》:「劋讀驚攢之攢。」故假與馬者。《注》:「假或作駕。」貝帶鵁鶄而朝。《注》:「鵁鶄讀曰私鈚頭,二字三音也。曰郭洛帶位銚鏑也。」夫七尺之橈。《注》:「橈讀煩嬈之嬈也。」鷹隼未摯。《注》:「鷹或作雁。」蝨蝱。《注》:「蝱讀《詩》云『言朵其茵』之『茵』也。」 《氾論》。綖麻。《注》:「綖讀恬然不動之恬。」木鉤而樵。《注》:「鉤讀濟陰句陽之句。」欀鉏。《注》:「欀讀曰憂。」洞洞屬屬。《注》:「洞讀挺挏之挏。屬讀犁擿之擿也。」履天子之籍。《注》:「籍或作咋。」忍詢。《注》:「詢讀夏后之後也。」槽矛無擊。《注》:「槽讀『領如蝤蠐』之『蠐』也。」銷車以鬥。《注》:「銷讀組綃之綃也。」濁之則鬱而無轉。《注》:「轉讀傳譯之傳也。」愍王。《注》:「愍讀汶水之汶。」以勞天下之民。《注》:「勞讀勞蕛之勞。」東至會稽浮石。《注》:「會稽或作滄海。」而紿一生。《注》:「紿讀仍代之代也。」於夏臺。《注》:「臺或作宮。」於羑里。《注》:「羑,古牖字。」迴也。《注》:「迴,或作固。」黃衰微。《注》:「衰讀繩之維。微讀扢滅之扢也。」乾鵠。《注》:「乾讀乾燥之乾。鵠讀告退之告。」至刑不濫。《注》:「濫讀收斂之斂。」軵其肘。《注》:「軵,擠也,讀近茸急察言之。」名不可得而揚。《注》:「揚或作象。」 《說山》。人莫潦於沐雨。《注》:「沐雨或作流潦。」引輴者。《注》:「輴讀若牛行輴輴之輴也。」不見堁埲。《注》:「堁讀似望,作

江淮間人言能得之也。」渙乎。《注》:「渙讀人謂貴家為腴主之腴也。」揲挻。《注》:「揲讀揲脈之揲。」倕之手。《注》:「倕讀《詩》『惴惴其栗』之『惴』也。」社何愛速死。《注》:「社讀雖家謂公為阿社之社也。」見窾木浮。《注》:「窾穴讀曰科也。」玉待礛諸。《注》:「礛，廉，或直言藍也。」譬若樹荷山上。《注》:「荷讀如燕人強秦言胡同也。」咼氏之璧。《注》:「咼，古和字。」見䗪。《注》:「䗪讀《傳》曰『有蜚不為災』之『蜚』。」而棄其招簣。《注》:「簣讀功績之績也。」故寒顫。《注》:「顫讀天寒凍顫之顫。字亦如此。」履百金之車。《注》:「車或作履也。」嫫母有所美。《注》:「嫫讀模範之模。」甂甀。《注》:「甀讀鼃黽之鼃也。」以毒螫。《注》:「螫讀解釋之釋也。」牛車絕轔。《注》:「轔讀近藺，急舌言之乃得也。」遽契其舟桅。《注》:「桅讀如《左傳》『襄王出居鄭地氾』之『氾』也。」《說林》。非其任也。《注》:「任讀甚任之任。」以瓦鉒者全，以金鉒者跋，以玉鉒者發。《注》:「鉒讀象金之銅柱餘之柱。發讀射百發之發。」鏏在其間。《注》:「鏏讀曰彗。」礛諸之功。《注》:「礛讀一曰廉氏之廉。」易軵也。《注》:「軵讀軵濟之軵。」錞之與刃。《注》:「錞讀頓首之頓。」無蟬匷。《注》:「匷讀如孔子射於矍相之矍。」使但吹竽。《注》:「但讀燕言鉏同也。」難與為謀。《注》:「謀或作豫也。」蔐苗類絮。《注》:「蔐讀敵戰之敵。」䗪不類布。《注》:「䗪讀《左傳》『有蜚不為災』之『蜚』也。」漁者走淵。《注》:「漁讀《論語》之語也。」朝之市則走。《注》:「走讀奏記之奏。」罛者扣舟。《注》:「罛讀沙椮。」若蚈之足。《注》:「蚈讀蹊徑之蹊也。」清醠之美。《注》:「醠讀甕瓮之瓮。」雖善者。《注》:「善或作巧。」水蠆為蟌，孑孑為蟁。《注》:「孑孑，結蠆，水中到跂蟲，讀廉絜。」兔齧為螚。《注》:「螚讀能而心之惡。」不發戶轔。《注》:「轔讀似隣，急氣言乃徐之也。」毀舟為杕。《注》:「杕，舟尾，讀《詩》『有杕之杜』也。」繒為之纂繹。《注》:「纂讀曰綾繹纂之纂。」以身解。《注》:「解讀解除之解。」　《修務》。司馬庾。《注》:「庾或作唐。」啳睽哆噅。《注》:「啳讀權衡之權，急氣言之。睽讀夔。哆讀大口之哆。噅讀楚蔿氏之蔿。」嫫母仳倠也。《注》:「嫫讀如模範之模。仳讀人得風病之靡。倠讀近虺。仳倠，一說讀曰莊維也。」而人謂之駤。《注》:「駤讀似質，緩氣言之者，在舌頭乃得。」而人謂之訬。《注》:「訬讀燕人言趮操善趍者謂之訬同也。」史皇。《注》:「史皇或曰頡皇。」下型。《注》:「型或作盧。」蚑行蟯動之蟲。《注》:「蚑讀車跂之跂。蟯讀饒多之饒。」參彈復徽，攫援摽拂。《注》:「徽讀維車之維。攫讀屈直木命句欲句此木之句。摽讀刀摽之摽。」故弓待檄。《注》:「檄讀曰敬。」礛諸之功。《注》:「礛讀廉氏之廉。一曰濫也。」卷鉦。《注》:「鉦讀豐年之稔。」雖鳴廉脩營。《注》:「營讀營正急之營。」而不期於洪範商頌。《注》:「頌或作容。」無不憚悇癢心。《注》:「憚悇讀慘探之探也。」今鼓舞者。

《注》：「鼓舞或作鄭舞。」據句枉。《注》：「枉或作掘也。」　玉繩案：此《注》大致據莊校本，今不輒改。據《俶真》「雖鏤金石」注，《本經》「無所錯其剞劂削鋸」注，知《本經》「金石不鏤」注、《俶真》「鏤之以剞劂」注，一脫「數」字，一脫「尺」字也。

## 新出《玉篇》引《淮南》許《注》

言部「謣」注：「《淮南》：『子產謣辭。』許叔重曰：『謣，傳也。』」玉繩案：《繆稱》篇文。

「誕」注：「《淮南》：『弦高誕而存鄭。』許叔重曰：『誕，謾也。』」《說山》。

「訬」注：「野王案：許叔重注《淮南》：『楚人謂剽輕為害之鬼為魖。』」案：此乃《俶真》篇「其鬼魖」注文。

「詭」注：「《淮南》：『蘇秦以百詭成一信。』許叔重曰：『詭，謾。』」《說林》。

可部「奇」注：「《淮南》：『屈奇之服。』許叔重曰：『屈，短也。奇，長也。』」又曰：「『靜為躁奇。』許叔重曰：『奇有出於人也。』」《詮言》、《兵略》。

吅部「㘁」注：「《淮南》：『下無垠㘁之門。』許叔重曰：『無垠㘁，無形兆端崖之皃也。』」《原道》。

欠部「歉」注：「《淮南》：『自視歉如也。』許叔重曰：『歉，不滿也。』」又曰：「『滿如歉。』」《繆稱》。

「欿」注：「《淮南》：『一謂張之，一謂欿之。』許叔重曰：『持舩楫者謂近岸為欿，遠岸為張也。』」《詮言》。

次部「羨」注：「《淮南》：『夫羨者小於度。』許叔重曰：『羨，過也。』」《主術》。

工部「工」注：「《淮南》：『玄玉百工。』許叔重曰：『二玉為工。』」《道應》。

車部「軫」注：「《淮南》：『激軫之音。』許叔重曰：『軫，轉也。』」《原道》。

「軵」注：「《淮南》：『軵車奉饟。』許叔重曰：『軵，推也。』」《覽冥》。「軶」注：「《淮南》：『須臾而軶人之頸。』許叔重曰：『軶，戾也。』」《說林》。

舟部「朕」注：「《淮南》：『行無跡，遊無朕。』許叔重曰：『朕，兆也。』」《詮言》。

「舲」注：「《淮南》：『湯武聖達，不能與越人乘舲舟而浮於江湖。』許叔重曰：『小舩也。』」陶以為高。又引《群書治要》作「艍舟」。

廣部「庍」注：「《淮南》：『廓四方，庍八極。』許叔重曰：『庍，拓也。』」

《原道》。

「廊」注：「《淮南》：『桀為象廊。』許叔重曰：『廊，屋也。』」《本經》。石部「砮」注：「《淮南》：『唐砮堅忍之類。』許叔重曰：『砮，堅也。』」《脩務》。

「礛」注：「《淮南》：『璧瑗成器礛諸之功。』許叔重曰：『治玉之石也。』」《說林》。

「埼」注：「《淮南》：『積牒璇石，以純脩埼。』許叔重曰：『長邊。』」《本經》。

「礎」注：「《淮南》：『山雲蒸而柱礎潤。』許叔重曰：『雕楹玉舄。』」《兵略》。

「陥」注：「《淮南》：『陥法刻刑。』許叔重曰：『陥，峻也。』」《齊俗》。

「阤」注：「《淮南》：『岸崝者必阤。』許叔重曰：『阤落。』」《繆稱》。

「阮」注：「《淮南》：『若阮之見風，無須臾之間定矣。』許叔重曰：『阮，候風羽也，楚人謂之五兩。』」〔註2〕《齊俗》。

「隓」注：「《淮南》：『發城決隓。』許叔重曰：『隓，隄也。』」《主術》。

水部「湊」注：「《淮南》：『衰世湊學者不知原心反本。』許叔重曰：『湊，兢進也。』」《脩務》。

「澗」注：「《淮南》：『以曲隈深澗相與。』許叔重曰：『澗，水入之處也。』」《原道》。

「瀷」注：「《淮南》：『潦水不泄，瀇〔註3〕瀁極望，旬月不雨，則涸為澤〔註4〕，受瀷而無源也。』許叔重曰：『瀷，湊漏之流也。』」《覽冥》。　案：瀷即濕字，並當作濕。〔註5〕

「汰」注：「《淮南》：『深則汰五藏。』許叔重曰：『汰，達也。』」《本經》。

「潏」注：「《淮南》：『申菽杜茞浸之潏中，則不能保其芳。』許叔重曰：『臭汁也。』」《人間》。

「澆」注：「《淮南》：『澆天下之淳。』許叔重曰：『澆，薄也。』」《齊俗》。

「淬」注：「《淮南》：『身淬霜露。』許叔重曰：『冒犯霜露也。』」《脩務》。

系部「纇」注：「《淮南》：『明月之珠不能無纇。』許叔重曰：『纇，絲纇

---

〔註2〕按：「阮」，《淮南子·齊俗訓》作「倪」，或作「統」。下文「『統』注」引作「統」。
〔註3〕「瀇」，《淮南子·覽冥訓》作「瀇」。
〔註4〕《淮南子·覽冥訓》「澤」上有「枯」字。
〔註5〕按：「瀷」當作「濕」。

也。』」《氾論》。

「結」注：「《淮南》：『君子行斯乎其結。』許叔重曰：『結，要也。』」《繆
稱》。

「紘」注：「《淮南》：『知八紘九野之刑埒。』許叔重曰：『紘，維也。』」
《原道》。

「徽」注：「《淮南》：『鄒忌徽而威王終夕悲。』許叔重曰：『皷琴脩弦謂
之徽。』」《主術》。

「緪」注：「《淮南》又曰：『緪履趹步。』許叔重曰：『緪，鞹也。趹，疾
也。』」《脩務》。

「繆」注：「《淮南》：『訟繆胸中。』許叔重曰：『訟，容也。繆，靜也。』」
《泰族》。

「紃」注：「《淮南》：『弱緆羅紈。』許叔重曰：『紃素也。』」《齊俗》。

「綄」注：「《淮南》：『若綄之見風，無須臾之間定矣。』許叔重曰：『候
風羽也。楚人謂之五兩也。』同上。

「絯」注：「《淮南》：『洞同覆載而無所絯。』許叔重曰：『絯，掛也。』」
《繆稱》。

「繜」注：「《淮南》：『所以鍼縷繜繨之間。』許叔重曰：『繜，綃縠也。』」
《要略》。

系部「縣」注：「《淮南》：『縣之以方城。』許叔重曰：『縣，絡也。』」《兵
略》。　玉繢案：零本《玉篇》，號稱唐寫別體，脫譌頗黟。先生橐本悉仍原文，未及整釐。茲
以高誘本參校，並各注篇名於下。惟同一許本，而若「綄之見風」，「綄又作「⿰𥞉兒」」，殊可疑。
陶方琦輯《許注異同詁》刊於光緒七年，《補遺》八年刊，《續補》十年刊。其《續補》已採《玉
燭寶典》諸書所引。先生此輯當在甲申前。觀「舲」下自注「陶以為高」語，知初刊固早見也。
今陶輯有《兵略訓》「綰枹而鼓」注、《說林訓》「曾子見餳」注兩條，而此輯廣部「庌」以下至
皁部「陣」所引凡十一條，陶未之及。

## 《玉燭寶典》引《淮南》許《注》

### 孟春

「雞桴粥。」注：「《淮南子》：『剖者嫗伏。』許慎曰：『嫗以氣伏孚卵也。』」
玉繢案：《原道》篇文。

仲春

《淮南子・主術》曰：「四海之雲至。」注：「許慎曰：『海雲至二月也。』」「鶬降。」注：「許慎曰：『鶬降二月也。』」

《淮南・天文訓》：「季春三月，豐隆乃出。」注：「許慎曰：『豐隆，雷神。』」

又，《主術》：「昏張中則務樹穀。」注：「許慎曰：『大火昏中，三月也。』」

又，《主術》曰：「大火中則種黍菽。」注：「許慎曰：『大火昏中，四月也。』」

又，《天文》曰：「不可以夷丘上屋。」注：「許慎曰：『夷，平也。』」

又，反舌注：「《淮南子》曰：『人有多言者，猶百舌之聲也。』許慎曰：『百舌，鳥名，能變易其舌，効百鳥之聲，故曰百舌。』」案：《說山》篇文。

又，《主術》曰：「陰降百泉，則脩橋樑。」注：「許慎曰：『陰降百泉，十月也。』」

仲冬

又，《天文》又曰：「羊乳。」注：「古解字。許慎曰：『羊脫毛也。』」玉縉案：陶輯本有《天文訓》「人氣鍾首」注一條。

## 《珠叢》逸文 《隋書・經籍志》：「沈約撰。」

天子施扆於戶牗，以為障獻也。《華嚴經音義》一。　玉扆注。

凡以器斟酌於水謂之挹。又。　挹注。

覘謂有所冀望也。又。　窺覘注。

凡治故造新，皆謂之繕也。又。　繕注。

復謂重審察也。又。　三復注。

靡，無也。覩，視也。又。　靡不咸覩注。

尊可敬也。又。　尊嚴注。

薆，蔽也。又。

聞謂聲所至也。聲謂名聲復有。

苣謂苣苣，束草蓺火以照之也。

教成於上而易俗於下謂之化也。

深青之色而揚赤色者謂之紺也。

軌謂車轅端橫木也。又二。

爾謂言相然也。

覲謂就見尊老也。

舛，相違背也。

莫，無也。

冀謂心有所希求也。

暨謂及預也。

儔，類也。

輟，止也。

心安和悅謂之豫也。

楹謂殿之闌也。

盥，洗手也。

溥，遍也。

岠，至也。

誕，育也。

循，巡也。

凡筬物小器皆謂之匲。

金鈿，婦人首飾也。

忖，測度也。

斬首，一名為級也。

凡事相及曰預。

以衣被車謂之巾。

鎔金使精曰鍊，煮絲令熟曰練也。

絙，繩索也。

取物交織謂之編也。又四。

翮謂鳥羽之本也。

憩，息也。

縈，卷之也。

泰，通也。

從加恩謂之被也。

## 讀《顏氏家訓》書後

顏之推撰《顏氏家訓》，箸錄於《唐》、《宋·藝文志》儒家。《郡齋讀書志》謂「述立身治家之法，辨正時俗之謬，以訓子孫」。間取二十篇讀之，首為《序

致》，終以《終制》。作書之旨，《序致》篇略具其概，大抵有鑒於世故人情利害榮辱所關，歷述聞見，以為後來法戒。其諸引經據史，分別字畫音訓，以及攷證典故，品第文藝，莫不攷資故實。學士大大恒見稱引，初不以一家言等視也。書中推崇釋氏，以吉凶福證因果，不免奉佛之時尚，後人議其立說未純。然論五種禁，與仁義禮智信相合。即如「誠孝在心，仁惠為本，須達流水，不必剃落鬚髮」云云，尚未敢公然蔑棄倫理。以此為訓，究與教詔者有間已。且就全書言，其《教子》、《兄弟》、《後娶》、《治家》四篇，統凡有家者以立之閒；《終制》一篇，艱難貧薄之會，斟酌而得其中，不獨受訓者可以奉行；《風操》以下十篇，及《書證》、《音辭》、《雜藝》三篇，大都以訓勤問學，而不墜門業者。雖然，以此勉我後人，亦未敢以此概必我後人也。舉世中人居多，而中人以下，蠢頑無所知，兇悍不率教，亦復不絕於耳目。一家中不幸而有是人，為父兄者往往歎息痛恨於無如何。然而簡忽於尊長，不敢不致敬於鬼神也；抵捍於法網，未有不幸覬夫後福也。《歸心》等篇，兢兢於報施之罔或爽，語則取其淺而易曉，事尤述其近而可徵，庸詎知非本神道設教之義，變通焉以為面命耳提，坿入於家訓，毋亦不得已之苦心歟？其網羅舊事，訂正誤文，誠足為讀書者示以門徑。而當時所共信，無踰於內典，姑藉以警昏蒙。即首篇所謂「猶賢於傅婢寡妻耳」。惟是儒者箸述，以明道為要義。舊史列諸儒家，實未允當。然為保家計，則周且至。凡顏氏何可不恪守是訓哉？抑豈獨顏氏當無忘是訓哉？爰書所見於二十篇後，以俟就正云。

## 蘇頌序《風俗通義》卷目多於今本說

漢應仲遠撰《風俗通義》，本傳不言卷數。蔚宗譏其不典，以為異知小道。然傳文云「以辨物類名號，識時俗嫌疑」。其《自序》：「謂之《風俗通義》，言通於流俗之過謬，而事該之於義理也。」嘗觀其書，攷論典禮，紏正流俗，大都與《白虎通》、《論衡》、《潛夫論》諸書相類。今行世本為卷十，僅及諸書十之二三。凡古書，有因時代久遠而佚者，有為後人所刪併而佚者。即如明吳琯所刻《風俗通》，僅四卷，較十卷本更少，其為刪減無疑。然宋蘇頌嘗序是書，略舉卷目，多於今本。案：今本篇第，《皇霸》為目五，《正失》為目十一，《愆禮》為目九，《過譽》為目八，《十反》為目十六，《音聲》為目二十有八，《窮通》為目十二，《祀典》為目十七，《怪神》為目十五，《山澤》為目十九，止此而已。宋陳彭年等所修《廣韻》、王應麟作《姓氏急就篇》，多引《風俗通·

姓氏》篇，是卷目中本當有《姓氏》篇名。攷《隋書·經籍志》：「《風俗通義》三十一卷。」注：「錄一卷。應劭撰。梁三十卷。」《唐書·藝文志》：「應劭《風俗通義》三十卷。」馬總《意林》亦作三十一卷。是隋、唐時本多於今本。其一卷之不符，殆即《隋志》注所云「錄一卷」，或數之或否耳。然《崇文總目》作十卷，已與今本同，似其時非復隋、唐之舊。何以頌所序本卷目之數轉多？此不能無疑者也。厥後《郡齋讀書志》、《書錄解題》但作十卷。近錢氏曉徵嘗采掇所見各書中引《風俗通》在今本之外者，輯為應氏佚文，盧氏召弓刊諸《群書拾補》中。後復於《意林》、《一切經音義》等書續有所得，《養新錄》記之。然則是書之散見者尚復不少，果其廣加搜集，原不止於今本也。夫漢人箸作，幸存無多，即中有殘闕，雖非完書，要不失為原本，或離析其章句以足數，或揣摹其近似以屬入，藉誇博覽，抑且謂復舊觀，則併次第不可復攷矣，豈獨《風俗通》哉！

## 《儀顧堂題跋》卷八《書勞氏雜識後》

宋有兩孫奕。一北宋人，以氣節著；一南宋人，以箸述傳。北宋之孫奕，字景山，福建閩縣人。皇祐元年進士。元祐初，官本路轉運使，卒。見梁克家《淳熙三山志》卷二十六。南宋之孫奕，字季昭，江西廬陵人，號履齋。箸《示兒編》二十三卷，成於開禧元年，而自為之序。書中數與謝艮齋、周益公評論詩文，屢引張子韶《書解》、林少穎《群經辨惑》、史炤《通鑑釋文》、呂東萊《宋文鑑》、胡仔《漁隱叢話》、洪景盧《容齋隨筆》、《欸乃齋記》、《蠙州記》、胡忠簡《保靜庵記跋》及朱晦庵、楊誠齋言論，其為南宋開禧時人無疑。開禧元年距景山登第之歲百五十七年，距景山權御史之歲百三十六年。登第之歲，未見《三山志》，猶可諉為不知。權御史之歲，《續通鑑長編》載之。《雜識》引之，豈有百三十年前舊御史而猶安然無恙、箸書林下者乎？季言漫不加攷，屢引《長編》、《忠惠集》、《古靈集》為佐證，以補《示兒編》提要之缺，不知其為景山，非季昭也。〔註6〕

## 書《因話錄》後

光緒戊子秋，送祉兒省試，到江寧，寓東牌樓林姓家。同寓寶應書估朱姓，

---

〔註6〕按：此文節錄自陸心源《儀顧堂題跋》卷八《書勞氏雜識後》，不知何以刻入此集。

稔余凤好，以書目送閱，大都余所有及常見之書，殊罕心所欲得者。惟鈔本書十數種，而價尤昂，姑徇所請，檢小品四五種。此《因話錄》其一。開卷見鈔工頗精，且有葉石君名印，後有石君跋識，為吾鄉故物，以千錢購之。嗣見紙背有成化、弘〔註7〕治等字，則故明戶口冊也。陳仲魚孝廉《經籍跋文·周易集解跋》：「用明時戶口冊籍，上有嘉靖伍年等字。」黃蕘圃主政《士禮居題跋·五行類事占》亦云：「其紙皆明代嘉靖時冊籍，紙背間可辨識。」觀此書，則國初猶以此等紙寫書也。余舊有鈔本《猗覺僚雜記》，有季延令名印，為泰興季氏舊藏。季亦國初藏書家，類識之。重陽日書於青學齋。

## 《老子》古義述

　　於六經外別箸一書以為教者，老子其一。《史記·樂毅列傳·贊》：「樂臣公學黃帝老子，其本師號曰河上丈人。河上丈人教安期生，安期生教毛翕公，毛翕公教樂瑕公，樂瑕公教樂臣公，樂臣公教蓋公，蓋公教於齊高密、膠西，為曹相國師。」其授受之次第，敍述甚詳。《隋書·經籍志》道家：「《老子道德經注》。梁有戰國時河上丈人注《老子經》二卷，亡。」是載國時為老氏學者已有專家。《漢書·藝文志》：「《老子鄰氏經傳》四篇、《老子傅氏經說》三十七篇、《老子徐氏經說》六篇、劉向《說老子》四篇。」治《老子》者四家，而書久佚無傳。近世傳有《道德指歸論》，題漢嚴遵撰。而明曹學佺《玄〔註8〕羽外編序》歷陳其不可信。則《老子》一書，不獨漢以前之說義不可見，即兩漢人之說義亦無可稽。雖然，書以撰自周秦人者為古，其箸書專明《老子》之義者無復流傳，而臚引《老子》之文以證成其義則頗散見於周秦人書中。吾觀《文子》一書，每列《老子》文於前，隨下己說於後。《莊子》若《應帝王》、《胠篋》、《天道》、《天運》諸篇引《老子》尤多，雖與《文子》所稱述不盡見於《道德經》，而《胠篋》篇「絕聖棄知」，《天地》篇「是謂玄〔註9〕德」，明皆是《道德經》文。又謂「五色亂目，五聲亂耳，五味濁口」，與《老子》「五色令人目盲，五音令人耳聾，五味令人口爽」之義相符。案：《漢志》注以文子親老子弟子。陸德明《莊子敍錄》：「依老氏之旨，箸書十餘萬言。」之二家本學老氏之學，於老氏之義能確得其要領固宜。而《韓非子》一書，其篇名曰

---

〔註7〕　「弘」，底本作「宏」。
〔註8〕　「玄」，底本作「元」。
〔註9〕　「玄」，底本作「元」。

《解老》、曰《喻老》，皆引《老子》而解之、喻之，所引具載《道德經》。近人輯《尹文子·大道上》：「《老子》曰：道者，萬物之奧，善人之寶，不善人之所寶。」《呂覽·君守》篇：「故曰不出於戶而知天下，不窺於牖而知天道，其出彌遠，其知彌少。」《制樂》篇：「禍兮福之所倚，福兮禍之所伏。」雖不言《老子》，要亦見於《道德經》。此三家當晚周先秦間，其解義大率各有據依，異於後來之臆決坿會者，不獨可信，治老氏書者亦莫古於斯。爰就所見，錄此帙中。倘續有所得，當更補入。漢以後之說從略。爰署以古義，備治老氏書者觀覽。

## 坿 《列子》張湛《注》

姬將告汝。《注》：「姬，居也。」 《黃帝》篇。心庚念是非。《注》：「庚當作更。」姬魚語汝。《注》：「魚當作吾。」口所偏肥。《注》：「音鄙。」遊於棠行。《注》：「棠當作塘，行當作下。」因以為茅靡。《注》：「茅靡當為頹靡。」狀不必同而智童。《注》：「童當作同。」化人移之。《注》：「移猶推也。」 《周穆王》篇。右服騧。《注》：「古驊字。」騮而左綠耳，右驂赤，驥而左白㹀。《注》：「古義字。」榮汝之糧。《注》：「榮，棄也。」太形、王屋二山。《注》：「形當作行。」 《湯問》篇。穆王薦之。《注》：「薦當作進。」行假念死乎。《注》：「行假當作何暇。」 《力命》篇。發於此而應於外者唯請。《注》：「請當作情。」 《說行》篇。

## 《離騷》稱經說

《史記·屈原傳》：「故憂愁幽思而作《離騷》。」似《離騷》為原所箸之總名。《漢書·藝文志》詩賦家：「屈原賦二十五篇。」《離騷》篇當在其中。《地理志》：「屈原被讒放流，作《離騷》諸賦以自傷悼。」雖別《離騷》於諸賦，初不謂之經也。而王逸《敘》：「《離騷經》者，屈原之所作也。」又云：「乃作《離騷經》。離，別也。騷，愁也。經，徑也。言已放逐離別，中心愁思，猶依道徑以風諫君也。」如逸之說，竟似屈原自題為經者。洪興祖曰：「蓋後世之士祖述其詞，尊而名之，非原本意。」則經字似又為逸所加。然逸《敘》：「班固、賈逵復以所見，改易前疑，各作《離騷經章句》。」班、賈均在逸前，則稱經非始於逸顯然。案：古釋經之書，每名以傳。《藝文志》：《詩》家若《齊后氏傳》、《齊孫氏傳》、《毛詩故訓傳》；《春秋》若《左氏傳》、《公羊傳》、《穀梁傳》皆是。《淮南王安傳》：「使為《離騷傳》。」顏師古《注》：「傳謂解說。

若《毛詩傳》。」據此，名淮南王所作為傳，則必以屈原所作為經，豈《離騷》在漢武時固有經之稱歟？《太史公自敘》：「西伯拘羑里，演《周易》。孔子厄陳、蔡，作《春秋》。屈原放逐，箸《離騷》。」以《離騷》與《周易》、《春秋》竝言尊之，直等於兩經。《文心雕龍·辯騷》篇：「及漢宣嗟歎，以為皆合經術。」然則《離騷》在西漢雖無稱經明文，而當崇尚經學之朝，罔不爭相推重，固未嘗與雜家等視矣。本傳：「《國風》好色而不淫，《小雅》怨誹而不亂。若《離騷》者，可謂兼之。」後人遂謂《離騷》具體風雅，然而以意逆志，有實與諸經相表裏者。《辯騷》篇：「馴虬乘鷖，則時乘六龍；崑崙流沙，則《禹貢》敷土。」義本《易》、《書》者，劉勰約逸《敘》言之。吾觀篇首「攝提貞於孟陬」，一「元年春王正月」之義也。「名余曰正則」，一「毋不敬」之義也。然則《離騷》一篇，所謂依託五經以立義者，不獨當冠《楚辭》，即稱之為經亦宜。且《算經》署周髀而稱經矣，《內經》託黃帝而稱經矣，其由來不可知，而專家各尊所是。區區推步治疾之書尚不妨冒經之稱，況《離騷》作自忠貞之屈原，命意遣詞咸本聖賢謨訓哉！朱子為宋代經師，其釋《論語》曰「集注」，於《離騷》亦然，是視屈原之《離騷》上儕至聖之《論語》，由作注之名隱寓稱經之旨。世之說《離騷》者夫何疑焉？

## 校局刻《楚辭》書後附《辯證後語》

屈大夫作《離騷》，讀者謂三百十一篇之嗣響。余謂其法於六十四卦之《周易》。曷言之？《繫辭》言：「作《易》者其有憂患乎？」司馬遷《屈原傳》言：「離騷者，猶離憂也。」則命書之名立意已同。卦爻分以九六，而《離騷》篇名曰七曰九，亦一證也。至於歌詠天文，涉及飛潛動植，猶之卦象爻辭，讀者自見，無煩贅言。今且撮舉數端，取可以印證者於篇。

「攝提貞於孟陬，庚寅吾以降」，即「先甲」、「後甲」、「先庚」、「後庚」、「已日乃孚」也。《山鬼》名篇，即「載鬼一車」也。《九歌》諸篇，所以祀神，即「用享」、「禴祭」也。《天問》歷述古先，即「帝乙歸妹」、「高宗伐鬼方」、《繫辭》「庖犧」章也。「美人遲莫」，即「十年不字」也。占夢卜居，即《比》之「原筮」也。蹇脩鴆媒，即「匪寇昏媾」也。長劍高冠，即《訟》之「鞶帶」、「朱紱」乜。或以詞藻音均於《詩》脗合。然雲龍風虎，藻麗彬彬，《易》有本音，亭林先生言之歷歷，奚以見必為《詩經》別子乎？注釋家當推王氏叔師，時地接近，引證精博，即有失檢，千慮一失，庸何傷？宋人競起攻訾，多見其

不知量也。近局刊《楚辭》，後附《後語》，校勘一兩通，論議有不概於余心，爰作此以抒所見。

## 《四書》文緣起

《日知錄》：「今之經義始於宋神宗時王安石所立之法，命呂惠卿、王雱等為之。」顧氏所謂經義，今試士之《四書》文亦其一也。《四書》文以《四子書》名，《四子書》以《論語》、《大學》、《中庸》、《孟子》名。案：《論語》、《孟子》舊各為書，《大學》、《中庸》特《禮記》中之二篇，其編為《四書》，自宋孝宗時。以《大學》、《中庸》配《論語》、《孟子》，名《四子書》，箸為定令，則自元延祐復科舉始。《元史·選舉志》科目篇：「皇慶二年，定科場事宜。蒙古、色目人第一場經問五條，《大學》、《論語》、《孟子》、《中庸》內設問，用朱氏《章句集注》。漢人、南人第一場明經、經疑二問，《大學》、《論語》、《孟子》、《中庸》內出題。」考《唐文粹》有韓愈《省試不貳過論》，是唐時試士已以《論語》命題。而就《四書》之體式以攷覈其緣起，據梁傑《四書文源流攷》：「代言口氣，八股封仗，雖備於前明，其實南宋楊誠齋、汪六安諸人已為之椎輪。至文文山，則居然具體。」代言之格，已起宋時。錢大昕謂「宋季有魏天應《論學繩尺》一書，皆當時應舉文字，有破題、接題、小講、大講、入題、原題諸式」，與《四書》文略同。李肇《國史補》：「李程試《日五色賦》，楊於陵見其破題，云：『德動天鑒，祥開日華。』」《劉貢父詩話》：「有閩士作《清明象天賦》，破題云：『天道如何，仰之彌高。』」是唐宋人於賦首二句目為破題。《日知錄》「試文格式」條敘四文所以名八股，云：「發端二句，謂之破題。下申其意，作四五句，謂之承題。然後提出夫子為何而發此言，謂之原起。」案：《師友故記》：「少游言小賦破題二句，惟貴氣貌有以動人，第二韻探原題意之所從來」云云。《四書》文之原起，與作賦所謂「探原題意」所從來亦同。大約八股之緣起，沿唐宋賦體而略變通。《容齋隨筆》：「唐以賦取士，而韻數多寡、平仄次敘元無定格。自大和後，始以八韻為常。」唐試士之賦限八韻，今試士之文分八股，名異者實不盡異。《四書》文之緣起，意在斯乎？元戴表元、袁桷等集中有講義一類，其題《四書》尤多，然尚沿說經之體，與《四書》文不同。《日知錄》：「洪武三年開科，以《大學》『古之欲明明德於天下者』二節、《孟子》『道在邇而求諸遠』一節合為一題，問二書所言平天下大指同異。」此則元制所謂《四書》疑，與今《四書》文又不同。今《四書》文

雖始呂惠卿、王雱所為，而以《四書》命題，唐之試士已然。《四書》文分為八股，與唐賦之分為八韻，體段亦不甚懸殊。推其原起，正不得謂作俑者宋人已。

卷二十五終